文化自信，从阅读开始

“文化自信与中国现当代文学·中学生读本”
编委会

"百部好书"扶持项目
GUANGDONG PUBLISHING

文化自信与中国现当代文学·中学生读本

九万里风鹏正举

李金涛　王春雷◎主编

青少年
品质阅读精选
语言·思维
审美·文化

广东高等教育出版社
Guangdong Higher Education Press
·广州·

图书在版编目（CIP）数据

九万里风鹏正举/李金涛，王春雷主编．—广州：广东高等教育出版社，2020.9

（文化自信与中国现当代文学：中学生读本/蒋述卓，陈剑晖，贺仲明主编）

ISBN 978 - 7 - 5361 - 6568 - 7

Ⅰ．①九… Ⅱ．①李… ②王… Ⅲ．①阅读课 - 中学 - 课外读物 Ⅳ．① G634.333

中国版本图书馆 CIP 数据核字（2019）第 171737 号

书　　名	九万里风鹏正举 JIU WAN LI FENG PENG ZHENG JU
出版发行	广东高等教育出版社 地址：广州市天河区林和西横路　电话：（020）87554153 http://www.gdgjs.com.cn
印　　刷	佛山市浩文彩色印刷有限公司
开　　本	787 毫米 ×1 092 毫米　16 开
印　　张	15
字　　数	356 千
版　　次	2020 年 9 月第 1 版　2020 年 9 月第 1 次印刷
定　　价	36.00 元

写在前面

作为一个编辑，我经常感叹文学的世界浩瀚如大海，书太多，而时间太少。作为一个母亲，我又经常困惑这么多书，该怎么选，读哪些书，才能让孩子在繁重课业之外挤出的阅读时间，读得有品质；怎么读，才能对他的阅读和写作能力提升有所帮助。同时我还非常苦恼，如何与处于叛逆期的孩子对话，建立沟通。众所周知，中学阶段是人的人生观、世界观、价值观以及思维方式、创造能力和审美能力形成的关键时期，而这些能力却绝非朝夕可成。很多家长即使意识到其重要性，但多半也不知从何入手，如何引导。

基于以上，我们尝试从中华文化精神的角度来做一套适合这一年龄段孩子阅读的书。

怎么选？我们遵循“循序渐进”、由浅到深、从近到远的原则。按照情感发展规律，即个人—家庭—国家（民族）—世界的思路精选12个专题。先侧重从中学生的日常生活、身边事物、自信自尊自强、诚实守信，以及文化人格塑造，如何对待爱情友谊，如何增强忧患意识，将个人的“小家”与国家的“大家”统一起来等方面着手。后由“小”到“大”，由“内”及“外”，由“近”及“远”，从个人、自我、家庭延伸到信仰、理想主义与英雄主义、天人合一、人类共同价值观，以及汉语文化、逻辑思维和创造性思维等。

我们首创“学术主编+教学主编”的编写模式，由知名高校学术主编与中学一线教研员、中学语文名师组成的教学主编，以现当代作家名作名篇为基础，围绕自尊自信自强、亲情与爱情等12个专题选择篇目，并以“中华文化精神”贯穿之，精挑细选，匠心打造，体裁涵盖散文、小说、杂文、诗歌、报告文学等文学样式。同时以入选的各篇目的通用版本为底本，撰写导读和作品赏读。编者悉心解读，所撰写的细腻、隽永的文字，引领我们步进文学的殿堂，领略文学之美，值得珍藏。

阅读是一种力量，在这里有300多位中国现当代名家，跨越时空，通过文学的形式，与我们的孩子对话，以想象性、形象性和情感性的文学作品深入孩子内心，通过共鸣，因感受而唤醒孩子自身的精神诉求，进而有意识地构建精神家园。这些作品一旦进入孩子的生命，就会成为其情感和审美结构的一部分，并在最深的意义上构成“自我”。在这纷扰的世界上，孩子无论是认识世界还是面对人生，都能保持正确的世界观、价值观、人生观，以及看问题的大局观。

同时我们特地邀请了各地几十所学校广播站的同学朗读选文作品。不一定是字正腔圆的专业朗读，但这些有感情、有温度的同龄人的声音一定能打动内心，扫码即可用耳朵“悦”读。

在编辑过程中，我们针对青少年的阅读心理和阅读习惯，按照现代出版规范对选文进行了处理，对部分选文做了删减。

在此还要向各选文的作者致以诚挚的敬意，是他们用自己伟大的思想和精湛的文字，为青少年一代提供了思想的源泉和振翅的境界。我们已委托中国文字著作权协会代理稿酬事宜，一并致谢。

希望这套书能够让我们的孩子从繁重的课业和纷杂的电子游戏中走出来，在文学的港湾憩息，感受到文学的力量并得到丰厚的滋养，从中获得面对未知的好奇、追逐梦想的激情、拥抱生活的热情、直面坎坷的勇气和击败困难的力量。

目录

生死对话

004 司马迁，关于生与死的话题 骆玉明

008 把栏杆拍遍 梁衡

016 缅想的灵地 耿立

028 铸剑 鲁迅

044 死生一事付鸿毛（秋瑾传节选） 武庆新

面对苦难

058 面对苦难 周国平

068 无路可走（屈原） 鲍鹏山

075 诗人多难 朱鸿

116 相信未来 食指

119 东坡突围 余秋雨

鹰击长空

136 鹰之歌 丽尼
141 青春之歌（节选） 杨沫
150 红高粱（节选） 莫言
157 赞美 穆旦

思想之光

166 华南虎 牛汉
170 悬崖边的树 曾卓
172 思想与思想者 林贤治

时代风流

184 少年毛泽东 罗斯·特里尔
199 煌煌上庠 卞毓方
210 我的父亲吴维山 吴学先
222 查尔斯的赌 杨毅

生死对话

◇ 司马迁，关于生与死的话题　骆玉明

◇ 把栏杆拍遍　梁衡

◇ 缅想的灵地　耿立

◇ 铸剑　鲁迅

◇ 死生一事付鸿毛（秋瑾传节选）　武庆新

导读

叔本华说“死亡是给予哲学灵感的守护神和它的美神”，“如果没有死亡的问题，恐怕哲学也就不成其为哲学了”。诚然，人们谈论过太多生与死的话题，然而在死亡面前一切都显得如此贫瘠和无力。古代多少帝王将相以毕生精力追求永生，到头来死神的脚步也不会因此而来得迟缓些，死，是每一个人避不开的宿命。

事实上，人正是因为知道死，恐惧死，故而渴求生，再看看这繁华世界的美好，再品品这浩瀚宇宙的美妙，这种恶死愿生的思想实乃人之常情。生与死是每一个人都曾思考过的问题，也是一个永恒的文学话题。现代诗人臧克家曾说：“有的人活着/他已经死了；有的人死了/他还活着。”这难道不振聋发聩吗？面对生死抉择之时，汉奸们出卖自己的国家以求苟活于世，而另一些人高歌激昂地为民族英勇献身，这二者哪一种更值得纪念？当铁血汉子被误会侮辱，面对非议是选择坚持理想抑或一死了之？当奸佞谗言致使忠义之士空有抱负而被迫远离朝政，是选择同流合污抑或保持初心不变？生与死的问题背后，往往牵扯着的是对如何生和为何死的思考。

正所谓，生亦何欢死亦何惧，我们应该辩证地去看待生死的问题。应该理解生死是一个世间万物兴衰消生的自然过程，无须过于喜悲或纠结。草木有枯有荣，日月有升有落，天理大道，亘古绵延。但面对生死抉择，我们应该了解的是：生，你不可以决定，然而死，你可左右。圣贤有言，死有重于泰山，亦有轻于鸿毛。生死皆痛自不必多言，可举何种意义值得向往，人们是可以思量思量的。“为何而死”难道不是对“如何为生”最好的回答吗？

人生必定难一帆风顺，总会面临各种各样的选择。当人选择勇敢面对困难时，就会感受到险境所给予的成长和满足，那时就会发现挫折也有意义；当人选择帮助他人时，感到的是互助所给予的美好和快乐，那时就会感到互助是多么愉悦；当人选择永不放弃、奋力拼搏时，感到的是活力所给予的舒心和快乐，那时就会感到成功来之不易。可如果是人选择用卑劣的手段出卖国家和朋友来换取生命，那时候感到的还会是美好吗？

本部分的五篇作品，主人公都在生死抉择之时力求超越平凡，我们将在作者的带领下更深入地与逝者对话，看看前辈们面对如此生死之难境时，又是如何抉择的。骆玉明的《司马迁，关于生与死的对话》带我们回到汉朝，深入了解司马迁的痛与无奈，告诉了我们理想无价。梁衡的《把栏杆拍遍》，豪情壮志与雄阔无边的背后俱是深情，教会我们在人生不得意时也要学会纾解悲闷和坚持自我。耿立的《缅想的灵地》是一个沉重的故事，人性的善与恶渗透在生与死的抉择之中，文中有大善亦有大恶，国家大义面前，处处是对人最艰难的考验。鲁迅的《铸剑》讲的是一个复仇故事，却不同于一般的复仇，采用古今杂糅的方式，将现实和古代神话传说、历史事实结合起来，以达到借古讽今的效果。武庆新的《死生一事付鸿毛》（秋瑾传节选）带给我们一个不同的秋瑾：旧时代下被束缚着的女侠幼时是如何成长，一步步找到了自己可以为之献身的目标。这些篇目都会帮助我们更好地理解生与死的问题。

群山巍巍，江海淼淼，艳阳皓月，亘古如斯，人的生命长度又怎可以和大自然相比？但如何在有限的生命里活出无限的意义，在死亡真正到来之时可以欣然以对，无怨无悔？相信阅读完这五篇作品后，你会得出自己的答案。

作品

司马迁，关于生与死的话题[①]

骆玉明

任安下狱前所任之职为军队高级首领，司马迁当时的职务则相当于皇帝的秘书长，如此人物在狱内外书信往来，实在不能理解为寻常的私人通信。它会被武帝看到，应属常理；而要说司马迁写信时没有想到这一点，那近乎是把他当成白痴了。明白这样的背景，对于理解《报任安书》是要紧的。

《报任安书》开头只简单地提到对方来书的内容：“教以慎于接物，推贤进士为务。”清人包世臣推测，“推贤进士”并非任安来书中原话，他本来所说应是向司马迁求援之言，而司马迁不愿直白地言及对方求援，“故以四字约来书之意”。包氏此言有一定道理；而且不管怎样，司马迁此时是武帝身旁近臣，在至交好友无辜蒙冤将要丧命之际，他应该考虑到自己有相助的义务。然而这封近三千言的长信，却毫无对任安的安慰，除了解释为什么自己不合适担起向朝廷“推贤进士”的责任，大部分内容是在述说自己往日的遭遇和悲愤心情，以及

① 选自《2005散文》（人民文学出版社2006年版）。骆玉明，生于1951年。著有《徐文长评传》《南北朝文学》等。

《史记》一书的撰作情况。这是合道理的吗？

有一个彻底的理由让司马迁可以这样对将遭巨大不幸的友人说话：死亡也已经是自己当下的归宿，他准备和任安承担同样的命运；正因如此，此刻他需要向任安、同时借此向皇帝刘彻和天下人解说他的生与死。

在这数年前，李陵率孤军长驱大漠与匈奴数万骁骑一战再战直至无以为战而被俘，武帝心愿其死，群臣则交口痛诋李陵以抚慰君主的不快，独有在职分上与此毫无关系的太史司马迁愤于人心的凶险丑恶挺身为之辩护，于是触痛了武帝因任用无能的裙带之亲李广利为主帅导致战事失利而隐生于内心的羞恼，成为他泄愤树威的对象。《报任安书》明白说自己的罪由是“诬上”，所得的惩罚是宫刑。

对于凭借智慧而拥有精神高贵的司马迁来说，这样的耻辱超出他的想象和能够忍受的限度。《报任安书》用“每下愈况，循次九而至底”的文句描摹了内心的不可忍受之状。

其实死可以结束这一切；当时司马迁如果不愿接受宫刑，他也可以选择死刑。但在那一刻，生或死却成为司马迁最困难的抉择。“假令仆伏法受诛，若九牛亡一毛，与蝼蚁何异？而世又不与能死节者比，特以为智穷罪极，不能自免，卒就死耳。”这是说此时就死，也就成全了残暴的权力对自己的人格和存在价值的彻底抹杀。“古者富贵而名摩（磨）灭，不可胜记，唯倜傥非常之人称焉。”无数的生命存在过然后消失在时间的长河里，富贵者也不能逃脱身死名灭的结局，唯有卓杰之士在这世间留下不可磨灭的印迹。此刻司马迁需要一个卓杰的证明，这就是有待完成的《史记》。如果说撰作《史记》曾有过各种其他的理由，此刻它成为对君主的淫威和残酷的命运的有力反抗。

“通古今之变，究天人之际，成一家之言”，司马迁为《史记》设定的目标是知识者有可能提出的最宏大的人生意愿。在实现这一目标时，他证明了思想的力量足以下视帝王虚妄的神圣与无理性的威权。然而苟活的耻辱一刻也没有被忘记，由自己决定的死亡作为人拥有自由的最后一次证明，常在司马迁的怀念中。所以，我们从《史记》中看到许多壮丽的死亡场面：屈子披发徜徉，抱石沉江；荆轲悲歌易水，一去不返；项羽在可以逃脱的机会中，以无颜见江东父老，拔剑向颈；李广并无必死之罪，只因不愿以久经征战的余生受辱于刀笔吏，横刀自刎……他的笔墨中倾注着慷慨的激情，至今尚能震撼人心。因为这不仅仅是他和历史人物的对话，写作本身也成了司马迁自己对死亡的心理体验。

所以《史记》一旦写成，残缺的生命顷刻间变得微不足道，轻如鸿毛。《报任安书》最后一句说得清楚：“要之死日，然后是非乃定。”这是与朋友相约共死，要告诉他死不足道，可以不必以死为憾；而就自己的生死而言，这也是对权力者的宣言。总之只有理解这句话，我们才能理解这封信整体的笔调。

赏读

骆玉明是复旦大学研究汉魏六朝文学的学者，他的文章很漂亮，赞者甚多。曾经有人从骆玉明的文章气质推测他应有家学渊源，否则不会如此纯熟，但事实上他出身于贫寒的工人家庭，靠着自己的不懈努力，勤读苦学，才得以在学术研究之外，还在散文等文学创作上洋洋洒洒独树一帜。在访谈中作者曾提到：“艺术是人们自我表现的途径，是生命创造力的表达。”正是这种寻求自我表现以及作者自身的人身体验，使他对于司马迁这样一位有独特生命经验的历史人物有更深的理解，写出了这样一篇佳作。作者意图通过对司马迁在面对生与死的抉择前的心态分析，帮助我们理解：总有一些事物超越了生死，是我们真正应该追求的。

本文作者对《报任安书》一文的深度解读——作者层层剥茧，有理有据地阐明了“这封信整体的笔调”是“与朋友相约共死……也是对权力者的宣言”——更是对司马迁生死观的精到评述。司马迁是一个用一生的精力、艰苦的劳动，并忍受了肉体和精神的巨大痛苦，拿整个生命来记载历史的伟大人物。

司马迁因替李陵败降之事辩解而受宫刑，后任中书令，他发奋继续完成所著史籍，被后世尊称为“史迁”“太史公”“历史之父”。

司马迁早年受学于孔安国、董仲舒，漫游各地，了解风俗，采集传闻。初任郎中，奉使西南。元封三年（前108）任太史令，继承父业，著述历史。他以其“究天人之际，通古今之变，成一家之言”的史识撰写了我国第一部纪传体通史《史记》（原名《太史公书》），被认为是中国史书的典范。《史记》记载了从上古传说中的黄帝时期，到汉武帝元狩元年，长达3 000多年的历史，是“二十五史”之首，被鲁迅誉为“史家之绝唱，无韵之离骚”。

作者是研究汉魏六朝文学的大家，自然对司马迁的故事了若指掌。在本文中，作者对司马迁与汉武帝刘彻的这一场博弈的分析可谓精彩，文章娓娓叙谈，旁征博引，“此刻他需要向任安、同时借此向皇帝刘彻和天下人解说他的生与死”“此刻它成为对君主的淫威和残酷的命运的有力反抗”“写作本身也成了司马迁自己对死亡的心理体验”等言简意赅的点睛之句，可谓见解独特，振聋发聩。作者并没有选择从司马迁的人生历程切入，而是选择了从司马迁生死抉择的心态出发，因为这一抉择早已蕴含着司马迁真正的追求——“究天人之际，通古今之变，成一家之言”。

司马迁的祖父与父亲都属道家，而且还是朝廷的天官。天象风云，这可是帝王之学，乃天道，是连儒家都不敢轻易染指的领域。而司马迁的父亲在教导他时，又加入儒家的思想，也是希望儿子能综合所长，成为一代大家，这是司马迁的教育背景。司马迁是一个非常浪漫和率性的人，他曾专门寻找到韩信的坟墓，并到坟前拜祭，也曾游历屈原投水的汨罗江，他为李斯不能与周召并列而惋惜，为贾谊抑郁逝去而同情。可以说司马迁笔下的每一个人物，都是在这种由衷赞赏的感情里倾注出来的，所以李陵一案，以司马迁的秉性来说，悲剧几乎是不可避免的。一个才华横溢的青年将领遭受诬陷，如果不站出来为之说话，那就不是司马迁了。然而，宫刑之后，司马迁有一千种理由选择逃避，但他没有，他选择了面对；他也有一千种理由选择痛斥，他却没有，他选择了热爱，这正是司马迁。正如罗曼·罗兰所说，在真正认清了生活的黑暗和真相之后，依然热爱生活，这才是真真正正的英雄主义。而作者笔下的司马迁正是最大限度还原了历史中的本真的司马迁，为我们展现了这样一位英雄文人。

文章围绕着司马迁真正的理想，做到了形散而神不散。文章的语言舒散自然，字字不离对司马迁的赞赏，而作者独特的文学史背景又赋予了他超脱的写作情怀，能不拘泥于历史中的孰是孰非，而是站在历史长河中回望、感叹。

司马迁经历了常人所无法想象的苦难，坚韧不拔，最终写成《史记》，名垂青史、万世流芳，自是完成了他父亲与自己的夙愿。以他的故事为例，自然也会鼓舞更多当代之人：懂得面对挫折之时如何抉择，何能舍而何该得……这一切都值得我们细细评味。

作品

把栏杆拍遍[①]

梁　衡

中国历史上由行伍出身，以武起事，而最终以文为业，成为大诗词作家的只有一人，这就是辛弃疾。这也注定了他的词及他这个人在文人中的唯一性和在历史上的独特地位。

在我看到的资料里，辛弃疾至少是快刀利剑地杀过几次人的。他天生孔武高大，从小苦修剑法。他又生于金宋乱世，不满金人的侵略蹂掠，二十二岁时他就拉起了一支数千人的义军，后又与耿京为首的义军合并，并兼任书记长，掌管印信。一次义军中出了叛徒，将印信偷走，准备投金。辛弃疾手提利剑单人独马追贼两日，第三天提回一颗人头。为了光复大业，他又说服耿京南归，并亲自南下临安联络。不想就这几天之内又变生肘腋，当他完成任务返回时，部将叛变，耿京被杀。辛大怒，跃马横刀，只率数骑突入敌营生擒叛将，又奔突千里，将其押解至临安正法，并率万人南下归宋。说来，他干这场壮举时还只是一个二十几岁的英雄少年。正血气方刚，欲为朝廷

① 选自同名散文集《把栏杆拍遍》（东方中心出版社 2004 年版）。梁衡，生于 1948 年，山西霍州人。著有《夏感与秋思》《红色经典》《人杰鬼雄》等。

痛杀贼寇，收复失地。

但世上的事并不能心想事成。南归之后，他手里立即失去了钢刀利剑，就只剩下一支羊毫软笔，他也再没有机会奔走沙场，血溅战袍，而只能笔走龙蛇，泪洒宣纸，为历史留下一声声悲壮的呼喊，遗憾的叹息和无奈的自嘲。

老实说，辛弃疾的词不是用笔写成，而是用刀和剑刻成的。他永以一个沙场英雄和爱国将军的形象留存在历史上和自己的诗词中。时隔千年，当今天我们重读他的作品时，仍感到一种凛然杀气和磅礴之势。比如这首著名的《破阵子》：

醉里挑灯看剑，梦回吹角连营，八百里分麾下炙，五十弦翻塞外声。沙场秋点兵。马做的卢飞快，弓如霹雳弦惊。了却君王天下事，赢得生前身后名。可怜白发生。

我敢大胆说一句，这首词除了武圣岳飞的《满江红》可与之媲美外，在中国上下五千年的文人堆里，再难找出第二首这样有金戈之声的力作。虽然杜甫也写过："射人先射马，擒贼先擒王"，军旅诗人王昌龄也写过："欲将轻骑逐，大雪满弓刀"。但这些都是旁观式的想象、抒发和描述，哪一个诗人曾有他这样亲身在刀刃剑尖上滚过来的经历？"列舰层楼""投鞭飞渡""剑指三秦""西风塞马"，他的诗词简直是一部军事辞典。他本来是以身许国，准备血洒大漠，马革裹尸的。但是南渡后他被迫脱离战场，再无用武之地。像屈原那样仰问苍天，像共工那样怒撞不周，他临江水，望长安，登危楼，拍栏杆，只能热泪横流。

楚天千里清秋，水随天去秋无际。遥岑远目，献愁供恨，玉簪螺髻。落日楼头，断鸿声里，江南游子，把吴钩看了，栏杆拍遍，无人会、登临意。

（《水龙吟》）

谁能懂得他这个游子，实际上是亡国浪子的悲愤之心呢？这是他登临建康城赏心亭时所作。此亭遥对古秦淮河，是历代文人墨客赏心雅兴之所，但辛弃疾在这里发出的却是一声声悲怆的呼喊。他痛拍栏杆时一定想起过当年的拍刀催马，驰骋沙场，但今天空有一身力，一腔志，又能向何处使呢？我曾专门到南京寻找过这个辛公拍栏杆处，但人去楼毁，早已了无痕迹，唯有江水悠悠，似词人的长叹，东流不息。

辛词比其他文人更深一层的不同，是他的词不是用墨来写，而是蘸着血和泪涂抹而成的。我们今天读其词，总是清清楚楚地听到一个爱国臣子，一遍一遍地哭诉，一次一次地表白；总忘不了他那在夕阳中扶栏远眺、望眼欲穿的形象。

辛弃疾南归后为什么这样不为朝廷喜欢呢？他在一首《戒酒》的戏作中说："怨无大小，生于所爱；物无美恶，过则成灾"。这句生活小品正好刻画出他的政治苦闷。他因爱国而生怨，因尽职而招灾。他太爱国家、爱百姓、爱朝廷了。但是朝廷怕他，烦他，忌用他。他作为南宋臣民共生活了四十年，倒有近二十年的时间被闲置一旁，而在断断续续被使用的二十多年间又有三十七次频繁调动。但是每当他得到一次效力的机会，就特别认真，特别执着地去工作。本来有碗饭吃便不该再多事，可是那颗炽热的爱国心烧得他浑身发热。四十年间无论在何地何时任何职，甚至赋闲期间，他都不停地上书，不停地唠叨，一有机会还要真抓实干，练兵、筹款整饬政务，时刻摆出一副要冲上前线的样子。你想这能不让主和苟安的朝廷心烦？他任湖南安抚使，这本是一个地方行政长官，他却在任上创办了一支 2 500 人的"飞虎军"，铁甲烈马，威风凛凛，雄镇江南。建军之初，造营房，恰逢连日阴雨，无法烧制屋瓦。他就令长沙市民，每户送瓦二十片，立付现银，两日内便全部筹足。其施政的干练作风可见一斑。后来他到福建任地方官，又在那里招兵买马。闽南与漠北相隔何远，但还是隔不断他的忧民情、复国志。他这个书生，这个工作狂，实在太"过"了，"过则成灾"，终于惹来了许多的诽谤，甚至说他独裁、犯上。皇帝对他也就时用时弃。国有危难时招来用几天；朝有谤言，又弃而闲几年，这就是他的基本生活节奏，也是他一生最大的悲剧。别看他饱读诗书，在词中到处用典，甚至被后人讥为"掉书袋"。但他至死，也没有弄懂南宋小朝廷为什么只图苟安而不愿去收复失地。

辛弃疾名弃疾，但他那从小使枪舞剑、壮如铁塔的五尺身躯，何尝有什么疾病？他只有一块心病，金瓯缺，月未圆，山河碎，心不安。

郁孤台下清江水，中间多少行人泪。西北望长安，可怜无数山。青山遮不住，毕竟东流去。江晚正愁余，山深闻鹧鸪。

《菩萨蛮》

他得的是心郁之病啊。他甚至自嘲自己的姓氏：

烈日秋霜，忠肝义胆，千载家谱。得姓何年，细参辛字，一笑君听取。

艰辛做就，悲辛滋味，总是辛酸辛苦。更十分，向人辛辣，椒桂捣残堪吐。世间应有，芳甘浓美，不到吾家门户。

（《永遇乐》）

你看“艰辛”“酸辛”“悲辛”“辛辣”，真是五内俱焚。世上许多甜美之事，顺达之志，怎么总轮不到他呢？他要不就是被闲置，要不就是走马灯似地被调动。1179年，他从湖北调湖南，同僚为他送行时他心情难平，终于以极委婉的口气叹出了自己政治的失意。这便是那首著名的《摸鱼儿》：

更能消几番风雨，匆匆春又归去。惜春长，怕花开早，何况落红无数。春且住，见说道，天涯芳草无归路。怨春不语。算只有殷勤，画檐蛛网，尽日惹飞絮。长门事，准拟佳期又误。蛾眉曾有人妒。千金纵买相如赋，脉脉此情谁诉？君莫舞，君不见，玉环飞燕皆尘土。闲愁最苦。休去依危楼，斜阳正在，烟柳断肠处。

据说宋孝宗看到这首词后很不高兴。梁启超评曰：“回肠荡气，至于此极，前无古人，后无来者。”“长门事”，是指汉武帝的陈皇后遭忌被打入长门宫里。辛以此典相比，一片忠心、痴情和着那许多辛酸、辛苦、辛辣，真是打翻了五味坛子。今天我们读时，每一个字都让人一惊，直让你觉得就是一滴血，或者是一行泪。确实，古来文人的惜春之作，多得可以堆成一座纸山。但有哪一首，能这样委婉而又悲愤地将春色化入政治，诠释政治呢？美人相思也是旧文人写烂了的题材，有哪一首能这样深刻贴切地寓意国事，评论正邪，抒发忧愤呢？

但是南宋朝廷毕竟是将他闲置了二十年。二十年的时间让他脱离政界，只许旁观，不得插手，也不得插嘴。辛在他的词中自我解嘲道：“君恩重，且教种芙蓉！”这有点像宋仁宗说柳永：“且去浅斟低唱，何要浮名？”柳永倒是真的去浅斟低唱了，结果唱出一个纯粹的词人艺术家。辛与柳不同，你想，他是一个大碗喝酒，大块吃肉，痛拍栏杆，大声议政的人。报国无门，他便到赣东北修了一座带湖别墅，咀嚼自己的寂寞。

带湖吾甚爱，千丈翠奁开。先生杖屦无事，一日走千回。凡我同盟鸥鹭，今日既盟之后，来往莫相猜。白鹤在何处，尝试与偕来。破青萍，排翠藻，立苍苔。窥鱼笑汝痴计，不解举吾杯。废沼荒丘畴昔，明月清风此夜，人世几欢哀。东岸绿荫少，杨柳更须栽。

（《水调歌头》）

这回可真的应了他的号："稼轩"，要回乡种地了。一个正当壮年又阅历丰富、胸怀大志的政治家，却每天在山坡和水边踱步，与百姓聊一聊农桑收成之类的闲话，再对着飞鸟游鱼自言自语一番，真是"闲愁最苦"，"脉脉此情谁诉"？

说到辛弃疾的笔力多深，是刀刻也罢，血写也罢，其实他的追求从来不是要作一个词人。郭沫若说陈毅："将军本色是诗人"，辛弃疾这个人，词人本色是武人，武人本色是政人。他的词是在政治的大磨盘间磨出来的豆浆汁液。他由武而文，又由文而政，始终在出世与入世间矛盾，在被用或被弃中受煎熬。作为封建知识分子，对待政治，他不像陶渊明那样浅尝辄止，便再不染政；也不像白居易那样长期在任，亦政亦文。对国家民族他有一颗放不下、关不住、比天大、比火热的心；他有一身早练就、憋不住、使不完的劲。他不计较"五斗米折腰"，也不怕谗言倾盆。所以随时局起伏，他就大忙大闲，大起大落，大进大退。稍有政绩，便招谤而被弃；国有危难，便又被招而任用。他亲自组练过军队，上书过《美芹十论》这样著名的治国方略。他是贾谊、诸葛亮、范仲淹一类的时刻忧心如焚的政治家。他像一块铁，时而被烧红锤打，时而又被扔到冷水中淬火。有人说他是豪放派，继承了苏东坡，但苏的豪放仅止于"大江东去"，山水之阔。苏正当北宋太平盛世，还没有民族仇、复国志来炼其词魂，也没有胡尘飞、金戈鸣来壮其词威。真正的诗人只有被政治大事（包括社会、民族、军事等矛盾）所挤压、扭曲、拧绞、烧炼、锤打时才可能得到合乎历史潮流的感悟，才可能成为正义的化身。诗歌，也只有在政治之风的鼓荡下，才可能飞翔，才能燃烧，才能炸响，才能振聋发聩。学诗功夫在诗外，诗歌之效在诗外。我们承认艺术本身的魅力，更承认艺术加上思想的爆发力。有人说辛词其实也是婉约派，多情细腻处不亚柳永、李清照。

近来愁似天来大，谁解相怜？谁解相怜？又把愁来做个天。
都将今古无穷事，放在愁边。放在愁边，却自移家向酒泉。

（《丑奴儿》）

少年不识愁滋味，爱上层楼。爱上层楼，为赋新词强说愁。
而今识尽愁滋味，欲说还休。欲说还休，却道天凉好个秋。

（《丑奴儿》）

柳李的多情多愁仅止于"执手相看泪眼""梧桐更兼细雨"，而辛词中的婉约言愁之笔，于淡淡的艺术美感中，却含有深沉的政治与生活哲理。真正的诗人，最善以常人之心言大情大理，能于无声处炸响惊雷。

我常想，要是为辛弃疾造像，最贴切的题目就是“把栏杆拍遍”。他一生大都是在被抛弃的感叹与无奈中度过的。当权者不使为官，却为他准备了锤炼思想和艺术的反面环境。他被九蒸九晒，水煮油炸，千锤百炼。历史的风云，民族的仇恨，正与邪的搏击，爱与恨的纠缠，知识的积累，感情的浇铸，艺术的升华，文字的锤打，这一切都在他的胸中、他的脑海，翻腾、激荡，如地壳内岩浆的滚动鼓胀，冲击积聚。既然这股能量一不能化作刀枪之力，二不能化作施政之策，便只有一股脑地注入诗词，化作诗词。他并不想当词人，但武途政路不通，历史歪打正着地把他逼向了词人之道。终于他被修炼得连叹一口气，也是一首好词了。说到底，才能和思想是一个人的立身之本。像石缝里的一棵小树，虽然被扭曲、挤压，成不了旗杆，却也可成一条遒劲的龙头拐杖，别是一种价值。但这前提，你必须是一棵树，而不是一苗草。从“沙场秋点兵”到“天凉好个秋”；从决心为国弃疾去病，到最后掰开嚼碎，识得辛字含义，再到自号“稼轩”，同盟鸥鹭，辛弃疾走过了一个爱国志士、爱国诗人的成熟过程。诗，是随便什么人就可以写的吗？诗人，能在历史上留下名的诗人，是随便什么人都可以当的吗？“一将成名万骨枯”，一员武将的故事，要多少持刀舞剑者的鲜血才能写成。那么，有思想光芒又有艺术魅力的诗人呢？他的成名，要有时代的运动，像地球大板块的冲撞那样，他时而被夹其间感受折磨，时而又被甩在一旁冷静思考。所以积三百年北宋南宋之动荡，才产生了一个辛弃疾。

赏读

梁衡是我国当代散文家、新闻理论家。《把栏杆拍遍》是他所写的一篇人物评传性质的散文，文章多角度地塑造了一个叱咤风云而又命运多舛的爱国词人辛弃疾的形象，揭示了辛弃疾怎么从一个爱国志士成为爱国词人的过程，是解读南宋爱国词人辛弃疾的散文名篇，该佳作被许多人誉为是影响自己青年时代的一篇好文。要想写出触及人心的作品，作者必须先与所书写的对象有心神交流，这种交流不是简单的交谈，而是一种心理的共通、精神的冲撞和思想的拥抱，这样才有可能在文章中写透一切，直逼灵魂，达到心灵的融合，最后引发读者心灵的颤动。作者选择辛弃疾这一民族英雄，正是渴望在书写时从辛弃疾的人生历程中汲取养分，鼓舞自己以及读者。

辛弃疾生于金国，少年抗金归宋，曾任江西安抚使、福建安抚使等职。著有《美芹十论》《九议》等，条陈战守之策。由于与当政的主和派政见不合，后被弹劾落职，退隐山居。开禧北伐前后，相继被起用为绍兴知府、镇江知府、枢密都承旨等职。开禧三年（1207 年），辛弃疾病逝，年六十八。后赠少师，谥号“忠敏”。他一生以恢复中原为志向，以建功立业为自期，却命运多舛、备受排挤、壮志难酬。但辛弃疾恢复中原的爱国信念始终没有动摇，而是把满腔激情和对国家兴亡、民族命运的关切、忧虑，全部寄寓于词作之中。辛弃疾现存词六百多首，有词集《稼轩长短句》等传世。他的词风格多样，以豪放为主，沉雄豪迈又不乏细腻柔媚之处。他的词题材广阔又善用典，抒发力图恢复国家统一的爱国热情，倾诉壮志难酬的悲愤，对当时执政者的屈辱求和颇多谴责，也有不少吟咏祖国河山之美的作品。

本文概述了辛弃疾不平凡的一生，通过对其词的解读及与其他词人的深刻比较，剖析了辛弃疾成为爱国志士、爱国词人的根本原因。历史的动荡、时代的磨炼、庸人的排挤使他的功业难成，他只能填词，把自己满腔的热情倾诉于笔端，把自己满腹的惆怅寄托于栏杆，把自己无边的寂寞倾泻给鸥鹭，故而作者说他的本意不是做词人。作者这样说，最深刻的意图是想通过解读辛弃疾因武途政路不畅而成为大词人的典型个例，说明一个普遍哲理：真正的诗人，有思想光芒又有艺术魅力的诗人，只有被大事件（包括社会、民族等矛盾）所挤压、扭曲、磨炼、锤打，才可能得到合乎历史潮流的感悟；有了这种感悟，再加上知识的积累，艺术的升华，才会写出既有人生感悟又有高超艺术水准的好词来。

作者在此以“把栏杆拍遍”为题表达效果极佳，首先是因为“把栏杆拍遍”本就出自辛词代表作《水龙吟》，以此为题能突出辛词的豪放派风格；其次“拍”字有力度和气势，恰合辛弃疾这位沙场英雄的形象和气质；再次“遍”说明拍的次数多，心中郁愤深，正切合他报国无门，只能写诗填词的无奈与感伤；此题也正可概括辛弃疾作为爱国志士、爱国词人的双重身份。同时作者以《破阵子》为例，将它与“旁观式的想象、抒发和描述”作对比，从而反映了辛弃疾曾为武人的独特经历，突出了辛词的“凛然杀气和磅礴之势”。

行文中还将辛弃疾与陶渊明、白居易的从政态度及经历对比，突出辛弃疾欲从政而不得、始终不渝的热情。后又将辛弃疾的婉约词与柳永、李清照作比较，强调辛词的婉约言愁中含有深沉的政治与生活哲理。作者虽然认为只有岳飞的《满江红》可与《破阵子》媲美，而岳飞是武圣，并不以诗文出名，所以辛弃疾是独特的。

可以说《把栏杆拍遍》是一篇解读深刻、感情真挚、语言隽永的难得之作。作家梁衡凭借渊博的学识、惊人的智慧、独到的视角，对辛弃疾作了如此独特而又耐人寻味的解读，让人欣赏，让人敬佩。同时不难看出，作者对辛弃疾的尊重是深深蕴含在文辞背后的，而这种情感足以带动读者去沉浸于辛词豪迈悲愤的同时，也去缅怀这位独一无二的词人侠客。辛弃疾必将继续活在世人的心里，鼓舞我们前行。

作品

缅想的灵地[1]

耿　立

子

谁没有最后栖息的灵地？

有的可主动抉择，有的则透着悲凉无奈地被钳制被圈定；对杨靖宇来说，他最后的栖息地到了，那是末途人生的三道崴子！

三道崴子甚好，为生死以之的土地，自己的血液不再喧哗流尽还有何可辩解的？但只是这偶然逼近的三道崴子，在中国土地上随意的一个乡间普通的名字，因杨靖宇而有了异样的品性；这是血的圣地，却也成了使另一些丑陋的灵魂蒙羞，且让另一有哀感和崇尚血的民族震慑致敬的灵地。

杨靖宇殉国后，遗体是用小爬犁在冰雪中运到濛江县城的，尔后就是对手狂欢似的找来摄影师炫耀似的拍照。拍照毕，日军铡下了将军的头颅。当晚，皓月当空，清凛的夜里弥

① 选自散文集《缅想的灵地》（漓江出版社 2012 年版）。耿立，生于 1965 年，山东郓城人。著有《高过乡村的光》《新艺术散文概论 》《新艺术散文美学论》等。

散着凝冻的血腥气，虽是正月的十六就是十六，但少了节日的腾闹，在县城医院里，日本人对将军神奇的腹部进行生理解剖，想看看这中国人血肉之躯蕴有什么异样的能量，能超越物理的极限，在零下 42 度寒冬里坚持这几多时日。最终，对手们呆痴了，冷气仿佛一下子击倒了在场的多数，人们口嗫嚅而舌不能卷，他们吃惊地发现将军的胃袋中，只有尚未消化的树皮、草根、棉絮，一粒粮食也没有。主刀的医师惊恐到手指痉挛，手术刀在四周惊异的眼神中訇然脱手，当地一声坠地的金属的回音成了对一种中国人骨气最好的诠释和认同，凝成为一个永恒的历史细节，活在良知的骨髓后世的深邃的记忆中了……

这永恒留下了，注定就不会消散漫漶、惊恐定格了，也就不会随时间的寂灭而归于虚无，我想，对后之来者的记忆，也唯有同这样人类珍重的历史细处相衔接、相亲昵，才是世间最大的人道和最大的道德公约，这细节的回音和记忆的震撼波纹还在，当我捉笔尝试写下“杨靖宇”三个汉字的时日，都因既混合着崇敬又对解剖刀的厌恶而失败，而垂手，无法描下一字半字。在永恒的事物前，在每个人心灵中的三道崴子前，所有的惊恐和震撼都既是当时也都是当下，因此，当我们正视将军被解剖的胃袋里的树皮、草根、棉絮时，震撼和惊恐便无边无际地攫住大家，覆盖大家。我们无法在心底抑制它，因为我们无法消弭它，它就在那里，一代一代固执地如影随形跟随我们，唤醒我们。

最大的伤痛莫过是杨靖宇最后的痛楚与饮恨，将军血肉之躯为之缠斗为之萦绕的中国，具体说是这个国家中无数号的另类人群，深创了他刺痛了他。在三道崴子的小树林，正月十六的下午四点，围追的鬼子是愈来愈近了，能看清对方的狗皮帽子，能闻到刺鼻的烤烟味，杨靖宇靠在一株拧劲树上，对手的脸和对手黑洞洞的枪口闪着绿光一样逼视着他。突然有个穿黄大衣的鬼子锐声对将军喊话：杨靖宇你还是降了吧。

熟悉的中国话突然从鬼子中间迸出，在凛冽的寒风中骤然传来，杨靖宇有点愕然了，将军没有迟疑，在他举枪报以应答的时候，撂了句：“这些天遇上的怎么都是这号中国人?!”

枪响处，末路的将军，又使关东军的讨伐队付出了一死四伤的代价。最后绝望的机枪响了，火舌立时吞噬击倒了将军，也许在将军倒下的瞬间里，我们惋叹感慨他的年轻，为着他带有遗恨殉国时，年龄才仅仅三十五周岁的青壮么？

“怎么都是这号中国人？”这遗言太沉重！有着血的悲怆和无奈，在我写这篇文章时，心理之痉挛和不适不是将军的胃袋被解剖，被当作战利的物件展览，也非那被泡在福尔马林瓶子里的遗首，那上面仍有深深冻痕的遗首，而是这句话，这句使我时时反顾的话：这号中国人是什么样的人？

丑

在饥饿难耐、风雪弥望的冬日，将军走出了栖身的密林，想寻找维持一个人最低限度的热量，他太饿了，他需要食物来果腹，当时将军孤身一人。在昨晚，正月十五的夜，有清冷的月光，远处有鞭炮的炸响和闹元宵的嚣喧，很多的中国人在“满洲国”的土地上，做起了顺民，而杨靖宇在一个雪地地窝子度过最后人间的一个夜晚，圆月无言。

翌日上午，杨靖宇在山里终于等到了四个进山砍柴的村民。他们是：牌长赵廷喜，村民孙长春、辛顺礼、迟德顺。由于居民点的警察不让砍柴的村民带食物进山，杨靖宇只好恳求他们回去带点食物和棉鞋，并承诺多多的给钱。做了顺民的伪牌长赵廷喜见了将军，就劝他：“何苦呢？我看你还是降了吧，如今‘满洲国’对投降的人是不杀头的”。

四周是雪，杨靖宇平静地说：“我是中国人哪，不能做这样的事情。如果我们中国人都投降了，咱们中国就完了。要对得起自己的良心”。

谁知，赵廷喜在回去的路上遇见了铁杆汉奸李正新。由于怕另外三人先报告了他们与杨靖宇的会面，导致全家被杀，赵廷喜主动向李正新说出了山里遇到将军的事，李听后大喜，马上向伪濛江县警察本部的日本人报告。

说来，就是“这号的中国人”把将军一步步逼到了绝地，其实赵廷喜只是一个引子，而把将军推上苍凉的何止一个赵廷喜，比如把杨靖宇推上三道崴子的关键人物——将军的卫士张秀峰，日本人森琦实所著的《东边道》一书中曾记载了将军在警卫张秀峰叛变后的情况：

杨的居处并未找到，粮道被断绝自不消说，交通被禁止，又令带着干粮的特务装成打柴人派入山中，究查奸细，以便诱他出来，但他究竟潜伏在何处，却一无所知。

23日午后3时顷，在濛江县第一保安区村，4名装作到山中打柴的人，在村西南方6华里左右的地方正打柴时，有一个身长五尺半，长脸、大眼、光头、军服、穿着朝鲜草鞋的汉子，强向他们买两袋白面和棉鞋。

“我饿得慌，钱给你多少都行，拿来一些吃的东西给我，还要衣服。现在跟你们穿的衣服换也未尝不可，不过那样一来，你就要被讨伐队抓去，我不愿意这样做。给我拿去吧，我在这里等着。”

这几个打柴人遇上的这个汉子正是杨靖宇，他们也判断出来了。于是，讨伐队很快便扑过来了。

这书是公元1940年出版的，按照大和民族机器一样做事的执着和认真，大体是可采信的，但我们说，通向三道崴子的绝境，不是日本人为将军独自设计的，也非将军本人所愿，这里面还是那绕不过的话题，就是“这号中国人”。这号中国人是什么品性的人？公正地说，在有档次、有品位的英雄之间争逐的时空里，即使角力，即使争斗，那也是嗜血的快感，更多的则透着惺惺相惜般对对手彼此的敬重，是彼此的欣赏，是敬亭山和李白，是春天的老松和醉酒的辛弃疾；而人格和智勇与将军不在一个档次上的宵小者，即使将军死去，他们也不敢把自己作为英雄的对手来宣扬，他们只是在英雄末路时分，绊倒将军的一粒石子一芥草棒而已，我说的就是这号的中国人，很多的顺民和汉奸，多的是穿着土布棉衣，冬天里瑟缩着脖颈和袖子，在外人面前目光猥琐，憋憋屈屈，在各个时代随处可见的平民。有时我不想太多的诅咒他们，相反，我深刻地怜悯和同情理解这群没有灵魂的灵魂，他们貌似有着呼吸的活物，实质是盲从的大多数，他们像一群牵线木偶，在灯影里和锣鼓声中，不自知，他们像那些随处可见的村落一样，对历史不负责任，他们的肤色和脸孔有一种被困苦和麻木塑造出的气质：蒙昧无知的样子，眸子里没有光泽，只是浑浊，他们对痛苦比较麻木，对羞耻比较迟钝，但这又是现实和精明的一群，会盘算，会合计，他们是在现实中好像谦卑的一群，但其实是伪装的功利主义者机会主义者。

在将军殉国的过程里，我们完全正当地把愤怒的火焰燃向他们。但这号的中国人太微末，太呆痴，太愚昧，最大的发泄也只是换得一种空茫一种没有对手的饮恨。这号的中国人，恐怕不是一时一代所解决的，他们本身像是一种超强的腐蚀剂，吞噬着我们民族的肌体，令我们无法设防。

这是一种大悲愤，是一个巨大的民族悲剧的伤痛与创口，这号的中国人是这幕悲剧中的小丑。但因为这小丑，使我们的历史既充满了悲凉更充满了苍凉和哀凉。杰拉德·格林有一本旧书《大屠杀》，他写了犹太人在纳粹面前的一种难堪和耻辱，反抗者是极少的，普遍的事实是屈从，逆来顺受，甚至于合作。受害者的顺从令刽子手们都感到惊讶，屠杀出奇的顺利，刽子手们动用的力量远远少于预计。书中写两个刽子手在计划恶行时是如此轻松："如果他们拒绝呢？" "犹太人不会拒绝。他们会合作。他们都给吓破了胆……"

一场大屠杀正在进行。成千上万的受害者集合在山谷里，静静站立着，秩序井然，"真正汇成了一个湖泊，一个内陆的海洋"。连刽子手都难以置信："我的上帝，我们预计六千多人，想不到来了三万人。"这些受害者究竟是怎么来的？书中没有具体描述，但单凭加害者的武力显然是做不到的。数万受害者就这样开始顺从地脱衣服，顺从地走向屠场，一批一批按刽子手需要的"装沙丁鱼"方式躺下，接受被枪杀的命运。

这种顺从的确令人骇异。亚伯拉罕顺从上帝的旨意将儿子以撒献上燔祭的时候，仁慈的上帝及时用一只公羊将尖刀下的以撒救了出来，难道他们也期待他们的顺从会在最后一刻唤来奇迹吗？难道他们以为顺从会打动刽子手吗？

这又让我想起杨靖宇将军。如果没有一个个与日本人合作的"这号的中国人"，杨靖宇将军将会怎样？这也是黑暗历史进程中一个黑暗的章节，这是我民族的锥心之痛，是我民族中的一部分的愚氓将我民族的一部分精英送上了绞架。

让我们再还原那悲抑的一幕，正月十六下午四时，将军又饥又寒，伤病缠身，体能的消耗已到极限，面对突然而至的敌人，而非是到山下答应为他拿粮和棉衣的村民，将军的心里证实了什么，我们是不难揣测和体味的，他知道最后的时刻终于要来了。

在日伪档案中，描述杨靖宇一边用两支手枪准确地向四面八方蝗虫一般围拢来的对手射击，一边跌跌撞撞向高地退却。但将军能退向哪里？围猎的幕布已扯开，连续数日数夜粒米未进的将军，是再没有一口气力摆脱像无赖的鬣狗一样围捕狮子一样的敌人了，将军最后靠在一棵拧劲大树后面喘息，与敌人相距不足 30 米，只是一个篮球场的距离。岸谷曾一度幻想活捉杨靖宇，敌人一遍遍不断高声规劝，锦衣玉食，禄位享乐，然而回答他们的只有一颗颗坚韧的子弹。在生命的最后时刻，将军好像压根儿就不理会末日莅临，他的两眼死死盯住对面雪地里的幢幢人影，靖宇将军厉声喝问："谁是抗联投降的，滚出来我有话说!”将军知道他面对的是哪一号的中国人，对这些愚氓混蛋，他想朝他们破口大骂，骂个痛快骂个酣畅淋漓。

几个折了脊骨的那号中国人吓得龟缩在雪里，将军的声音如同猛禽的利爪攫进了他们的骨缝掐断了他们的神经，他们不敢吭声，只是在喉咙里呜呜地呻吟。在最后两名日本警察殒命后，岸谷明白劝降无用，就发疯一般地下令：消灭杨靖宇。

枪林火舌，劈面刺来。

猖狂末日的攻击开始了，四面都是敌人的子弹，如蝗虫翔舞，杨靖宇又打倒数名冲在前头的敌人，但敌人怨鬼毒蛇般纠缠他，蛛网一样的人墙围拢了，接着他左腕中弹，手枪随之落地；但将军的右手还在，他仍拼力持枪应战，最后人们都感到了将军血液里发出金属撞击时的那种鸣响，将军轰然倒下!

雪地里卷起了一阵风，像一种凄厉悲壮的长嚎，那带着雪霰、从云层透过的风，在衰草和灌木的三道崴子上空掠过，天地陡然一寒。

时间是1940年2月23日下午4时30分，农历的正月十六，伪满康德七年。

公正地说，杨靖宇将军生前死后都是让他的对手异常敬畏的人物。他牺牲后好久，岸谷等人才敢向他的身体靠近，这时敌人再次犹疑踌躇起来，不敢相信死者就是让他们神经凌乱，时时都会把他们引向地狱门口的杨靖宇。直到杨靖宇原先的属下程斌赶来，确认早没有了呼吸和脉搏的尸体是杨靖宇。据事后伪《协和》杂志记者报道，听说他们真的杀了杨靖宇，岸谷等人“一点没有感到快乐”，反而“呜呜地哭了起来”。为什么岸谷等人哭泣？是悲将军之遇，还是伤悼一个伟岸生命的陨落?

杨靖宇是真的殉国了，岸谷抑制不住兴奋，就聚集属下喝酒庆贺，酒喝得非常尽兴，他们把杨靖宇的尸体放在另外一个房子里头，派了一个班的士兵在那儿守着，里三层外三层，饮酒饮到半夜，岸谷像发起了神经，决定亲自到那屋子去杨靖宇，去摸一摸是否还在。

岸谷隆一郎究竟为什么会有这样神经质的举动，我们很难揣测。

翌日一早，岸谷集合队伍，命令讨伐队里“那号中国人”张奚若、白万仁和王佐华用铡刀铡下了杨靖宇的头颅；还亲自用军刀切下了杨靖宇的胃袋送去化验。他想知道，在最后的日子里，这个对手到底是靠什么支撑着，跟他们周旋缠斗了那么久。史料载，当岸谷隆一郎从主刀的医师那里得知，杨靖宇的胃里只有草根和棉絮，没有一粒粮食的时候，他默然无语，仿佛苍老了许多。

就在将军的头颅被铡刀铡下的当晚，日伪军在蒙江喝庆功酒，被杨靖宇称为“这号中国人”的张奚若、白万仁、王佐华坐在首席上，1938 年 6 月就追随程斌叛变的张奚若就借着喝高了烈酒炫耀说：“正当杨靖宇抬起腿要跑的一刹那，我一个点射，齐刷刷地都给他点在这儿上了（指胸口）。”谁知，这话一毕，突然间酒桌冷了场，人们的口里鼻里像塞满了冰碴子。2 月 1 日才刚刚叛变的杨靖宇的警卫员张秀峰端着酒杯，隔桌过来往张奚若面前一蹾，骂了声：“混蛋！不得好死！”酒杯碎了，大家面面相觑，定格在那有着血丝的凝固的瞳孔里，大家嚷着喝多了喝多了，张秀峰陡然的那句话使所谓的庆功宴不欢而散。

也许将军的死，衬托出这些没有灵魂的中国人匍匐在异族利爪下的无耻。我不知道张秀峰脱口而出这话，是良心蓦然发现么？他本孤儿，是杨靖宇把他抚养大，教他识字吹口琴，但后来就是这孤儿张秀峰给将军的心上重重划下刀口撒盐，所谓最亲的人伤害人最深，人性深处透着彻骨的悲凉。

其实，在杨靖宇所遇到的“这号中国人”里，张秀峰不是第一个，在他之前的程斌是将军心中滴血最多的。程斌有文化，早年追随将军，是将军麾下最能干的人，有“小杨靖宇”之称。后来日本人抓住程斌的母亲，让程斌的哥哥劝降，程斌的哥哥只说了一句：“你革命还要妈不？”程斌说：“不革命也得要妈！”就带人带枪下山了。

程斌叛变了，曾经的战友，猝然间成了对手。两个人熟悉到了骨髓里，程斌和杨靖宇双方不用照面，只要一听枪声，就知道对方是谁。就这样杨靖宇的多处储蓄给养的密营先后被程斌毁坏了，犹如流动的血脉一下滞留不动了。

人们说杨靖宇不打败仗，程斌叛变以后，不行了。程斌把杨靖宇政治作战也学得神似，给他反着用。程斌来这个战场上，指着名，王传圣谁谁，你下来吧，我这儿有大米吃，有白面吃，还有女人搂着，还有女人给热被窝，怎么怎么的。在这以前没有的事儿，这一下他一喊话，就反过来瓦解抗联的部队。

可以说，身经百战、善于转移的杨靖宇的部队被打散，杨靖宇被穷追不舍难以脱身，如果没有程斌，日本人根本做不到。

在杨靖宇将军的慰灵仪式上，我不知道程斌等是否出现。对日本人在杨靖宇面前的虔敬，也许“这号的中国人”也许会困惑，日本人为何这样不可思议？偌大的中国，偌大的满洲，那些汉人满人经过杨靖宇将军墓前的时候，是否会想到在明末，当满人屠杀过后的江阴城墙上，留下过江阴一女子写下的诗：“尸山白骨满疆场，万死孤城未肯降。寄语路人休掩鼻，活人不及死人香！”

是啊，我们民族的血性，我们民族的尊严，是在什么时候什么地方突然走失了，写到此处，我真的对岸谷龙一郎的举止给予了青眼的相许了。

杨靖宇人虽然死了，但他的人格力量仍然令敌人胆战心惊，日本人把杨靖宇将军放到了一个历史悲剧的祭坛上，他们不只是以胜利者傲慢者的姿态对待将军，他们也是以自己民族热血和强悍的生命作为牲醴，来祭奠一衣带水的所谓的“支那人”那生生不息、傲然而立的民族精神和品性吧。

寅

作家方军有一本书：《我认识的鬼子兵》，写他在日本留学碰到的当年侵华的老兵，其中有一个老鬼子金井，曾是关东军，后被苏联红军捉到西伯利亚，在俘虏营服了8年苦役。

也许，在这个时候，泊荡在老鬼子心中关于杨靖宇的记忆，一下子在现实中激活了，西伯利亚的冰天雪地与杨靖宇当时所处何其相似乃尔，同样是饥饿，当年的关东军威风凛凛的青春一去不返，鬼子兵就如一条可怜虫，在俄国人的看护下，种地，伐木，挖煤，淘金。

做俘虏的日子里，金井铭骨最深的是饥饿，他说，在俄国饥饿难忍的时候就挖草根吃，嚼着嚼着就落泪了，不吃怎知草根的滋味呢！杨靖宇将军的胃里也是树皮呀。金井告诉作家方军，当时日本人强制配给中国东北人的粮食叫“共和面”，里面掺有锯末石子。这种“粮食”即使关东军挑食的军马都不吃。

金井叙述过一个震撼人心的马粪的故事，1944 年，日本人在哈尔滨南大岗驻防。一个中国老太太拨开日本军马的马粪，从里面拾出豆子来。金井看后，恼怒地上前一脚就把老太太给踹翻了。然后骂道：滚蛋！你他妈的不是人呀，吃马粪！老太太一边哭一边拾散落在地上的豆子。金井恼怒了：你他妈的再哭，我就在这儿刺死你！金井舞着枪刺在她眼前吼着，可老太太就是不走，她舍不得那些粮食。为此，老太太跪在地上一个劲儿地给向金井磕头说：皇军！皇军！

在俄国俘虏营饥饿难忍时，金井嚼着草根，就想到这个中国老太太，想到了杨靖宇将军，内心充满悔恨。

事过几十年，金井当着中国作家方军的面小心打开保险柜，取出一幅珍藏的照片，那是杨靖宇殉国后，日本士兵站在杨靖宇遗体前炫耀的留影。金井说，我只见过杨将军一次，而且近在咫尺。

金井拿着照片对方军说，我开始不喜欢他，他毕竟是我们关东军的敌人。可到后来，老鬼子金井的想法全变了。半个多世纪过去了，老鬼子金井把杨靖宇的照片保存了55年。在俄国俘虏营，有一次俄国军队官兵检查金井的背包时，不问青红皂白先就给了金井一个耳光，然后质问："这是谁？是不是日本军人？"金井回答："这位是中国人，是中国东北抗日联军第一路军司令杨靖宇。"听了这话，俄罗斯军人又给了金井一个耳光，把照片还给金井。

老鬼子金井说：杨靖宇是真正的武士，他死了还站立着，他是一种精神，作为原日本关东军二等兵，我愿意把最后的军礼敬给这位坚强的中国军人。

说完，暮年的金井立正站好，给杨靖宇将军敬了一个原日本军人的军礼。将军在殉国后多年，还赢得对手的敬重，也许这才是大英雄的本色和魅力，他不因时间的流逝而损毁，时间就是雕刻英雄的利器，时间愈久，刻痕愈深。我们可以想象杨靖宇将军的那张脸庞，那一定镌刻着一种正义、浩然军神的威严和尊严，使人感到迸射的一种英武逼人的异样魅力。

杨靖宇死了，但参与杀害杨靖宇的凶手的表现却各有殊异，有的选择自杀承担罪责，有的苟活，有的偿命。我认为选择自杀的日本人是有内在是非的，罪责他承担了，而出卖杨靖宇的人呢？解放后却还依然活着，让人感慨历史的诡异。

一个民族的英雄被杀了，有廉耻的人，是不能够在这种历史罪责的压力下活下去的。

解放以后，作为凶手的张奚若、王佐华、白万仁乃至程斌都各自像不敢见光的老鼠藏匿起来，张奚若找到知情者王佐华订立同盟：不管什么时候千万不能说出我开枪杀了杨靖宇的事，万一有人揭出来，就由你扛着，你的老母亲我给你养，牢饭我给你送。我拉家带口的一大家子牵扯多，我要像你似的，光棍一条，我就顶你去死。大老粗王佐华竟然就很义气地答应下来。后来入狱的王佐华就一直坚持说："杨靖宇是自刎的。"

多年后，在狱中的王佐华见到白万仁，知道外面的张奚若并没有履行承诺，并没有供养自己的老母亲，于是就揭发了张奚若是杀害靖宇凶手的事实。后来，张奚若亲口说出了用铡刀铡下杨靖宇将军遗首的震撼的经过：

2 月 24 日一早，岸谷就让程斌的人马到一个院子集合，到了院子，见院内已经摆好了铡刀，开始想让张秀峰执刀，张秀峰不干。由于他在抗联里的官阶高，虽是投降过来没几天，但有程斌在后面支撑着，谁也不敢惹乎他。张秀峰不仅不干，还说"这可是人家老张的头功，咱可不敢抢，还是让张奚若来吧。"程斌向着张秀峰，就点名让张奚若干。张奚若和白万仁、王佐华是把兄弟，这样，由白万仁执铡刀、王佐华抱着杨靖宇的头，张奚若抱着杨靖宇的腿，抬到铡刀上，白万仁一刀将杨靖宇的头铡了下来。

20 世纪 80 年代，靖宇县史志办的人在采访时，将《阵中日志》中的相关照片，分别出示给张秀峰、张奚若、白万仁，让他们指认照片上的人员。我们看这些人的心理和言语，是否能感受到抵赖，喝死也不认这壶酒钱的卑劣的根性？

张奚若先是不承认参加抗联，也没打死过"老杨"，"打老杨那天我不在场，到沈阳养伤去了，是白万仁他们打的"……自相矛盾、难以自圆其说。

程斌为人狡猾，后来混入解放军部队，然而 1951 年沈阳的一个雨天，程斌打着雨伞在街上行走，一个人为避雨躲到他的雨伞下，结果程斌发现，这个人是一个曾叛变的原抗联干部。后来戏剧性的一幕出现了，两个人分别都去举报了对方，结果都被枪毙了。

我们知道凶手一向设法消减对罪行和屠杀的记忆，在 1944 到 1945 年间，纳粹下令从集体公墓将尸体挖出，然后加以焚烧，以消灭所有的证据。在拉丁美洲，所有被谋杀的都成了"失踪人口"，他们活不见人死不见尸，你找不到控告的证据。但我们不要忘记犹太人对每个失踪者的记忆，对每个刽子手天涯海角的追捕，我们知道在阿根廷五月广场的白头巾的母亲，她们豁出命也要找到儿子、女儿。

每逢星期四，一群带着白色头巾的母亲，都会在阿根廷首都布宜诺斯艾利斯的五月广场（Plaza de Mayo）上聚集，并且围着广场上一个代表共和国的标志步行请愿。直到现在，这群母亲依旧在五月广场步行着，因为她们不能忘记每一个失踪的孩子，不能忘记过去那段黑暗岁月里失踪的每一个人。她们表示为了让世人不要忘记，她们一直步行下去。

从这些事来看，我们是愧对杨靖宇将军的，那些凶手的逍遥，是时代的耻辱，有一天，我会等待着一场大雪，覆盖着历史污浊的大雪，自己徒步走到三道崴子，那是祭奠的灵地也是荡涤心灵的圣地，也许人最好的动作就是跪倒在那里，面对苍苍者天茫茫雪，如古人的三叩九拜的大礼，大放悲声。

也许，最好也效古人庐墓三年，在三道崴子筑建一处反思的屋子，为将军所痛恨的“这号中国人”。

现场留下的是无尽的悲慨。具有将军殉国见证意义的那棵“拧劲子”树在“文革”中被砍掉，而今只有在地表上残存的一截树桩，横断面上的年轮依稀可辨。不知那年轮里是否还贮有当年的话：怎么都是“这号中国人”？

遗言太沉重，我不知道该以怎样的文字接近灵地三道崴子。

赏读

耿立是中国当代散文作家、学者，《缅想的灵地》是其近年来创作的一部历史经典散文集。在该散文集中，作者挖掘以往被遮蔽或被遗忘的历史细节，以兼具沉实凝重、诗意盎然的独特风格，重写历史上耳熟能详的英雄人物，呈现国破家亡之际人性的高尚与卑琐。作者选取杨靖宇等近二十位历史人物，意图通过书写他们的身世、际遇、沉浮、人格和气节，写出伟人之所以为人所铭记，正是因为他们面对生死之时的那一份超脱与超越。作品仿佛一篇篇知人论世的墓志铭，一幅幅鲜活立体的历史画卷。

本文节选自《缅想的灵地》中关于杨靖宇将军的部分，曾入选 2010 年散文排行榜前十名。

正如作者所写，“1940 年 2 月 23 日，这是一个大雪纷飞的日子，人民心目中的抗日英雄杨靖宇将军倒下了。一群惨无人道的日本鬼子蜂拥而上，割下了他的头颅，剖开了他的腹部，可是当敌人面对杨靖宇将军的尸体时，完全骇然了，空荡荡的肠胃里，没有一丁点儿的食物。支撑着这位钢铁战士的竟然只是一些枯草，树皮和棉絮！”作者详尽而冷静的描写背后，不难读出一腔热血深情，这是对杨靖宇将军深深的敬意。“头颅可断腹可剖，烈忾难消志不灭。”杨靖宇将军为中国人民的解放事业流尽了最后一滴血。

本文为了故事叙述的完整，采用了第三人称的叙述手法，收集众多资料，多角度讲述杨靖宇将军逝世前后的情况。由于故事内容的特殊，作者并没有完全置身事外，而是在行文时注入自己真切的情感，真实而感人的故事，辅以后人对将军的哀悼和想念、对刽子手的呵斥与愤怒。

可以说，本文情节的设置是巧妙的。开篇以地点引起读者的关注，“最后栖息的灵地”，既然是灵地，自然是发生了具有重大意义的事情。随后以事件发生的顺序叙事，时空顺序交替，既围绕了三道崴子这一中心概念，同时沿时间推进故事的发展，全文井然有序。这样既利于作者抒发情感，带动读者潜心其中，回到过去那个硝烟四起的时代，同时也帮助作者深入讲述对于“这号中国人”的愤懑而丝毫不显突兀。

散文形散而神不散，故而阅读必须抓住线索。此篇佳作的线索就是“这号中国人”，作者所要抒发的就是对于这样出卖国家英雄，不仁不义的败类渣滓的唾弃和不屑。正如鲁迅先生所说的“哀其不幸，怒其不争。”如果不是张奚若、王佐华、白万仁、张秀峰和程斌这号中国人，将军怎会如此惨死。将军一生戎马，所守护的是我国国民和我国大好河山。但最后将军死在了同胞手下，任何有良知的国人得知都会异常愤怒。但是作者并不想我们局限于这种愤怒情绪之中，与其愤怒，不如反思，我们对将军最好的纪念方式是继承其意愿，日常生活中为中国梦而不懈奋斗，为早日将祖国建设成富强文明的国家而努力。

总的来说，本文带给读者更多真实的细节，情感真切地缅怀了杨靖宇将军，将爱国主义完美的融入了作品之中。天佑中华，我们有将军这样的铁血汉子；天佑中华，祈愿我们的未来能少一些“这号中国人”。

作品

铸　剑[1]

鲁　迅

一

眉间尺刚和他的母亲睡下，老鼠便出来咬锅盖，使他听得发烦。他轻轻地叱了几声，最初还有些效验，后来是简直不理他了，咯吱咯吱地径自咬。他又不敢大声赶，怕惊醒了白天做得劳乏，晚上一躺就睡着了的母亲。

许多时光之后，平静了；他也想睡去。忽然，扑通一声，惊得他又睁开眼。同时听到沙沙地响，是爪子抓着瓦器的声音。

"好！该死！"他想着，心里非常高兴，一面就轻轻地坐起来。

他跨下床，借着月光走向门背后，摸到钻火家伙，点上松明，向水瓮里一照。果然，一匹很大的老鼠落在那里面了；但是，存水已经不多，爬不出来，只沿着水瓮内壁，抓着，团团

① 选自《故事新编》（文化生活出版社 1936 年版）。鲁迅（1881—1936），浙江绍兴人。著有《呐喊》《彷徨》《病故》等。

地转圈子。

“活该！”他一想到夜夜咬家具，闹得他不能安稳睡觉的便是它们，很觉得畅快。他将松明插在土墙的小孔里，赏玩着；然而那圆睁的小眼睛，又使他发生了憎恨，伸手抽出一根芦柴，将它直按到水底去。过了一会，才放手，那老鼠也随着浮了上来，还是抓着瓮壁转圈子。只是抓劲已经没有先前似的有力，眼睛也淹在水里面，单露出一点尖尖的通红的小鼻子，咻咻地急促地喘气。

他近来很有点不大喜欢红鼻子的人。但这回见了这尖尖的小红鼻子，却忽然觉得它可怜了，就又用那芦柴，伸到它的肚下去，老鼠抓着，歇了一回力，便沿着芦干爬了上来。待到他看见全身，——湿淋淋的黑毛，大的肚子，蚯蚓似的尾巴，——便又觉得可恨可憎得很，慌忙将芦柴一抖，扑通一声，老鼠又落在水瓮里，他接着就用芦柴在它头上捣了几下，叫它赶快沉下去。

换了六回松明之后，那老鼠已经不能动弹，不过沉浮在水中间，有时还向水面微微一跳。眉间尺又觉得很可怜，随即折断芦柴，好容易将它夹了出来，放在地面上。老鼠先是丝毫不动，后来才有一点呼吸；又许多时，四只脚运动了，一翻身，似乎要站起来逃走。这使眉间尺大吃一惊，不觉提起左脚，一脚踏下去。只听得吱的一声，他蹲下去仔细看时，只见口角上微有鲜血，大概是死掉了。

他又觉得很可怜，仿佛自己作了大恶似的，非常难受。他蹲着，呆看着，站不起来。

“尺儿，你在做什么？”他的母亲已经醒来了，在床上问。

“老鼠……”他慌忙站起，回转身去，却只答了两个字。

“是的，老鼠。这我知道。可是你在做什么？杀它呢，还是在救它？”

他没有回答。松明烧尽了；他默默地立在暗中，渐看见月光的皎洁。

“唉！”他的母亲叹息说，“一交子时，你就是十六岁了，性情还是那样，不冷不热地，一点也不变。看来，你的父亲的仇是没有人报得了。”

他看见他的母亲坐在灰白色的月影中，仿佛身体都在颤动；低微的声音里，含着无限的悲哀，使他冷得毛骨悚然，而一转眼间，又觉得热血在全身中忽然腾沸。

“父亲的仇？父亲有什么仇呢？”他前进几步，惊急地问。

“有的。还要你去报。我早想告诉你的了；只因为你太小，没有说。现在你已经成人了，却还是那样的性情。这叫我怎么办呢？你似的性情，能行大事的么？”

“能。说罢，母亲。我要改过……”

“自然。我也只得说。你必须改过……那么，走过来罢。”

他走过去；他的母亲端坐在床上，在暗白的月影里，两眼发出闪闪的光芒。

“听哪！”她严肃地说，“你的父亲原是一个铸剑的名工，天下第一。他的工具，我早已都卖掉了来救了穷了，你已经看不见一点遗迹；但他是一个世上无二的铸剑的名工。二十年前，王妃生下了一块铁，听说是抱了一回铁柱之后受孕的，是一块纯青透明的铁。大王知道是异宝，便决计用来铸一把剑，想用它保国，用它杀敌，用它防身。不幸你的父亲那时偏偏入了选，便将铁捧回家里来，日日夜夜地锻炼，费了整三年的精神，炼成两把剑。”

“当最末次开炉的那一日，是怎样地骇人的景象呵！哗啦啦地腾上一道白气的时候，地面也觉得动摇。那白气到天半便变成白云，罩住了这处所，渐渐现出绯红颜色，映得一切都如桃花。我家的漆黑的炉子里，是躺着通红的两把剑。你父亲用井华水慢慢地滴下去，那剑嘶嘶地吼着，慢慢转成青色了。这样地七日七夜，就看不见了剑，仔细看时，却还在炉底里，纯青的，透明的，正像两条冰。”

“大欢喜的光彩，便从你父亲的眼睛里四射出来；他取起剑，拂拭着，拂拭着。然而悲惨的皱纹，却也从他的眉头和嘴角出现了。他将那两把剑分装在两个匣子里。”

“‘你只要看这几天的景象，就明白无论是谁，都知道剑已炼就的了。’他悄悄地对我说。‘一到明天，我必须去献给大王。但献剑的一天，也就是我命尽的日子。怕我们从此要长别了。’”

“‘你……’我很骇异，猜不透他的意思，不知怎么说的好。我只是这样地说：‘你这回有了这么大的功劳……’”

“‘唉！你怎么知道呢！’他说。‘大王是向来善于猜疑，又极残忍的。这回我给他炼成了世间无二的剑，他一定要杀掉我，免得我再去给别人炼剑，来和他匹敌，或者超过他。’”

我掉泪了。

"'你不要悲哀。这是无法逃避的。眼泪决不能洗掉运命。我可是早已有准备在这里了！'他的眼里忽然发出电火随的光芒，将一个剑匣放在我膝上。'这是雄剑。'他说。'你收着。明天，我只将这雌剑献给大王去。倘若我一去竟不回来了呢，那是我一定不再在人间了。你不是怀孕已经五六个月了么？不要悲哀；待生了孩子，好好地抚养。一到成人之后，你便交给他这雄剑，教他砍在大王的颈子上，给我报仇！'"

"那天父亲回来了没有呢？"眉间尺赶紧问。

"没有回来！"她冷静地说。"我四处打听，也杳无消息。后来听得人说，第一个用血来饲你父亲自己炼成的剑的人，就是他自己——你的父亲。还怕他鬼魂作怪，将他的身首分埋在前门和后苑了！"

眉间尺忽然全身都如烧着猛火，自己觉得每一枝毛发上都仿佛闪出火星来。他的双拳，在暗中捏得格格地作响。

他的母亲站起了，揭去床头的木板，下床点了松明，到门背后取过一把锄，交给眉间尺道："掘下去！"

眉间尺心跳着，但很沉静的一锄一锄轻轻地掘下去。掘出来的都是黄土，约到五尺多深，土色有些不同了，随乎是烂掉的材木。

"看罢！要小心！"他的母亲说。

眉间尺伏在掘开的洞穴旁边，伸手下去，谨慎小心地撮开烂树，待到指尖一冷，有如触着冰雪的时候，那纯青透明的剑也出现了。他看清了剑靶，捏着，提了出来。

窗外的星月和屋里的松明随乎都骤然失了光辉，唯有青光充塞宇内。那剑便溶在这青光中，看去好像一无所有。眉间尺凝神细视，这才仿佛看见长五尺余，却并不见得怎样锋利，剑口反而有些浑圆，正如一片韭叶。

"你从此要改变你的优柔的性情，用这剑报仇去！"他的母亲说。

"我已经改变了我的优柔的性情，要用这剑报仇去！"

"但愿如此。你穿了青衣，背上这剑，衣剑一色，谁也看不分明的。衣服我已经做在这里，明天就上你的路去罢。不要记念我！"她向床后的破衣箱一指，说。

眉间尺取出新衣，试去一穿，长短正很合适。他便重行叠好，裹了剑，放在枕边，沉静地躺下。他觉得自己已经改变了优柔的性情；他决心要并无心事一般，倒头便睡，清晨醒来，毫不改变常态，从容地去寻他不共戴天的仇雠。

但他醒着。他翻来覆去，总想坐起来。他听到他母亲的失望的轻轻地长叹。他听到最初的鸡鸣；他知道已交子时，自己是上了十六岁了。

二

当眉间尺肿着眼眶，头也不回地跨出门外，穿着青衣，背着青剑，迈开大步，径奔城中的时候，东方还没有露出阳光。杉树林的每一片叶尖，都挂着露珠，其中隐藏着夜气。但是，待到走到树林的那一头，露珠里却闪出各样的光辉，渐渐幻成晓色了。远望前面，便依稀看见灰黑色的城墙和雉堞。

和挑葱卖菜的一同混入城里，街市上已经很热闹。男人们一排一排的呆站着；女人们也时时从门里探出头来。她们大半也肿着眼眶；蓬着头；黄黄的脸，连脂粉也不及涂抹。

眉间尺预觉到将有巨变降临，他们便都是焦躁而忍耐地等候着这巨变的。

他径自向前走；一个孩子突然跑过来，几乎碰着他背上的剑尖，使他吓出了一身汗。转出北方，离王宫不远，人们就挤得密密层层，都伸着脖子。人丛中还有女人和孩子哭嚷的声音。他怕那看不见的雄剑伤了人，不敢挤进去；然而人们却又在背后拥上来。他只得婉转地退避；面前只看见人们的背脊和伸长的脖子。

忽然，前面的人们都陆续跪倒了；远远地有两匹马并着跑过来。此后是拿着木棍，戈，刀，弓弩，旌旗的武人，走得满路黄尘滚滚。又来了一辆四匹马拉的大车，上面坐着一队人，有的打钟击鼓，有的嘴上吹着不知道叫什么名目的劳什子。此后又是车，里面的人都穿画衣，不是老头子，便是矮胖子，个个满脸油汗。接着又是一队拿刀枪剑戟的骑士。跪着的人们便都伏下去了。这时眉间尺正看见一辆黄盖的大车驰来，正中坐着一个画衣的胖子，花白胡子，小脑袋；腰间还依稀看见佩着和他背上一样的青剑。

他不觉全身一冷，但立刻又灼热起来，像是猛火焚烧着。他一面伸手向肩头捏住剑柄，一面提起脚，便从伏着的人们的脖子的空处跨出去。

但他只走得五六步，就跌了一个倒栽葱，因为有人突然捏住了他的一只脚。这一跌又正压在一个干瘪脸的少年身上；他正怕剑尖伤了他，吃惊地起来看的时候，肋下就挨了很重的两拳。他也不暇计较，再望路上，不但黄盖车已经走过，连拥护的骑士也过去了一大阵了。

路旁的一切人们也都爬起来。干瘪脸的少年却还扭住了眉间尺的衣领，不肯放手，说被他压坏了贵重的丹田，必须保险，倘若不到八十岁便死掉了，就得抵命。闲人们又即刻围上来，呆看着，但谁也不开口；后来有人从旁笑骂了几句，却全是附和干瘪脸少年的。眉间尺遇到了这样的敌人，真是怒不得，笑不得，只觉得无聊，却又脱身不得。这样地经过了煮熟一锅小米的时光，眉间尺早已焦躁得浑身发火，看的人却仍不见减，还是津津有味似的。

前面的人圈子动摇了，挤进一个黑色的人来，黑须黑眼睛，瘦得如铁。他并不言语，只向眉间尺冷冷地一笑，一面举手轻轻地一拨干瘪脸少年的下巴，并且看定了他的脸。那少年也向他看了一会，不觉慢慢地松了手，溜走了；那人也就溜走了；看的人们也都无聊地走散。只有几个人还来问眉间尺的年纪，住址，家里可有姊姊。眉间尺都不理他们。

他向南走着；心里想，城市中这么热闹，容易误伤，还不如在南门外等候他回来，给父亲报仇罢，那地方是地旷人稀，实在很便于施展。这时满城都议论着国王的游山，仪仗，威严，自己得见国王的荣耀，以及俯伏得有怎么低，应该采做国民的模范等等，很像蜜蜂的排衙。直至将近南门，这才渐渐地冷静。

他走出城外，坐在一株大桑树下，取出两个馒头来充了饥；吃着的时候忽然记起母亲来，不觉眼鼻一酸，然而此后倒也没有什么。周围是一步一步地静下去了，他至于很分明地听到自己的呼吸。

天色愈暗，他也愈不安，尽目力望着前方，毫不见有国王回来的影子。上城卖菜的村人，一个个挑着空担出城回家去了。

人迹绝了许久之后，忽然从城里闪出那一个黑色的人来。

"走罢，眉间尺！国王在捉你了！"他说，声音好像鸱鸮。

眉间尺浑身一颤，中了魔似的，立即跟着他走；后来是飞奔。他站定了喘息许多时，才明白已经到了杉树林边。后面远处有银白的条纹，是月亮已从那边出现；前面却仅有两点磷火一般的那黑色人的眼光。

"你怎么认识我？……"他极其惶骇地问。

"哈哈！我一向认识你。"那人的声音说。"我知道你背着雄剑，要给你的父亲报仇，我也知道你报不成。岂但报不成；今天已经有人告密，你的仇人早从东门还宫，下令捕拿你了。”

眉间尺不觉伤心起来。

“唉唉，母亲的叹息是无怪的。”他低声说。

“但她只知道一半。她不知道我要给你报仇。”

“你么？你肯给我报仇么，义士？”

“阿，你不要用这称呼来冤枉我。”

“那么，你同情于我们孤儿寡妇？……”

“唉，孩子，你再不要提这些受了污辱的名称。”他严冷地说，“仗义，同情，那些东西，先前曾经干净过，现在却都成了放鬼债的资本。我的心里全没有你所谓的那些。我只不过要给你报仇！”

“好。但你怎么给我报仇呢？”

“只要你给我两件东西。”两粒燐火下的声音说。“那两件么？你听着：一是你的剑，二是你的头！”

眉间尺虽然觉得奇怪，有些狐疑，却并不吃惊。他一时开不得口。

“你不要疑心我将骗取你的性命和宝贝。”暗中的声音又严冷地说。“这事全由你。你信我，我便去；你不信，我便住。”

“但你为什么给我去报仇的呢？你认识我的父亲么？”

“我一向认识你的父亲，也如一向认识你一样。但我要报仇，却并不为此。聪明的孩子，告诉你罢。你还不知道么，我怎么地善于报仇。你的就是我的；他也就是我。我的魂灵上是有这么多的，人我所加的伤，我已经憎恶了我自己！”

暗中的声音刚刚停止，眉间尺便举手向肩头抽取青色的剑，顺手从后项窝向前一削，头颅坠在地面的青苔上，一面将剑交给黑色人。

“呵呵！”他一手接剑，一手捏着头发，提起眉间尺的头来，对着那热的死掉的嘴唇，接吻两次，并且冷冷地尖利地笑。

笑声即刻散布在杉树林中，深处随着有一群燐火似的眼光闪动，倏忽临近，听到咻咻的饿狼的喘息。第一口撕尽了眉间尺的青衣，第二口便身体全都不见了，血痕也顷刻舔尽，只微微听得咀嚼骨头的声音。

最先头的一匹大狼就向黑色人扑过来。他用青剑一挥，狼头便坠在地面的青苔上。别的狼们第一口撕尽了它的皮，第二口便身体全都不见了，血痕也顷刻舔尽，只微微听得咀嚼骨头的声音。

他已经掣起地上的青衣，包了眉间尺的头，和青剑都背在背脊上，回转身，在暗中向王城扬长地走去。

狼们站定了，耸着肩，伸出舌头，咻咻地喘着，放着绿的眼光看他扬长地走。

他在暗中向王城扬长地走去，发出尖厉的声音唱着歌：

哈哈爱兮爱乎爱乎！
爱青剑兮一个仇人自屠。
伙颐连翩兮多少一夫。
一夫爱青剑兮呜呼不孤。
头换头兮两个仇人自屠。
一夫则无兮爱乎呜呼！
爱乎呜呼兮呜呼阿呼，
阿呼呜呼兮呜呼呜呼！

三

游山并不能使国王觉得有趣；加上了路上将有刺客的密报，更使他扫兴而还。那夜他很生气，说是连第九个妃子的头发，也没有昨天那样的黑得好看了。幸而她撒娇坐在他的御膝上，特别扭了七十多回，这才使龙眉之间的皱纹渐渐地舒展。

午后，国王一起身，就又有些不高兴，待到用过午膳，简直现出怒容来。

“唉唉！无聊！”他打一个大呵欠之后，高声说。

上自王后，下至弄臣，看见这情形，都不觉手足无措。白须老臣的讲道，矮胖侏儒的打诨，王是早已听厌的了；近来便是走索，缘竿，抛丸，倒立，吞刀，吐火等等奇妙的把戏，也都看得毫无意味。他常常要发怒；一发怒，便按着青剑，总想寻点小错处，杀掉几个人。

偷空在宫外闲游的两个小宦官，刚刚回来，一看见宫里面大家的愁苦的情形，便知道又是照例的祸事临头了，一个吓得面如土色；一个却像是大有把握一般，不慌不忙，跑到国王的面前，俯伏着，说道：

“奴才刚才访得一个异人，很有异术，可以给大王解闷，因此特来奏闻。”

“什么?!”王说。他的话是一向很短的。

“那是一个黑瘦的，乞丐似的男子。穿一身青衣，背着一个圆圆的青包裹；嘴里唱着胡诌的歌。人问他。他说善于玩把戏，空前绝后，举世无双，人们从来就没有看见过；一见之后，便即解烦释闷，天下太平。但大家要他玩，他却又不肯。说是第一须有一条金龙，第二须有一个金鼎。……”

“金龙？我是的。金鼎？我有。”

“奴才也正是这样想。……”

“传进来!”

话声未绝，四个武士便跟着那小宦官疾趋而出。上自王后，下至弄臣，个个喜形于色。他们都愿意这把戏玩得解愁释闷，天下太平；即使玩不成，这回也有了那乞丐似的黑瘦男子来受祸，他们只要能挨到传了进来的时候就好了。

并不要许多工夫，就望见六个人向金阶趋进。先头是宦官，后面是四个武士，中间夹着一个黑色人。待到近来时，那人的衣服却是青的，须、眉、头发都黑；瘦得颧骨、眼圈骨、眉棱骨都高高地突出来。他恭敬地跪着俯伏下去时，果然看见背上有一个圆圆的小包袱，青色布，上面还画上一些暗红色的花纹。

“奏来!”王暴躁地说。他见他家伙简单，以为他未必会玩什么好把戏。

“臣名叫宴之敖者；生长汶汶乡。少无职业；晚遇明师，教臣把戏，是一个孩子的头。这把戏一个人玩不起来，必须在金龙之前，摆一个金鼎，注满清水，用兽炭煎熬。于是放下孩子的头去，一到水沸，这头便随波上下，跳舞百端，且发妙音，欢喜歌唱。这歌舞为一人所见，便解愁释闷，为万民所见，便天下太平。”

“玩来!”王大声命令说。

并不要许多工夫，一个煮牛的大金鼎便摆在殿外，注满水，下面堆了兽炭，点起火来。那黑色人站在旁边，见炭火一红，便解下包袱，打开，两手捧出孩子的头来，高高举起。那头是秀眉长眼，皓齿红唇；脸带笑容；头发蓬松，正如青烟一阵。黑色人捧着向四面转了一圈，便伸手擎到鼎上，动着嘴唇说了几句不知什么话，随即将手一松，只听得扑通一声，坠入水中去了。水花同时溅起，足有五尺多高，此后是一切平静。

许多工夫，还无动静。国王首先暴躁起来，接着是王后和妃子，大臣，宦官们也都有些焦急，矮胖的侏儒们则已经开始冷笑了。王一见他们的冷笑，便觉自己受愚，回顾武士，想命令他们就将那欺君的莠民掷入牛鼎里去煮杀。

但同时就听得水沸声；炭火也正旺，映着那黑色人变成红黑，如铁的烧到微红。王刚又回过脸来，他也已经伸起两手向天，眼光向着无物，舞蹈着，忽地发出尖厉的声音　唱起歌来：

哈哈爱兮爱乎爱乎！
爱兮血兮兮谁乎独无。
民萌冥行兮一夫壶卢。
彼用百头颅，千头颅兮用万头颅！
我用一头颅兮而无万夫。
爱一头颅兮血乎呜呼！
血乎呜呼兮呜呼阿呼，
阿呼呜呼兮呜呼呜呼！

随着歌声，水就从鼎口涌起，上尖下广，像一座小山，但自水尖至鼎底，不住地回旋运动。那头即似水上上下下，转着圈子，一面又滴溜溜自己翻筋斗，人们还可以隐约看见他玩得高兴的笑容。过了些时，突然变了逆水的游泳，打旋子夹着穿梭，激得水花向四面飞溅，满庭洒下一阵热雨来。一个侏儒忽然叫了一声，用手摸着自己的鼻子。他不幸被热水烫了一下，又不耐痛，终于免不得出声叫苦了。

黑色人的歌声才停，那头也就在水中央停住，面向王殿，颜色转成端庄。这样的有十余瞬息之久，才慢慢地上下抖动；从抖动加速而为起伏的游泳，但不很快，态度很雍容。绕着水边一高一低地游了三匝，忽然睁大眼睛，漆黑的眼珠显得格外精彩，同时也开口唱起歌来：

王泽流兮浩洋洋；
克服怨敌，怨敌克服兮，赫兮强！
宇宙有穷止兮万寿无疆。
幸我来也兮青其光！
青其光兮永不相忘。
异处异处兮堂哉皇！

堂哉皇哉兮嗳嗳唷，
嗟来归来，嗟来陪来兮青其光！

头忽然升到水的尖端停住；翻了几个筋斗之后，上下升降起来，眼珠向着左右瞥视，十分秀媚，嘴里仍然唱着歌：

阿呼呜呼兮呜呼呜呼，
爱乎呜呼兮呜呼阿呼！
血一头颅兮爱乎呜呼。
我用一头颅兮而无万夫！
彼用百头颅，千头颅……

唱到这里，是沉下去的时候，但不再浮上来了；歌词也不能辨别。涌起的水，也随着歌声的微弱，渐渐低落，像退潮一般，终至到鼎口以下，在远处什么也看不见。

“怎了?”等了一会，王不耐烦地问。

“大王，”那黑色人半跪着说。“他正在鼎底里作最神奇的团圆舞，不临近是看不见的。臣也没有法术使他上来，因为作团圆舞必须在鼎底里。”

王站起身，跨下金阶，冒着炎热立在鼎边，探头去看。只见水平如镜，那头仰面躺在水中间，两眼正看着他的脸。待到王的眼光射到他脸上时，他便嫣然一笑。这一笑使王觉得似曾相识，却又一时记不起是谁来。刚在惊疑，黑色人已经掣出了背着的青色的剑，只一挥，闪电般从后项窝直劈下去，扑通一声，王的头就落在鼎里了。

仇人相见，本来格外眼明，况且是相逢狭路。王头刚到水面，眉间尺的头便迎上来，狠命在他耳轮上咬了一口。鼎水即刻沸涌，澎湃有声；两头即在水中死战。约有二十回合，王头受了五个伤，眉间尺的头上却有七处。王又狡猾，总是设法绕到他的敌人的后面去。眉间尺偶一疏忽，终于被他咬住了后项窝，无法转身。这一回王的头可是咬定不放了，他只是连连蚕食进去；连鼎外面也仿佛听到孩子的失声叫痛的声音。

上自王后，下至弄臣，骇得凝结着的神色也应声活动起来，似乎感到暗无天日的悲哀，皮肤上都一粒一粒地起栗；然而又夹着秘密的欢喜，瞪了眼，像是等候着什么似的。

黑色人也仿佛有些惊慌，但是面不改色。他从从容容地伸开那捏着看不见的青剑的臂膊，如一段枯枝；伸长颈子，如在细看鼎底。臂膊忽然一弯，青剑便蓦地从他后面劈下，剑到头落，坠入鼎中，淜的一声，雪白的水花向着空中同时四射。

他的头一入水，即刻直奔王头，一口咬住了王的鼻子，几乎要咬下来。王忍不住叫一声“阿唷”，将嘴一张，眉间尺的头就乘机挣脱了，一转脸倒将王的下巴下死劲咬住。他们不但都不放，还用全力上下一撕，撕得王头再也合不上嘴。于是他们就如饿鸡啄米一般，一顿乱咬，咬得王头眼歪鼻塌，满脸鳞伤。先前还会在鼎里面四处乱滚，后来只能躺着呻吟，到底是一声不响，只有出气，没有进气了。

黑色人和眉间尺的头也慢慢地住了嘴，离开王头，沿鼎壁游了一匝，看他可是装死还是真死。待到知道了王头确已断气，便四目相视，微微一笑，随即合上眼睛，仰面向天，沉到水底里去了。

四

烟消火灭；水波不兴。特别的寂静倒使殿上殿下的人们警醒。他们中的一个首先叫了一声，大家也立刻迭连惊叫起来；一个迈开腿向金鼎走去，大家便争先恐后地拥上去了。有挤在后面的，只能从人脖子的空隙间向里面窥探。

热气还炙得人脸上发烧。鼎里的水却一平如镜，上面浮着一层油，照出许多人脸孔：王后，王妃，武士，老臣，侏儒，太监。……

“啊呀，天哪！咱们大王的头还在里面哪，唼唼唼！”第六个妃子忽然发狂似的哭嚷起来。

上自王后，下至弄臣，也都恍然大悟，仓皇散开，急得手足无措，各自转了四五个圈子。一个最有谋略的老臣独又上前，伸手向鼎边一摸，然而浑身一抖，立刻缩了回来，伸出两个指头，放在口边吹个不住。

大家定了定神，便在殿门外商议打捞办法。约略费去了煮熟三锅小米的工夫，总算得到一种结果，是：到大厨房去调集了铁丝勺子，命武士协力捞起来。

器具不久就调集了，铁丝勺，漏勺，金盘，擦桌布，都放在鼎旁边。武士们便揎起衣袖，有用铁丝勺的，有用漏勺的，一齐恭行打捞。有勺子相触的声音，有勺子刮着金鼎的声音；水是随着勺子的搅动而旋绕着。好一会，一个武士的脸色忽而很端庄了，极小心地两手慢慢举起了勺子，水滴从勺孔中珠子一般漏下，勺里面便显出雪白的头骨来。大家惊叫了一声；他便将头骨倒在金盘里。

“啊呀！我的大王呀！”王后，妃子，老臣，以至太监之类，都放声哭起来。但不久就陆续停止了，因为武士又捞起了一个同样的头骨。

他们泪眼模糊地四顾，只见武士们满脸油汗，还在打捞。此后捞出来的是一团糟的白头发和黑头发；还有几勺很短的东西，随乎是白胡须和黑胡须。此后又是一个头骨。此后是三枝簪。

直到鼎里面只剩下清汤，才始住手；将捞出的物件分盛了三金盘：一盘头骨，一盘须发，一盘簪。

“咱们大王只有一个头。那一个是咱们大王的呢？”第九个妃子焦急地问。

“是呵……”老臣们都面面相觑。

“如果皮肉没有煮烂，那就容易辨别了。”一个侏儒跪着说。

大家只得平心静气，去细看那头骨，但是黑白大小，都差不多，连那孩子的头，也无从分辨。王后说王的右额上有一个疤，是做太子时候跌伤的，怕骨上也有痕迹。果然，侏儒在一个头骨上发现了：大家正在欢喜的时候，另外的一个侏儒却又在较黄的头骨的右额上看出相仿的瘢痕来。

“我有法子。”第三个王妃得意地说，“咱们大王的龙准是很高的。”

太监们即刻动手研究鼻椎骨，有一个确也似乎比较的高，但究竟相差无几；最可惜的是右额上却并无跌伤的瘢痕。

“况且，”老臣们向太监说，“大王的后枕骨是这么尖的么？”

“奴才们向来就没有留心看过大王的后枕骨……”

王后和妃子们也各自回想起来，有的说是尖的，有的说是平的。叫梳头太监来问的时候，却一句话也不说。

当夜便开了一个王公大臣会议，想决定那一个是王的头，但结果还同白天一样。并且连须发也发生了问题。白的自然是王的，然而因为花白，所以黑的也很难处置。讨论了小半夜，只将几根红色的胡子选出；接着因为第九个王妃抗议，说她确曾看见王有几根通黄的胡子，现在怎么能知道绝没有一根红的呢。于是也只好重行归并，作为疑案了。

到后半夜，还是毫无结果。大家却居然一面打呵欠，一面继续讨论，直到第二次鸡鸣，这才决定了一个最慎重妥善的办法，是：只能将三个头骨都和王的身体放在金棺里落葬。

七天之后是落葬的日期，合城很热闹。城里的人民，远处的人民，都奔来瞻仰国王的“大出丧”。天一亮，道上已经挤满了男男女女；中间还夹着许多祭桌。待到上午，清道的骑士才缓辔而来。又过了不少工夫，才看见仪仗，什么旌旗，木棍，戈戟，弓弩，黄钺之类；此后是四辆鼓吹车。再后面是黄盖随着路的不平而起伏着，并且渐渐近来了，于是现出灵车，上载金棺，棺里面藏着三个头和一个身体。

百姓都跪下去，祭桌便一列一列地在人丛中出现。几个义民很忠愤，咽着泪，怕那两个大逆不道的逆贼的魂灵，此时也和王一同享受祭礼，然而也无法可施。

此后是王后和许多王妃的车。百姓看她们，她们也看百姓，但哭着。此后是大臣，太监，侏儒等辈，都装着哀戚的颜色。只是百姓已经不看他们，连行列也挤得乱七八糟，不成样子了。

一九二六年十月作。

赏读

鲁迅是中国现代文学家、思想家，五四新文化运动的重要参与者，中国现代文学的奠基人。《铸剑》是鲁迅在1926年10月完成的，当时他在北京内与兄弟周作人不睦，外与政府及政客不和，内心受到深刻的打击，为了暂避军阀官僚们的迫害，于是便来到了厦门。当时民不聊生的社会让鲁迅痛苦，而愚昧的国民性更使鲁迅深深地失望，加之个人在北京的不顺遭遇，使得鲁迅写出了这一名作。《铸剑》是《故事新编》中关于复仇主题的重要小说，而复仇与反抗是鲁迅文学世界的主动脉。

《铸剑》原载于1927年4月25日、5月10日《莽原》半月刊第二卷第8和第9两期，题作《眉间尺》，副题是《新编的故事之一》，1936年1月收入文化生活出版社出版的《故事新编》时改为现题，目的是突出复仇精神的象征——“剑”这一中心意象。这本集子之“新”就在于鲁迅在这些小说中善用了古今杂糅的方式，将现实生活与古代神话、历史和传说紧密结合起来，以达到借古讽今的效果，《铸剑》更是深得此法。

该小说根据干宝的《搜神记》中的《三王墓》改写，取材于古代神话传说，故事情节本已深入人心，而后又“随意点染”，渗入了作者的深沉思考和强烈饱满的精神力量。从浅层故事来看，作品是通过“黑色人”宴之敖者助眉间尺复仇一事，歌颂“以直报怨”的复仇精神，弘扬这种在火与剑中成熟和彰显的人格力量。而细细品味还包孕着作者对英雄命运和人生悖论的深刻思考和独特感悟，极好地体现出了鲁迅的文学风格。

青年眉间尺，从母亲那里得知杀父之仇后，毅然踏上了复仇的险途。当得知父仇难报后，又以绝对的勇气断然自屠，将复仇之事交给了“黑色人”宴之敖者。宴之敖者竟也不负使命，信守承诺，不顾前路荆棘万千，背挎青剑直向“王城”走去。最后在一场惊心动魄的人首大战中，眉间尺借助宴之敖者的协助，二人共同完成复仇，故事闪烁着传统侠义精神的光辉。

该小说为了与其他简单的复仇故事相区分，开篇不急不缓地用大量的篇幅写眉间尺和一只老鼠的故事，其实是暗示眉间尺性格中的优柔寡断，即他一个人无法完成复仇。在此情况下，黑色人的出场就会显得顺理成章，但读者又无法简单地判断出黑色人的善恶，他的要求看似无理至极，承诺又虚无缥缈。作者在黑色人之中注入了“理想的人格”，正邪定律在他身上是失效的。而作品中的另一角色——楚王，当然是恶、残忍和黑暗的代表，最终被战胜。宴之敖者与眉间尺历经千辛万苦，付出生命的代价来完成复仇，这个故事似乎已经结束了。但是在鲁迅笔下，复仇完成后的故事还在发展，正是这种“复仇”后的追问才是鲁迅超出一般作家之处。他故意设置了“大出丧”这一情节，无知的民众依旧木然的跪拜在暴君的棺木之下，但是这一次有了新意，眉间尺和黑色人同样受到了跪拜。这背后一方面是作者对暴君楚王的嘲弄，另一方面则是对眉间尺二人的自嘲。二人最终杀死了楚王，意味着这次复仇必然算是成功的，但从另一个角度来看，复仇者与被复仇者的尸骨难分难解，大复仇演变为狂欢节，宴之敖者与眉间尺身首异处，且连仅余的头颅也被与仇敌的头颅并置共陈，公开展览，他们三人都在“享受”虚妄的欢呼和膜拜。虽然二人都为复仇付出了生命的代价，但楚王的罪行并没有被揭露，依旧被膜拜。复仇者与被复仇者，二人复仇的成功与楚王自卫的失败，都同时被遗忘和遗弃。似乎无数愚昧的看客们，才是唯一的永远的“胜利者”，而他们又真的是胜利者吗？他们甚至都不知道自己跪拜的对象里还有杀手，悲愤和木然背后是无知与冷漠。

至此，复仇（及侠义）的崇高与神圣，被消解为“无”。看似成功的复仇最终归于失败，复仇的无效与无意义的真相被作者揭示出来。这后一个意义，才是该小说不同于传统“复仇”或“狭义”之意旨的深刻所在。

鲁迅先生曾说过，相对于《故事新编》其他七篇小说，《铸剑》是“写的较为认真的”，而且还多次对聊天的笔友说到《铸剑》，足见鲁迅对这篇小说的重视。鲁迅的小说创作的两大主题：国民性批判和民族启蒙都贯彻在了《铸剑》之中，暴虐的楚王必然是作者批判的对象，眉间尺的优柔寡断也并不值得推崇，而那些跪倒在地上悲戚的百姓，是那样的无知。《铸剑》探讨了复仇的意义与方式，体现了作者对于国民性格的深沉思考和揭露，不得不承认《铸剑》这篇历史小说确实是文化宝库里的一朵奇葩。

作品

死生一事付鸿毛（秋瑾传节选）①

武庆新

秋瑾出身仕宦之家、书香门第，生活安逸舒适。她本来应是一个无忧无虑的大家闺秀，可是，秋瑾却又生活在一个动荡不安的时代，而且还是处在动荡不安的最前沿——福建厦门。

当时秋瑾的祖父秋嘉禾在厦门、漳州一带为官。她就是在这里度过了自己的童年。而厦门、漳州一带地处沿海，自从1840年第一次鸦片战争后，特别是秋瑾的童年时代，外国资本主义不断地涌入中国，大肆掠夺中国的财富，社会动乱不安。

不仅如此，当时还有很多外国传教士和其他形形色色的侵略分子渗入中国各地，以征服者的姿态到处横行霸道、为非作歹，给当地的人们造成了种种祸患，激起了广大中国人民的强烈不满和反抗。比如，在秋瑾还只有四五岁的时候，福建延平就爆发了人民对外同教会和传教士的激烈斗争。

事实上，厦门是按照《南京条约》规定开放的通商口岸，

① 选自《死生一事付鸿毛——从情感历程中领悟秋瑾的巾帼人生》（北京工业大学出版社2015年版）。武庆新，青年作家，山东菏泽人。著有《每天给你一个心灵烙印》《会说话，一言胜万语》等。

漳州也是海防重地，这些地方都是外国资本主义势力的首要入侵之地。也正因如此，当地人们备受祸害。而这些也深深地触动了秋瑾幼小的心灵。

尤其是秋瑾的祖父秋嘉禾还是当地的行政长官，需要经常和这些传教士以及外国侵略分子打交道，也经常受到他们的欺辱，毕竟当时的清政府是那么的软弱无能，海关官员自然也只能忍气吞声。然而，这一切看在秋瑾的眼里，这是一种极大的刺痛。因此，在秋瑾幼小的心灵里就暗暗地埋下了一颗种子，她拥有想要雪耻报仇的雄心和壮志，立志要把外国侵略者赶出国门。

可见，秋瑾所处的并非是一个安顺之地。即使秋瑾的祖父秋嘉禾能够给予她足够的庇护．让她免受身体的伤害，但是对年纪尚幼的秋瑾来说，这仍然给她造成了深远的影响和不小的打击。也正是因为这样，秋瑾每每看到外国传教士及侵略分子欺辱国人的情形，她的内心就一阵阵的酸楚。

当然，这时的秋瑾还是一个小女孩，对此她也无能为力。可是，这种经历也在不知不觉中改变了她的思想、锤炼了她的心志。让秋瑾的心中除了温婉顺和之外，更有了一股子豪爽。后来，1884 年法国侵略者进攻马尾，中法正式宣战。为了躲避战祸，这年，秋瑾一家由福建迁回浙江绍兴故里，在塔山麓租了一所和畅堂房屋定居。这所和畅堂坐北朝南，依山而筑，秋瑾就这里正式开始了自己的学习生涯，和兄妹一起同读家塾，度过了她的少女时代。

在学习的过程中，除了家塾要求的内容之外，她还会根据自己的兴趣去阅读一些历史著作和剑侠小说。虽然，这类作品并不是很多，但是其中的豪侠之气却深深地影响着秋瑾，让秋瑾之前的怨气和不屈得到了很好的释放。而且，她常常会被书籍中所描写的英雄人物的事迹所感动，从而倍受鼓舞。因此，秋瑾十来岁的时候就已经读了很多书，其中除了传统的“四书”、“五经”，还有很多的历史故事书和小说之类的文艺文学作品。

尤其是对那些描写古代剑侠的文学作品，秋瑾更是爱不释手，喜爱有加。其中，她最是喜欢的就是西汉初年著名游侠“朱家、郭谢之为人”，而且羡慕《题芝龛记》里面所描写的明朝末年秦良玉、沈云英这两个女性的行事作风。她早年的诗作《题芝龛记》八首就是为赞颂秦良玉和沈玉英两人写的。

现在，我们不妨就来看一下秋瑾的这八首《题芝龛记》，看看她在字里行间对秦良玉和沈玉英的赞美和敬佩之情，一窥秋瑾心中的豪情壮志。

题芝龛记·其一

今古争传女状头，红颜谁说不封侯。
马家妇共沈家女，曾有威名振九州。

题芝龛记·其二

耆撑乾坤女土司，将军才调绝尘姿。
靴刀帕首桃花马，不愧名称娘子师。

题芝龛记·其三

莫重男儿薄女儿，平台诗句赐蛾眉。
吾侪得此添生色，始信英雄亦有雌。

题芝龛记·其四

百万军中救父回，千群胡马一时灰。
而今浙水名犹在，想见将军昔日才。

题芝龛记·其五

谪来尘世耻为男，翠鬟荷戈上将坛。
忠孝而今归女子，千秋羞说左宁南。

题芝龛记·其六

忠孝声名播帝都，将军报国有良姝。
可怜不倩丹青笔．绘出娉婷两女图。

题芝龛记·其七

结束戎妆貌出奇，个人如玉锦驼骑。
同心两女肩朝事，多少男儿首自低。

题芝龛记·其八

肉食朝臣尽素餐，精忠报国赖红颜。
壮哉奇女谈军事，鼎足当年花木兰。

秋瑾的这八首诗作是《芝龛记》的题诗。《芝龛记》是以明末秦良玉、沈云英两个女将的英雄事迹为主，根据明代的野史编撰而成的。

第一首诗作中，秋瑾描写秦良玉和沈玉英英名远播；在第二首诗作中，秋瑾写两位女英雄能够独当一面，具备一定的将才；第三首诗作，秋瑾发出感慨，其实男女都一样，女子中同样也不乏英雄人物；第四首诗作，秋瑾写出沈云英在千万敌军中奋不顾身、英勇杀敌、解救父亲；第五首诗作，秋瑾表示事实上，秦良玉乃是仙人下凡，但她却耻于为男子，可是她的气势却丝毫不输于明末将领左宁南；第六首诗作，秋瑾表示，虽然秦良玉和沈云英二人声名远播，卓有功勋，但是却没有能够画出她们的画像，令后人瞻仰；第七首诗作，秋瑾提出秦良玉、沈云英两人身兼国家大事，令男子也慑服，真是巾帼不让须眉；第八首诗作中，秋瑾指出满朝文武皆是尸位素餐，能够救国报国的只有这两位巾帼将军。

可见，从秋瑾的诗作中，我们不难发现她对巾帼英雄的钦佩和由衷的赞美。也正是因为这样，秋瑾尤其爱读类似《芝龛记》等描写英雄事迹、古剑事迹的小说、笔记。加上秋瑾年幼时就耳闻目睹外国侵略者的嚣张跋扈、胡作非为，因此秋瑾从小就暗暗衍生了一种反抗的决心和精神。而历史著作以及文学作品中英雄豪杰的事件，则进一步增强了秋瑾干一番大事的欲望。

同时，秋瑾作为女儿身，其对秦良玉和沈玉英的赞美也极大地彰显了她叱咤风云的英雄气概和豪放的性格。当然，同样身为女子，秦良玉和沈云英两人的英雄事迹也极大地增强了秋瑾希望自己能够干一番大事的决心和意念。

也正是因为这样，秋瑾对秦良玉和沈云英两位女将一直情有独钟。后来，秋瑾在其词作《满江红》中仍然对她们念念不忘，词中写道："良玉勋名襟上泪，云英事业心头血"。因此，在秋瑾的心中，始终有一种古代剑侠的情结，再加上家庭的宠爱和回到绍兴老家后豪放不羁的生活，使得秋瑾养成了豪爽纵情的性格。

而这种豪爽的性情和气质，在秋瑾的诗词中也得到了很好的体现。加上秋瑾自小就喜欢杜甫、辛弃疾等充满豪侠壮志的诗词。因此，在阅读秋瑾的诗词时，我们常常能够感觉出其间的一股豪情和豪迈。比如，秋瑾诗作中有不少的咏梅颂菊的作品。我们不妨看一下，从中体味秋瑾骨子里的豪爽刚强的性格。

菊

铁骨霜姿有傲衷，不逢彭泽志徒雄。
夭桃枉自多含妒，争奈黄花耐晚风。

白梅

仙人缟袂倚重门，笑掷明珠幻絮魂。
淡到罗浮忘色相，谪来尘世具灵根。
洛妃玉骨风前影，倩女冰姿月下痕。
独立自怜标格异，肯因容易便承恩？

梅·其三

举世竞言红紫好，缟衣素袂岂相宜。
天涯沦落无人惜，憔悴欺霜傲雪姿。

梅·其十

冰姿不怕雪霜侵，羞傍琼楼傍古岑。
标格原因独立好，肯叫富贵负初心？

从秋瑾的这几首诗作中，我们不难发现秋瑾少女时代的思想和对高尚人格品质的追求。虽然，从表面上看来，秋瑾是在歌咏植物，但在歌咏这些植物的同时，秋瑾把自己的喜怒哀乐以及人格理想都灌注其中，使得这些植物都成了自己的代言人。尤其是在《梅》十章中，秋瑾把整个的精神都倾注在这上面。这也恰是她豪爽性格的体现。

《梅·其十》中，秋瑾写道，晶莹如玉的梅花不怕霜雪，再冷也不愿依傍琼楼，不愿攀附显贵以取得恩宠，而是倔然挺立于严霜寒雪之中。其实，这就是秋瑾的人格体现，是秋瑾豪爽、坚定性格的显露。

可见，在秋瑾的诗作中，她不仅是在吟咏自然，同样也是在利用这些植物自比其性格，彰显自己的性格气质，体现自己的主张。所以，我们从秋瑾的诗作中，能够清晰地窥见其豪爽坚强的性格。

再如，1894 年，甲午中日战争爆发，秋瑾作有《感事》一首。下面，我们不妨再来回味一下。

感事

竟有危巢燕，应怜故国驼。
东侵忧未已，西望计何如？
儒士思投笔，闺人欲负戈。
谁为济时彦？相与挽颓波。

这一年，秋瑾已经 19 岁了。在这首诗作中，秋瑾表达了自己对国家命运和人民安危的深切关怀、同情，表达了反击侵略者的战斗豪情。而诗作中的“闺人”其实就是指秋瑾自己。虽然自己目前仍然待字闺中，但是仍然有一种强烈的上阵杀敌的愿望和诉求，摩拳擦掌地想要与敌人作战斗，希望能够奉献自己的一分力量。不得不说，对于一个女子来说，这种豪情必定是非同凡响的。

也正是因为这样，秋瑾自幼就十分喜欢阅读历史上的英雄故事、剑侠传奇。而且，她十分崇敬梁红玉、花木兰等女中豪杰，立志要做一个像她们那样的巾帼英雄。

当秋瑾还在福建的时候，看到外国列强欺压弱小，她幼小的心灵就隐隐作痛，心中暗暗决定今后一定要强身健体，一雪国耻。但是，当时秋瑾还小，也只能把这种想法深深地埋在心底，待到时机合适时再大干一场。

后来，秋瑾从母亲的嘴中得知，她萧山城里的舅舅和一名叫单老四的表兄都武艺甚高，刀枪棍棒无一不精，而且其功夫足以使十几个歹徒不敢近前。因此秋瑾在心中就暗自打算，希望有朝一日能够向这位“师傅”求教，学得一身武艺。

也正是因为这样，从福建回到浙江绍兴不久，秋瑾就央求着母亲到外婆家做客。实际上，当时秋瑾就是想向自己的舅舅和表兄请教武艺，希望舅舅和表兄能够把本领传授给自己。因为秋瑾性格爽朗、身带豪气、喜好习武。凭借这点，秋瑾赢得了素来以习武强身的舅舅和表兄单宗勋的喜爱。也正是因为这样，秋瑾和舅舅及表兄单宗勋都非常的投脾气。

加上，舅舅和表兄单宗勋认为在这动乱的时代，女孩子学点武艺既可以强身健体，也可以自我保护，还是很实用的。况且，从秋瑾母亲的态度上，舅舅和表兄单宗勋也并没有察觉到反对的意见。想来，秋家的家教还是比较开明和宽容的。

确实如此，秋家的家教相对来说是比较开明和宽容的。尤其是对这个长女来说，爷爷秋嘉禾和父亲秋寿南都对这个聪明灵巧的秋瑾疼爱有加，没有太多的苛责和约束。虽然，秋瑾在三四岁的时候也被逼裹脚，但是在当时来说，这也是作为大家闺秀的秋瑾必须要经历的过程，是为了塑造秋瑾“完美”的体型，以便将来以后能够嫁得一个好人家。

而在诗词文章方面，父亲秋寿南和爷爷秋嘉禾则几乎给予了秋瑾与一般男子同样的权利，允许秋瑾像男孩子一样读书识字，广泛涉猎。

同时，秋瑾还从小善饮。闲暇的时候她经常会和父亲秋寿南一起饮酒赋诗。而且，秋瑾有时候甚至“酒至半酣”仍“一饮而尽”。醉酒后还会离座弄剑。也正是在这样的宽容开明的教育环境下，秋瑾除了温婉多情之外，还有豪迈坚强、爽直开朗的一面。

而在这点上，舅舅和表兄单宗勋多少是知道一些的。于是，在得到了秋瑾母亲单氏的默许后，舅舅和表兄单宗勋就开始教授秋瑾武艺。然而，习武练剑对于一个女孩子来说并不是一件容易的事，这其中的艰苦和心酸，或许也只有亲身经历的人才能够体会。

本来习武就是一件艰苦的事情，需要付出比常人更多的汗水和泪水、更多的坚持和努力。更何况，秋瑾是一个裹了小脚的年轻女孩，这就更加大了她习武的难度。每次练习的时候，秋瑾的裹脚布上往往都会渗满鲜血，令她疼痛难忍。但是，秋瑾依旧坚持了下来，从始至终都没有放弃，甚至没有丝毫的抱怨，也没有喊苦叫疼。因为，秋瑾知道，自己表现出来的疼痛很可能让舅舅和母亲打消让自己习武的想法，阻止自己继续练习。

每当疼痛难忍的时候，秋瑾都会想到花木兰的替父从军，以及其他巾帼英雄的英雄事迹。这些剑侠、英雄人物的事迹每每在眼前浮现时，秋瑾就瞬时又充满了力量，鼓足勇气和信心继续坚持下去。

还有刚开始练习骑马的时候，秋瑾急于求成，没有掌握住要领就两腿狠狠地拍打马肚子，而马儿受到拍打，猛地向前一冲，秋瑾没有抓紧缰绳一下子就从马背上摔了下来，来了一个后滚翻。不难想象，这一摔对于一个柔弱的女孩子来说，是非常危险的。但秋瑾毕竟不是一般的女子，倔强的她强咬着牙关连一句哭喊都没有。

就这样，秋瑾跟着舅舅和表兄单宗勋学习了两套拳术和一套剑法，并学会了骑马驰骋的本领。

后来，秋瑾和母亲单氏从外婆家返回家中。回到家后，秋瑾闻鸡起舞、挥刀舞剑，对于学到的武艺丝毫也不敢懈怠，一直坚持不懈地进行练习。毕竟，这是秋瑾由衷喜欢的事情。而且，秋瑾也非常清楚，对于武艺这东西来说，如果不勤加练习，一旦荒废也就前功尽弃了。

因此，秋瑾在自己的居所每日勤加练习武艺。在秋瑾居住的和畅堂的后面，是绍兴城里著名的塔山。这座塔山虽然还不及杭州西湖孤山的十分之一，但是这座塔山又名龟山，曾是古代越国卧薪尝胆的勾践当年观天文、卜凶吉的地方，也可以说是一个轻灵安静的好地方，非常适合习武之用。

于是，秋瑾居住在绍兴家里的这些日子，她经常一大早就跑到山顶，勤加练习在舅舅和表兄那里学到的武艺。日复一日，秋瑾终于练成了一身精湛的武艺，身体也越发地健壮起来，不再像之前那样如弱柳扶风、孱弱不堪。

清光绪十九年（公元 1893 年）秋瑾的父亲秋寿南调往湖南任职。于是秋瑾和哥哥、母亲就跟着父亲一起来到了湖南，先后在长沙、常德、湘潭、株洲等地居住。在这期间，秋瑾也一直没有放弃对武艺的练习。比如，秋瑾在湘潭、株洲期间，就一直努力地练习武术。在她居住的地方，两旁的威武架上都插满了各种各样的武器，新旧皆有。

而且，秋瑾还积极地学习其他的武术，以增加自己的武艺，比如巫家拳。据说，巫家拳是新中国成立前湖南四大名拳之一，属于南拳，是由巫必达创造的。而巫必达生于清乾隆十六年，少时在福建学习少林拳，长大后走南闯北、寻师学武，这才终于造出了“避实就虚，避强就弱，借力打力”的拳法，也就是巫家拳。

可见，秋瑾对习武的热爱程度是可见一斑的。自从走上习武之路后，秋瑾就没有松懈过。尽管秋瑾时常居无定所，但是她的一生都在践行武艺强身的原则。即使是后来留学日本，秋瑾也不忘学习武术、练习武艺。

据说，秋瑾在日本留学期间，曾到东京神乐坂武术会投名师练习射击、拳术、舞剑、跳高、跳远等。从日本回国后，秋瑾还拜著名的武术大师蔡桂勤为师。蔡桂勤是华拳名将蔡泰山、蔡刚、蔡公盛的后裔，他与师兄李瑞云、蔡桂俭在上海创立了西庆镖局，被称为“枪王”“拳魔”。而且，蔡桂勤还曾教过孙中山、李宗仁等人武术，是元帅府里的座上客。

后来，秋瑾还担任了大通师范学堂体育课教习。据说，她教学生打拳击剑一丝不苟，先后组织了 100 名会党青年骨干到绍兴体育会和大通师范学堂附设的体育专科进行军事训练，并亲自任教练，培养了一大批文武双全的人才，为武装推翻清政府的统治积蓄了力量。

因此，在种种因素的熏陶和感染下，秋瑾的骨子里便有了一份不同于其他大家闺秀的坚定、执着、爽朗和勇毅，使得秋瑾注定了不会按部就班地过着一种被安排好的生活。她有着自己的理想和目标，有着自己的主张和想法。这是秋瑾在习武过程中养成的性情，也是她性格里、骨子里本来就带有的气质。而这种气质正好在秋瑾习武的过程中得到了激发和释放。所以，秋瑾还有着坚毅的性格和不屈的品格。

赏读

武庆新是一位“80后”写手、青年作家，他敏于思、成于行，常年笔耕不辍，有深厚的知识储备和丰富的文化积蕴，在写作方面常常匠心独运、别出机杼，《死生一事付鸿毛——从情感历程中领悟秋瑾的巾帼人生》是他的创作代表作。“死生一事付鸿毛，人生到此方为杰。”出自秋瑾的《剑歌》，作者以秋瑾的诗作为题，是因为他认为对生死的坦然实乃秋瑾一生的核心，秋瑾是一位民族英雄，这也预设着大多数人关注的是秋瑾为民族鞠躬尽瘁死而后已的伟业，而作者力求全面地书写这一女英雄，他回顾了秋瑾的一生，力图为我们描绘更为立体的秋瑾形象。

在所有人眼里，秋瑾是华夏杰出先烈，民族英雄。蔑视封建礼法，提倡女权，常以花木兰、秦良玉自喻。早年学习经史、诗词，善骑射。她与吕碧城被称为“女子双侠”，与唐群英被后人誉为“辛亥革命的孪生女儿”，与唐群英、葛健豪誉为“潇湘三女杰”，她们的女权与女学思想成为近现代中国妇女解放思潮的重要组成部分。

鉴湖女侠秋瑾不同于一般的闺阁女子，她不会逆来顺受、委曲求全，她不甘心在平淡、沉寂的生活中了此余生。因此，她积极地与封建包办婚姻做斗争，力求挣脱不幸婚姻的束缚，找到一条能够实现自己理想，完成济世夙愿的道路，从而能够在国家危难之际冲破重重阻碍，勇赴国难。也正因如此，秋瑾的情感历程波折起伏，她的人生充满坎坷和传奇。秋瑾是为人们所熟知的巾帼人物，她被人们交口称赞，敬佩不已。

这样一位大英雄是如何成长起来的自然就会引发大家的关注。作者从秋瑾幼时故事出发，力求全面深入地剖析她的一生。

没有人一生下来就知道自己能做成一番大事，秋瑾自然也是如此。她从一个懵懂少女，到找到自己人生的目标，这途中看透了人生悲凉和作为被侵略国家人民的悲苦，看清了落后就要挨打这一真理。秋瑾热爱这个国家和人民，她从自己力所能及之处出发，为了学武而付出“血”的代价。这从侧面就可以看出秋瑾从小就是一个能吃苦的坚韧女子，丰满了那位为了革命事业而献出宝贵生命的英雄的人物形象。

作者收集了诸多资料，注重细节，勾勒出了豪爽大方，坚韧不拔的女子形象。本文节选了秋瑾幼时至少女时代的这一部分，是为了让读者了解一个与史书不同的秋瑾形象。她是一名有着良好家教的旧时代女子，却靠着自己一步步摆脱了旧时代的枷锁。这难道不值得当代的我们学习！

爱情和理想往往是人生中不容忽视的两面，但是却很少有人能够兼得。事实上，大多数人只是收获了它们两个的其中之一，有的人甚至一个都没有得到。当然，我们不能以此来衡量人生的成败得失，不能凭此来评价行为的是非对错。对于秋瑾这样的奇女子，她的生活也发生过爱情与理想的冲突。她是如何思考如何走出困境，勇敢追求自己的梦想，则是未被节选的部分了。

让我们全面的了解这样一位伟人吧，向秋瑾致敬！

话题探究

1. 在西方莎士比亚的巨作《哈姆雷特》中有一句名台词：“生存或毁灭，这是个必答之问题，是否应默默地忍受坎坷命运之无情打击，还是应与深如大海之无涯苦难奋然为敌，并将其克服。此二抉择，究竟是哪个较崇高?”结合本部分五篇作品，谈谈你对这个问题的理解。

2. 庄子认为人之生死都是一种“天行”，即自然运动变化的结果，故应以自然的态度去对待，即“恬淡寂寞、虚无无为”的平常心，他曾在自己妻子的葬礼上鼓盆而歌。你是否赞成这种做法，谈谈你的看法。

3. 烈士是指那些在革命斗争、保卫祖国、社会主义现代化建设事业中及为争取大多数人的合法正当利益而壮烈牺牲的人。他们为了正义，为了民族，为了国家，舍生取义，他们的义举将流芳百世。2018 年十三届全国人大常委会第二次会议全票表决通过了《中华人民共和国英雄烈士保护法》，但是目前社会上流行着恶搞烈士的一些不良风气，文化部下令重责这样的行为。你认为这样的行为是可以接受的吗？新时代的我们该如何更好地纪念烈士？

4. 邓锦杰，是湖南省娄底市娄星区茶园镇塘群村人。2012 年 7 月 3 日晚，娄底孙水河公园河段，邓锦杰为营救溺水的一家三口，奋不顾身跳入河中救人，不幸遇难。而让人心寒的是，当邓锦杰遇险生死不明时，被救的一家三口不但没积极施救，也没留下来关注事情的进展，而是漠然地选择了离开，这种行为导致了社会上有些人表示不会再对陌生人施以援手。你又是如何看这件事和这种观点的呢？

5. 无论是《把栏杆拍遍》里辛弃疾雄情壮志以刀剑书写诗篇，还是《秋瑾传》里幼时秋瑾在看到平民大众受欺压而痛心，决心为国为民把侵略者赶出国门，练武时脚趾出血亦不吭一声。他们这些行为的背后都是有一种信念支撑着的，那就是爱国情怀。爱国与生死抉择之间的关系是复杂的，请结合更多例子，谈谈你的看法。

面对苦难

◇ 面对苦难　周国平

◇ 无路可走（屈原）　鲍鹏山

◇ 诗人多难　朱鸿

◇ 相信未来　食指

◇ 东坡突围　余秋雨

导读

罗曼·罗兰曾经说过，生命是建筑在苦难之上的，整个生活贯穿着苦难。苦难是人类历史的重要构成部分，唯有笑对苦难，战胜苦难的人才能真正活出自己人生的精彩。于小处来说，苦难可能是生活中一切不如意的事件；于大处而言，苦难可能是上升到生死高度的抉择。而面对苦难时所采取的人生态度就成了“战胜苦难，获得成功”的法宝，因此学会以正确的态度面对苦难就成了我们人生的“必修课”。

苦难是有时限的，苦难来了，我们勇敢面对。当若干年过去，再回头看，这生活的苦难在今天已经远不如初见时骇人；而且我们会发觉这种苦难，对于我们的人生起过的重要作用，也不再是单纯的苦难，而是我们精神财富的一部分，所以苦难只是暂时的，勇敢面对它，一切都会好起来。

纵观历史，遭受苦难的历史人物比比皆是，而其中经历苦难重获新生的也不在少数。无论是在狱中写下《史记》的司马迁，还是以口衔笔作画的谢坤山，抑或居所简陋寒酸，整天在一间阁楼里伏案写作的大文豪巴尔扎克。无数的历史人物用积极的人生态度告诉我们：苦难打不倒人，它会使人更加坚强！漫漫人生路，我们面对的未知境遇随时都可能有苦难，而我们面对苦难的态度，也在不经意间改变着我们的人生。

本部分五篇作品表现的都是面对苦难时的态度。周国平的《面对苦难》告诉我们，人生在世总不乏面对苦难的时刻，但苦难同样也具有价值，只要我们以尊严的方式承受苦难，在不惧怕苦难的同时也不美化苦难，就不会被喧闹的表面现象所迷惑，最终能真正的寻找到苦难的真谛。鲍鹏山的《无路可走》（屈原）以凌厉的叙事笔法，把屈原面对苦难的高洁态度与屈原死亡所引发的叹惋，表现得淋漓尽致。朱鸿的《诗人多难》把一个朝代诗歌发展的兴衰故事徐徐道来，作者笔下跃动的每一位诗人都仿佛站在读者面前，笑谈风云，笑对苦难，在诗句的流转中，作者的情愫犹如卷轴铺陈开来。食指的《相信未来》为未来放歌，不惧现实的艰难，哪怕只有“蜘蛛网”“灰烬”和“炉台”，诗人也依然向往着“紫葡萄”和“鲜花”，用无可反驳的气势，无所畏惧的精神，向苦难宣战。余秋雨的《东坡突围》展现了苏东坡的情怀，作者以一个旁观者的角度讲述了一个苦难中重生的伟大故事，通篇读来，酣畅淋漓。

彭柏山曾经说过：“人不能在顺中认识人生，必须在痛苦中，在寂寞里，认识这繁华的世界，哪是真的？哪是假的？由此而锻炼出一种明净无尘的心境，才能深刻地体验人生。”苦难是造物主对人类的恩赐，面对苦难，人类从科学的角度推动了世界的发展；面对苦难，人类从哲学的角度提升了自我的认知；面对苦难，人类从人类学的角度证明了人之所以为人的人性感悟。苦难从来都不能打倒强者，苦难也从不给弱者以同情。没有苦难的人生不是完整的，没有苦难的生活不是精彩的，唯有正确的面对苦难，才能真正地感悟人生。

作品

面对苦难[①]

周国平

1. 面对苦难

人生在世，免不了要遭受苦难。所谓苦难，是指那种造成了巨大痛苦的事件和境遇。它包括个人不能抗拒的天灾人祸，例如遭遇乱世或灾荒，患危及生命的重病乃至绝症，挚爱的亲人死亡。也包括个人在社会生活中的重大挫折，例如失恋，婚姻破裂，事业失败。有些人即使在这两方面运气都好，未尝吃大苦，却也无法避免那个一切人迟早要承受的苦难——死亡。因此，如何面对苦难，便是摆在每个人面前的重大人生课题。

我们总是想，今天如此，明天也会如此，生活将照常进行下去。

然而，事实上迟早会有意外事件发生，打断我们业已习惯的生活，总有一天我们的列车会突然翻出轨道。

“天有不测风云”——不测风云乃天之本性，“人有旦夕

① 选自《人生哲思语编》（现更名为《人生哲思录》）（上海辞书出版社 2000 年版）。周国平，生于 1945 年，上海人。著有《人与永恒》《安静》《善良丰富高贵》等。

祸福”——旦夕祸福是无所不包的人生的题中应有之义，任何人不可心存侥幸，把自己独独看作例外。

人生在世，总会遭受不同程度的苦难，世上并无绝对的幸运儿。所以，不论谁想从苦难中获得启迪，该是不愁缺乏必要的机会和材料的。世态炎凉，好运不过尔尔。那种一交好运就得意忘形的浅薄者，我很怀疑苦难能否使他们变得深刻一些。

我一向声称一个人无须历尽苦难就可以体悟人生的悲凉，现在我知道，苦难者的体悟毕竟是有着完全不同的分量的。

幸福的反面是灾祸，而非痛苦。痛苦中可以交织着幸福，但灾祸绝无幸福可言。另一方面，痛苦的解除未必就是幸福，也可能是无聊。可是，当我们从一个灾祸中脱身出来的时候，我们差不多是幸福的了。

“大难不死，必有后福。”其实，“大难不死”即福，何须乎后福？

2. 苦难的价值

人们往往把苦难看作人生中纯粹消极的、应该完全否定的东西。当然，苦难不同于主动的冒险，冒险有一种挑战的快感，而我们忍受苦难总是迫不得已的。但是，作为人生的消极面的苦难，它在人生中的意义也是完全消极的吗？

苦难与幸福是相反的东西，但它们有一个共同之处，就是都直接和灵魂有关，并且都牵涉到对生命意义的评价。在通常情况下，我们的灵魂是沉睡着的，一旦我们感到幸福或遭到苦难时，它便醒来了。如果说幸福是灵魂的巨大愉悦，这愉悦源自对生命的美好意义的强烈感受，那么，苦难之为苦难，正在于它撼动了生命的根基，打击了人对生命意义的信心，因而使灵魂陷入了巨大痛苦。生命意义仅是灵魂的对象，对它无论是肯定还是怀疑、否定，只要是真切的，就必定是灵魂在出场。外部的事件再悲惨，如果它没有震撼灵魂，也成为一个精神事件，就称不上是苦难。一种东西能够把灵魂震醒，使之处于虽然痛苦却富有生机的紧张状态，应当说必具有某种精神价值。

快感和痛感是肉体感觉，快乐和痛苦是心理现象，而幸福和苦难则仅仅属于灵魂。幸福是灵魂的叹息和歌唱，苦难是灵魂的呻吟和抗议，在两者中凸现的是对生命意义的或正或负的强烈体验。

幸福是生命意义得到实现的鲜明感觉。一个人在苦难中也可以感觉到生命意义的实现乃至最高的实现，因此苦难与幸福未必是互相排斥的。但是，在更多的情况下，人们在苦难中感觉到的却是生命意义的受挫。我相信，即使是这样，只要没有被苦难彻底击败，苦难仍会深化一个人对于生命意义的认识。

痛苦和欢乐是生命力的自我享受。最可悲的是生命力乏弱，既无欢乐，也无痛苦。

多数时候，我们是生活在外部世界上。忙于琐碎的日常生活，忙于工作、交际和娱乐，难得有时间想一想自己，也难得有时间想一想人生。可是，当我们遭到突如其来的灾难时，我们忙碌的身子一下子停了下来。灾难打断了我们所习惯的生活，同时也提供了一个机会，迫使我们与外界事物拉开了一个距离，回到了自己。只要我们善于利用这个机会，肯于思考，就会对人生获得一种新眼光。

古罗马哲学家认为逆境启迪智慧，佛教把对苦难的认识看作觉悟的起点，都自有其深刻之处。人生固有悲剧的一面，对之视而不见未免肤浅。

至于说以温馨为一种人生理想，就更加小家子气了。人生中有顺境，也有困境和逆境。困境和逆境当然一点儿也不温馨，却是人生最真实的组成部分，往往促人奋斗，也引人彻悟。我无意赞美形形色色的英雄、圣徒、冒险家和苦行僧，可是，如果否认了苦难的价值，就不复有壮丽的人生了。

领悟悲剧也须有深刻的心灵，人生的险难关头最能检验一个人的灵魂深浅。有的人一生接连遭到不幸，却未尝体验过真正的悲剧情感；相反，表面上一帆风顺的人也可能经历巨大的内心悲剧。

欢乐与欢乐不同，痛苦与痛苦不同，其间的区别远远超过欢乐与痛苦的不同。

对于一个视人生感受为最宝贵财富的人来说，欢乐和痛苦都是收入，他的账本上没有支出。这种人尽管敏感，却有很强的生命力，因为在他眼里，现实生活中的祸福得失已经降为次要的东西，命运的打击因心灵的收获而得到了补偿。陀思妥耶夫斯基在赌场上输掉的，却在他描写赌徒心理的小说中极其辉煌地赢了回来。

对于沉溺于眼前琐屑享受的人，不足与言真正的欢乐。对于沉溺于眼前琐屑烦恼的人，不足与言真正的痛苦。

我相信人有素质的差异。苦难可以激发生机，也可以扼杀生机；可以磨炼意志，也可以摧垮意志；可以启迪智慧，也可以蒙蔽智慧；可以高扬人格，也可以贬抑人格，——全看受苦者的素质如何。素质大致规定了一个人承受苦难的限度，在此限度内，苦难的锤炼或可助人成材，超出此则会把人击碎。

这个限度对幸运同样适用。素质好的人既能承受大苦难，也能承受大幸运，素质差的人则可能兼毁于两者。

痛苦是性格的催化剂，它使强者更强，弱者更弱，暴者更暴，柔者更柔，智者更智，愚者更愚。

3. 以尊严的方式承受苦难

苦难是人格的试金石，面对苦难的态度最能表明一个人是否具有内在的尊严。譬如失恋，只要失恋者真心爱那个弃他而去的人，他就不可能不感到极大的痛苦。但是，同为失恋，有的人因此自暴自弃，萎靡不振，有的人为之反目为仇，甚至行凶报复，有的人则怀着自尊和对他人感情的尊重，默默地忍受痛苦，其间便有人格上的巨大差异。当然，每个人的人格并非一成不变的，他对痛苦的态度本身也在铸造着他的人格。不论遭受怎样的苦难，只要他始终警觉着他拥有采取何种态度的自由，并勉励自己以一种坚忍高贵的态度承受苦难，他就比任何时候都更加有效地提高着自己的人格。

凡苦难都具有不可挽回的性质。不过，在多数情况下，这只是指不可挽回地丧失了某种重要的价值，但同时人生中毕竟还存在着别的一些价值，它们鼓舞着受苦者承受眼前的苦难。譬如说，一个失恋者即使已经对爱情根本失望，他仍然会为了事业或为了爱他的亲人活下去。但是，世上有一种苦难，不但本身不可挽回，而且意味着其余一切价值的毁灭，因而不可能从别的方面汲取承受它的勇气。在这种绝望的境遇中，如果说承受苦难仍有意义，那么，这意义几乎唯一地就在于承受苦难的方式本身了。弗兰克说得好：以尊严的方式承受苦难，这是一项实实在在的内在成就，因为它证明了人在任何时候都拥有不可剥夺的精神自由。事实上，我们每个人都终归要面对一种没有任何前途的苦难，那就是死亡。而以尊严的方式承受死亡，的确是我们精神生活的最后一项伟大成就。

以尊严的方式承受苦难，这种方式本身就是人生的一项巨大成就，因为它所显示的不只是一种个人品质，而且是整个人性的高贵和尊严。这证明了这种尊严比任何苦难更有力，是世间任何力量都不能将它剥夺的。正是由于这个原因，在人类历史上，伟大的受难者如同伟大的创造者一样受到世世代代的敬仰。

知道痛苦的价值的人，不会轻易向别人泄露和展示自己的痛苦，哪怕是最亲近的人。

喜欢谈论痛苦的往往是不识愁滋味的少年，而饱尝人间苦难的老年贝多芬却唱起了欢乐颂。

面对社会悲剧，理想、信念、正义感、崇高感支撑着我们，我们相信自己在精神上无比地优越于那迫害乃至毁灭我们的恶势力，因此我们可以含笑受难，慷慨赴死。我们是舞台上的英雄，哪怕眼前这个剧场里的观众全都浑浑噩噩，是非颠倒，我们仍有勇气把戏演下去，演给我们心目中绝对清醒公正的观众看，我们称这观众为历史、上帝或良心。

可是，面对自然悲剧，我们有什么呢？这里没有舞台，只有空漠无际的苍穹。我们不是英雄，只是朝生暮死的众生。任何人间理想都抚慰不了生老病死的悲哀，在天灾人祸面前也谈不上什么正义感。当史前人类遭受大洪水的灭顶之灾时，当庞贝城居民被维苏威火山的岩浆吞没时，他们能有什么慰藉呢？地震，海啸，车祸，空难，瘟疫，绝症……大自然的恶势力轻而易举地把我们或我们的亲人毁灭。我们面对的是没有灵魂的敌手，因而不能以精神的优越自慰，却愈发感到了生命的卑微。没有上帝来拯救我们，因为这灾难正是上帝亲手降下的。我们愤怒，但无处泄愤；我们冤屈，但永无申冤之日。我们反抗，但我们的反抗孤立无助，注定失败。

然而我们未必就因此倒下。也许，没有浪漫气息的悲剧是我们最本质的悲剧，不具英雄色彩的勇气是我们最真实的勇气。在无可告慰的绝望中，我们咬牙挺住。我们挺立在那里，没有观众，没有证人，也没有期待，没有援军。我们不倒下，仅仅是因为我们不肯让自己倒下。我们以此维护了人的最高的也是最后的尊严——人在大自然（=神=虚无）面前的尊严。

面对无可逃避的厄运和死亡，绝望的人在失去一切慰藉之后，总还有一个慰藉，便是在勇敢承受命运时的尊严感。由于降灾于我们的不是任何人间的势力，而是大自然本身，因此，在我们的勇敢中体现出的乃是人的最高尊严——人在神面前的尊严。

人生中不可挽回的事太多。既然活着，还得朝前走。经历过巨大苦难的人有权利证明，创造幸福和承受苦难属于同一种能力。没有被苦难压倒，这不是耻辱，而是光荣。

佛的智慧把爱当作痛苦的根源而加以弃绝，扼杀生命的意志。我的智慧把痛苦当作爱的必然结果而加以接受，化为生命的财富。

任何智慧都不能使我免于痛苦，我只愿有一种智慧足以使我不毁于痛苦。

人们爱你，疼你，但是一旦你患了绝症，注定要死，人们也就渐渐习惯了，终于理智地等待着那个日子的来临。

然而，否则又能怎样呢？望着四周依然欢快生活着的人们，我对自己说：人类个体之间痛苦的不相通也许正是人类总体仍然快乐的前提。那么，一个人的灾难对于亲近和不亲近的人们的生活几乎不发生任何影响，这就对了。

幸运者对别人的不幸或者同情，或者隔膜。但是，比两者更强烈的也许是侥幸：幸亏遭灾的不是我！

不幸者对别人的幸运或者羡慕，或者冷淡。但是，比两者更强烈的也许是委屈：为何遭灾的偏是我！

对于别人的痛苦，我们的同情一开始可能相当活跃，但一旦痛苦持续下去，同情就会消退。我们在这方面的耐心远远不如对于别人的罪恶的耐心。一个我们不得不忍受的别人的罪恶仿佛是命运，一个我们不得不忍受的别人的痛苦却几乎是罪恶了。

我并非存心刻薄，而是想从中引出一个很实在的结论：当你遭受巨大痛苦时，你要自爱，懂得自己忍受，尽量不用你的痛苦去搅扰别人。

在多数情况下，同情伤害了痛苦者的自尊。如果他是强者，你把他当弱者来同情，是一种伤害；如果他是弱者，你的同情只会使他更不求自强，也是一种伤害。

不幸者需要同伴。当我们独自受难时，我们会感到不能忍受命运的不公正甚于不能忍受苦难的命运本身。相反，受难者人数的增加仿佛减轻了不公正的程度。我们对于个别人死于非命总是惋叹良久，对于成批杀人的战争却往往无动于衷。仔细分析起来，同病相怜的实质未必是不幸者的彼此同情，而更是不幸者各以他人的不幸为自己的安慰，亦即幸灾乐祸。这当然是愚蠢的。不过，无可告慰的不幸者有权得到安慰，哪怕是愚蠢的安慰。

如同肉体的痛苦一样，精神的痛苦也是无法分担的。别人的关爱至多只能转移你对痛苦的注意力，却不能改变痛苦的实质。甚至在一场共同承受的苦难中，每人也必须独自承担自己的那一份痛苦，这痛苦并不因为有一个难友而有所减轻。

4. 不美化苦难

痛苦使人深刻，但是，如果生活中没有欢乐，深刻就容易走向冷酷。未经欢乐滋润的心灵太硬，它缺乏爱和宽容。

一个人只要真正领略了平常苦难中的绝望，他就会明白，一切美化苦难的言辞是多么浮夸，一切炫耀苦难的姿态是多么做作。

不要对我说：苦难净化心灵，悲剧使人崇高。默默之中，苦难磨钝了多少敏感的心灵，悲剧毁灭了多少失意的英雄。何必用舞台上的绘声绘色，来掩盖生活中的无声无息！

浪漫主义在痛苦中发现了美感，于是为了美感而寻找痛苦，夸大痛苦，甚至伪造痛苦。然而，假的痛苦有千百种语言，真的痛苦却没有语言。

人天生是软弱的，唯其软弱而犹能承担起苦难，才显出人的尊严。我厌恶那种号称铁石心肠的强者，蔑视他们一路旗开得胜的骄横，只有以软弱的天性勇敢地承受着寻常苦难的人们，才是我的兄弟姐妹。

我们不是英雄。做英雄是轻松的，因为他有净化和升华。做英雄又是沉重的，因为他要演戏。我们只是忍受着人间寻常苦难的普通人。

张鸣善《普天乐》：“风雨儿怎当？风雨儿定当。风雨儿难当！”这三句话说出了人们对于苦难的感受的三个阶段：事前不敢想象，到时必须忍受，过后不堪回首。

一个经历过巨大灾难的人就好像一座经历过地震的城市，虽然在废墟上可以建立新的房屋和生活，但内心有一些东西已经永远地沉落了。

许多时候人需要遗忘，有时候人还需要装作已经遗忘——我当然是指对自己，而不只是对别人。

我相信我有足够的勇气面对生活中已经发生的一切，我甚至敢于深入到悲剧的核心，在纯粹的荒谬之中停留，但我的生活并不会因此出现奇迹般的变化。人们常常期望一个经历了重大苦难的人生活得与众不同，人们认为他应该比别人有更积极或者更超脱的人生境界。然而，实际上，只要我活下去，我就仍旧只能是芸芸众生中的一员，我依然会被卷入世俗生活的旋涡。生命中那些最深刻的体验必定也是最无奈的，它们缺乏世俗的对应物，因而不可避免地会被日常生活的潮流淹没。当然，淹没并不等于不存在了，它们仍然存在于日常生活所触及不到的深处，成为每一个人既无法面对也无法逃避的心灵暗流。

我的确相信，每一个人的心灵中都有这样的暗流，无论你怎样逃避，它们都依然存在，无论你怎样面对，它们都不会浮现到生活的表面上来。当生活中的小挫折彼此争夺意义之时，大苦难永远藏在找不到意义的沉默的深渊里。认识到生命中的这种无奈，我看自己、看别人的眼光便宽容多了，不会再被喧闹的表面现象所迷惑。

赏读

周国平是中国当代学者、作家、哲学研究者，是中国研究哲学家尼采的学者之一。《人生哲思语编》是周国平最著名的散文代表作之一，这部散文集围绕人生这一主题，从哲学的角度，以语丝的形式，从“面对苦难”谈起，把经过深思熟虑的人生感悟呈现了出来，突破了大众对人生的单一看法，充满了富有启迪的人生哲思。

《面对苦难》是《人生哲思录》中的一篇著名的哲理散文。

《面对苦难》兼有散文与议论文风，在细腻的文字表述间，清晰地呈现出作者对于苦难的认识与感悟，逻辑清晰，文风朴实，既有利于读者对文章主旨的理解，又有利于丰富读者的阅读感受。

文章分为四个部分，从“面对苦难”入手，分析了“苦难的价值”，随即指出应该“以尊严的方式承受苦难”，在不惧怕苦难的同时也“不美化苦难”。四个部分环环相扣，将作者关于苦难的哲理性思考清楚展现在读者眼前。

文章开门见山，以一句“人生在世，免不了要遭受苦难”点明主旨，接下来便对“苦难”进行定义，并以具体例子加以说明。在此基础上，作者进而指出“如何面对苦难，便是摆在每个人面前的重大人生课题”，道出了苦难的普遍性。随后作者在第一段的最后以“其实，‘大难不死’即福，何须乎后福”的问句，表达了他对苦难意义更为深层的理解，引导读者从独特的角度展开对“苦难”的思索。

第二部分则通过对苦难价值的探讨，引导读者思考苦难是否只有消极意义。作者认为“快感和痛感是肉体感觉，快乐和痛苦是心理现象，而幸福和苦难则仅仅属于灵魂”，在苦难之中其实并不乏对生命意义的领会，甚至苦难还会带来生命意义的最高实现。作者从古罗马哲学家的哲思与佛教面对苦难的观点入手，指出苦难是一个机会。作者认为苦难打断生活进程只会导致一部分价值的失去，而另外一部分价值将因此放大。独特的哲思视角下，苦难带给人生的不同意义大放异彩，成为本文最为重要的论点之一。这部分论述有理有据，循序渐进，引导读者进入更深层次的对苦难的思考，同时对苦难的积极意义一一进行梳理。

第三部分则将苦难和尊严联系起来，将苦难的最终意义加以升华。指出“苦难是人格的试金石，面对苦难的态度最能表明一个人是否具有内在的尊严”。虽然苦难具有不可挽回的性质，甚至有的苦难可以摧毁一切价值。即便如此，我们仍应以尊严的方式承受苦难，这种方式本身就是人类的一项巨大成就，它所显示的不只是一种个人品质，还是整个人性的高贵的尊严。这部分具体描述了现实社会中的苦难和大自然降之于人类的各种灾难。一方面，面对社会悲剧时，理想与信念等积极因素的支撑，会使我们有勇气笑对苦难，“含笑受难，慷慨赴死”。我们是人生舞台上的英雄，把最好的戏演给历史。另一方面，在大自然不讲情面的灾难面前，人类是渺小的、脆弱的。因而人类的反抗注定要失败，然而人类未必就因此倒下。在大自然、神的面前，人类仍然有自己为之骄傲的尊严。所以，作者发出了“人生中不可挽回的事太多。既然活着，还得朝前走”的呼声。因为“经历过巨大苦难的人有权利证明，创造幸福和承受苦难属于同一种能力，没有被苦难压倒，这不是耻辱，而是光荣”。

最后，作者平静却不容置喙的指责了美化苦难的矫揉造作者的姿态，因为“人天生是软弱的，唯其软弱而犹能承担起苦难，才显出人的尊严”，正是人类的软弱才成就了承担苦难时的骄傲。当生活中的小挫折彼此争夺意义之时，大苦难永远藏在找不到意义的沉默的深渊里。认识到生命中的这种无奈，作者看自己、看别人的眼光便宽容多了，不会再被喧闹的表面现象所迷惑，最终寻找到了苦难的真谛。

本文具有完整的行文轨迹和阅读逻辑，是一篇成熟的佳作。作者在表明自己对于苦难的观点与态度时，逐次引导读者形成对苦难的全面认识。作者善用比喻、排比等修辞手法，将关于苦难的哲学论述描写的妙趣横生，消除了读者阅读议论为主的哲理性散文的障碍。与此同时，作者对于小标题的运用也将文章的行文框架清晰地呈现在读者面前，为散文的写作提供了参考与借鉴。

作品

无路可走（屈原）①

鲍鹏山

屈原不好写。我几次动笔都叹口气放下了。写屈原的困难在于，我们不知道哪些东西是他的，哪些东西不是他的，这不仅指他的作品，也指人们指认给他的那些思想、性情、性格。是的，屈原是一个“箭垛式人物”（胡适语），我们后人附会给他的东西太多，在中国古代人物中，没有一个人像屈原那样，被后人随己意或随时代需要而加进去那么多东西。我们固然可以因此说，屈原是一部大书，每个读者都可以从中读出自己的东西，每个读者都可以按自己的理解与逻辑来认识屈原，但屈原也因此面目全非，或千人千面，如同一千个读者的一千个哈姆莱特。屈原的生平留给我们太多的盲点与疑点，为他作传的司马迁情绪激动，心潮起伏，不能心平气和地记录他的身世行踪，大段的主观抒情议论占据了不长的篇幅。司马迁可能意识到，对于屈原来说，他的精神远比他的生平事功更重要。由此，后来的屈原研读者只在乎自己的理解能够自圆其说，不

① 选自《天纵圣贤》（中国青年出版社 2006 年版）。鲍鹏山，生于 1963 年，安徽六安人。著有《寂寞圣哲》《鲍鹏山新说水浒》等。

自相矛盾，能构成一个可理解的自我体系。这样做事实上也并无不妥。历史的本体本来就是不存在的，不可复现的，存在的只是我们对历史的认识，更何况疑窦丛生的屈原？韩非曾疑惑地说，孔墨死后，其不同的后学都自谓真孔墨，孔墨不可复生，谁能定孔墨之是非？我们也可以说，屈原不可复生，我们谁又能定屈原之是非？不同的读者有不同的屈原，屈原的内涵也因为有了这些附着，而越来越丰富，其影响也越来越深巨。所以，我们也可以说，屈原是一个滚雪球式的人物。

最近我读了西北师大赵逵夫先生的两本有关屈原的著作：《屈原和他的时代》和《屈骚探幽》。这是我所读过的有关屈原的最扎实的著作。赵先生是严谨而深刻的学者，他对文本的认真研读，给了我一个实实在在的屈原。反观我以前读过的一些有关屈原的著作，总觉得主观的东西较多，有些结论即便浅陋如我，也能看出其破绽。而赵先生的著作使我对屈原的感觉踏实起来。作为一个古典文学的教学者和研究者，我以前一直彷彷徨徨地绕开屈原，不敢接近他，因为围绕他的雾气太朦胧，我不知道他的核心在哪里。有些历史人物往往隐身在重重黑暗之中，等待着后人智慧的光芒照彻他们，使他们重新熠熠生辉。赵先生的两本书，洞幽烛微，屈原开始走出重重大雾。在读完赵先生的两本著作后，我感觉我能说一些话了。

我觉得，屈原之影响中国历史，不在于他的思想，也不在于他的事功。这两点他都不突出。他的思想——美政，在《离骚》中也只有“举贤而授能”、“循绳墨而不颇”以及效法先王几条，空洞而且没有原创性。他的事功更只是昙花一现，还没开始便夭折。以至于在先秦典籍中根本就没有他的名字。赵逵夫先生独具只眼地在《战国策·楚策一》“张仪相秦谓昭睢”一节中，考证出该段文字中的“有人”即是屈原，从而证明了先秦确有屈原其人。但这也恰好证明了屈原在先秦之无名望无影响，以至《战国策》中以“有人”来代称他。如果没有他精彩绝艳的楚辞，他极可能淹没在历史的尘沙之中，连同他的痛苦、不幸与委屈。

屈原之影响后代，乃是因为他的失败。这是个人对历史的失败，个性对社会的失败，理想对现实的失败。屈原在他的作品里（主要在《离骚》和《九章》里）淋漓地展现了这种失败。可以说，在中国历史上，这是第一次有关独特的个人与社会、历史发生冲突并遭致惨痛毁灭的记录。在此之前的诸子及所谓儒家的六经，都只是对所谓社会秩序、历史规律的认知——包括价值认同，并没给独特个体及个性留多少余地，而《诗经》中的为数不多的个性痛苦（指个体在社会体制中的感觉记录）也因“怨而不怒，乐而不淫，哀而不伤”而黯淡无光。比屈原稍前的庄周已经看出了个性与社会的不可调和的矛盾和冲突的必然性，同时他也悲观地认识到，在这场正面冲突中失败的一方只能是个性，故而他避开了社会冷酷的锋芒，避免与之发生冲突，他几乎是不战而退。而比屈原稍后的荀子（注意这三人都与楚文化有关系），则是通过对人性的否定，进而否定个性，否定独特个体的道德价值，或者说，否定个体在社会秩序之外的独立价值（请参阅韩非子一篇）。唯独屈子，既要坚持个性，又要坚持以自己的个性去改变世界，以个性的温热去融化那冷酷的秩序。因此，他的失败是一次意味深长的历史事件。也是人类永恒的悲剧。甚至我们可以把他的作品看成是有关人类自由、幸福的启示录。

他以至善至美的古圣贤作自己立身行事的榜样——天真的屈子并不知道，这些古人的“至善至美”往往只是后人的想象甚至是有意的欺骗，他更不能知道，至善至美往往便不能与现实并存，因为至善至美往往便不能宽容。聪明的庄子看穿了这种历史骗局，他推倒一切圣贤，把他们通通置于他的戏侮之下；犀利的韩非更是从唯物的角度拆穿儒家的美化，把古人推下神坛。而屈原对这些道德幻象则是真诚的信奉，甚至还把自己看成是古圣人的影子，并把自己当成是古圣人意志的现世体现者。由此便出现了这样的结果：他把君主应当“效法先王”的命题（这也是稍前于他的孟子的主张）不经意地就变成了君主应当“听信贤臣”，应当对贤臣信任、重用，守信而不改。因为这样的臣子就是先王意志的化身。“先王”由一种抽象的精神传统具体为一个活生生的人，与君主对峙。屈原就是这样与楚怀王对峙着。当然，与孟子一样，他不能明白的还有，道德模范式的圣人及其个人魅力绝不是现行体制的对手！所谓的“法先王”，不过是一种幼稚而天真的愿望而已！

当楚怀王背弃“成言”，“悔遁而有他”（《离骚》）的时候，屈原才发现，“君可思而不可恃”（《惜诵》），这时他感受到了个人在体制中的委屈与孤独。《惜诵》一篇所倾诉的就是这种委屈与孤独。甚至他认定一国之中没有一个人能理解他，“举世皆醉我独醒，举世皆浊我独清”（《渔父》），他慨叹“人之心不与吾心同”（《抽思》），至此，他就把自己放在整个世界的对立面去了，不仅是一个壅君，几个奸臣小人，而是所有人。一个人站到所有人的对立面是什么结果？可悲的是，屈原在为大多数人谋福利，但大多数人并不能对他援之以手——姐姐骂他，不支持他，还要他屈服；太卜郑詹尹很有分寸地缄口不言，渔父甚至对着他“莞尔而笑”，唱了一曲“清斯濯缨，浊斯濯足”来讽喻他，然后是“不复与言”。在别人的眼里，他太固执，太钻牛角尖，不容易对话与沟通。屈原就只能死在孤独之中，死在壅君的昏馈、奸人的险恶以及大众的沉默中了。

忽反顾以流涕兮，
哀高丘之无女。

《离骚》中的“求女”，就是“求知音”，而“无女”当然也就是无知音，屈原笔下的“求女”都是失败的。屈原的知音在后代，而不在当代。他的最早的知音大约是贾谊，一个年轻有为而又多愁善感情绪不稳的书生，天才政治家，当然也同屈原一样，是一个失败者。当他被贬为长沙王太傅时，过湘水，投书以吊屈原。后来司马迁把他两人合传，不同时代又无学术承传而合传，除《刺客列传》《游侠列传》外，仅此一例。显然，这三种传记，都取的是精神上的承传，际遇的相似。我有时犯糊涂，不知道司马迁是因了贾谊的遭际像屈原才把他续传在屈原的后面呢，还是因了要传贾谊才想起此前还有一个更哀婉动人的屈原。我觉得后一种可能性大一些。是贾谊的追悼使屈原回到了人间。而此时，距屈原自沉汨罗，已是“百有余年”了。

屈原也缺少孔墨孟荀等人的达观。他毕竟不是冷静从容的哲人，他是诗人。同时，他也缺少他们曾经有过的苦难磨炼。

当屈原二十岁行冠礼作《橘颂》时，他是何等儒雅自信，前途远大。而孔孟等人此时还在社会底层挣扎，受尽白眼与辛酸，因而他们有韧性。他们不像屈原那样高贵，孔孟都干过一些贱人才干的“鄙事”，当过吹鼓手、委吏、乘田，被人从宴席中赶出来。而墨子本来就是“贱人”。

而屈原，他纯洁无瑕的贵族血统与心性使他无法面对失败。在失败面前他不能沉默，不能隐忍，不能迂回，不能无闷。他呼喊，他叫屈，他指责，他抗争，于是他得到的是更大的打击与蔑视，是别人对他的彻底的失望。

他掸去灰尘，保持自己的皓皓之白。他凛然地站在邪恶的对立面，与他们剑拔弩张。一点也不含蓄，一点也不躲闪，一点也不讲策略，他怒形于色。他给对方看他的伤口，以便对方知道他的仇恨与报复心切。他由此遭到邪恶的全面彻底的攻击，邪恶无法容忍他的存在，因为他把自己摆在与邪恶你死我活的对立面上，邪恶即使仅仅为了自己的活，也要让他死。

而屈原的伟大与可贵也正在这里：

他不理解邪恶与不公。他无法和他们和平共处，哪怕是虚与委蛇。他谨持着他理想的绝对纯洁。是的，他至死也不曾丢失一寸土地。他是代表独特个体而与社会宣战的最伟大最惨绝人寰的战士。因为他的绝不让步，这世界有可能免于全面堕落。

而他的这种行为必然会遭到一些孱头式的批评。比如扬雄与班固。

扬雄看到了人性自身的弱点与功利趋避。他要个性收敛自己的光芒与芬芳，降低自己的精神品位，从而与世俗取齐。他认为与其与对方弄得鱼死网破，倒不如以自己的苟活换得对方的宽容，或者，以自己对对方的道德宽容忍让换得自己的苟活。他大概是在为自己附莽做辩护吧？（扬雄《反离骚》）

而班固，本来就是一个见识不高的人。他臧否人物往往持论乖谬得令人莫名其妙。他认为对君上是不能批评的，对小人也是不应该斗争的。而屈原则偏偏“责数怀王”，“竞乎危国群小之间”（班固《离骚序》），所以屈原简直是咎由自取了！我以为，班固对屈原的批评，如同青铜对铁的批评，不，是青铜做就的，贵族手中把玩的酒器溺器，对钢铁铸成的叛逆英雄手中青锋长剑的批评！

屈原之死常常使我想起另一个楚人之死：项羽。两人都是自杀，且都死在水边：屈原自沉于汨罗之波，项羽自刎于乌江之畔。两人都死于自己对别人的不宽容：项羽决不宽容秦人。

这两人的死，可能暗示着，我们民族的一些真性情死了。我们民族最殷红的血流失在水中，被冲淡了。

乡愿活着，滑头活着，奸诈活着。他们使这个世界的生态更加恶化，更不适合人的生存。

屈原确实偏激。岂止是偏激，屈原还有许多别的缺点。但我总以为偏激的人往往有真性情。更重要的是，偏激的人往往不是小人——因为小人总是很圆通的。

况且，有缺点的战士毕竟是战士。

完美的苍蝇终究是苍蝇。

屈原是一个心性偏狭的人，是一个因为太纯洁而偏狭的人。屈原是一个不稳重的人，是一个因为太多情而不稳重的人。他脆弱，却是因为他太珍惜一些东西，在这一点上他又有真坚定，真强大。他也浮躁，因为他执着于理想而不能片刻安于现实。他在他的理想中陶醉着，时时被他的理想鼓舞着，以至有时失却了现实感。他不是一位“成熟”的政治家，则正因为他有一切世俗“政治家”所不具有的那种政治热情，以及对政治的信念——这一点他与孔子相同，他认定：政者，正也——不正的东西不是政治，政治手段应与政治目的一样纯洁，无瑕无懈可击。就从这地方，他开始越来越不像“政治家”，并在现实政治中遭致失败，但他无疑是我们理想中的大政治家，如周公、华盛顿、杰弗逊、林肯。无特操与性情的“诗人”往往成为政客，富于理想的政治家则往往成了真正的诗人。屈原就这样由失败的政治家变成了卓绝百代的诗人，而且是一位浪漫的诗人。他无论是在政治上，还是在诗艺上，都不可能是写实的。现实的土地上有那么多的丑恶，他怎么能在这上面安然地生存，诗意地栖息？这当然又是“诗意地栖息”在现实大地之上的众多当代诗人学者无法理喻的。他们不能望屈原的项背，但他们说他们是因为不屑。他们的生存智慧确实高出屈原。屈原“无路可走”（刘熙载语），自杀了，他们却活着，并且越活越觉得四通八达，越活越有诗意。活着的人比死去的人有优势：他们能说话，能抢占话筒，总能“变白以为黑，倒上以为下”。当黄钟被毁弃的时候，瓦釜就开始雷鸣了。屈原与现实中的苦难势不两立，而他们却能游刃有余，甚至与之搞合作，讲互利，他们策高足，踞路津，在屈原与邪恶战死的地方，他们开始讨论幸福。

“孤伟自死，社会依然，四语之中，涵深哀焉。”（鲁迅语）

屈原死了，我们苍白了。

魂兮归来！

赏读

鲍鹏山是中国当代作家、学者，潜心研究先秦诸子数十年，《天纵圣贤》是他的散文代表作。《天纵圣贤》表现了作者独到的观点与情怀，延续了其哲理性散文文字凌厉，慷慨激昂，蕴含着深重的历史气息的一贯风格。

《无路可走》基于屈原的史实记载，通过用文学的手法还原屈原的身前生后，提出了自己独到的观点：屈原之影响后代，乃是他的失败。接着作者针对这一观点徐徐论之，将自己对屈原的看法进行层层递进的深刻剖析，认为屈原的“失败”是“个人对历史的失败”，是“个性对社会的失败”，是

“理想对现实的失败”。

文章首先将屈原与庄子、荀子进行比较，通过庄子看破世俗明哲保身与荀子秉持人性本恶否定人性，突出了“天真的”屈原的赤子之心。他坚持个性，坚持以个性改变世界，试图以个性的温热去融化那冷酷的秩序。这样的坚持，其失败是必然的，作者还将这失败上升到了“人类的悲剧”的层面。随后，作者从屈原的《离骚》《渔父》等诗篇创作的角度切入，让读者看到了一个泪流满面的诗人，一个面向风雨“发愤以抒情”的诗人，一个对人间邪恶不停诅咒的诗人，一个颜色憔悴、形容枯槁、行吟泽畔、长歌当哭，以泪作诗的诗人。可他并不脆弱，也不退却，更不招安，他实际已经成了孤独而傲慢的个体。于是，作者得出“他死在了孤独之中”的结论。

“忽反顾以流涕兮，哀高丘之无女。”作者选取了最能代表屈原思想的一句诗，把屈原的“无女”之痛与百年之后贾谊难以施展抱负联系在一起，引人唏嘘。紧接着，作者又展示了屈原的伟大与可贵，他凛然地站在邪恶对面，不和他们和平共处，哪怕是虚与委蛇，他谨持着他理想的绝对纯洁。作者还通过批判扬雄和班固对屈原的评价，引出对屈原内心柔情的分析，并将屈原的离世与项羽的乌江自刎联系在一起，感叹一种气节的消逝。

终于，屈原死了，乡愿活着，滑头活着，奸诈活着。但，又如何？“有缺点的战士毕竟是战士，完美的苍蝇终究是苍蝇。”屈原注定不能在那邪恶与丑陋的土地上生存，他死去了，而我们苍白了。作者的叹惋、不舍、悲愤……跃然纸上。

文章不拘于议论文体，行文流畅，观点鲜明，情感淳厚真挚，抒情中不乏精彩独到的议论，十分富有魅力。

作品

诗人多难[1]

朱 鸿

中国人总是为唐诗而得意，唐诗是美的，美的便能迷惑灵魂。巧笑和凝脂之所以具有征服的力量，无非是由于它的美而已。

我过去吟咏唐诗，往往会产生这样的印象，仿佛是仲夏之夜，清风轻拂，明月朗照，我坐在古旧的慈恩寺，静静欣赏着宇宙空间的浩渺和神秘。

那时候，我不禁就拔高了诗人，觉得唐帝国的诗人都吸桂花洌香，饮葡萄美酒，风度翩翩，云游天下。岂不知我错了，是大大地错了。

事实上，诗人的生存状态，各有各的困苦。

一

东皋薄暮望，徙倚欲何依。

树树皆秋色，山山唯落晖。

① 选自《夹缝中的历史》（东方出版中心 2001 年版）。朱鸿，生于 1960 年，陕西西安人。著有《西楼红叶》《关中踏梦》等。

牧人驱犊返，猎马带禽归。
相顾无相识，长歌怀采薇。

这是王绩的作品，不算唐诗之中最好的，但它却属于唐诗之中最早的。

王绩先在隋政府工作，不过他还未干出什么名堂，农民起义军便把隋政府推翻了。李渊当皇帝之后，招纳贤达，他觉得自己才三十五岁左右，年富力强，是应该继续上进的，遂又进入了唐政府。

战争刚刚结束，社会恰恰处在百废俱兴的状态，王绩显然是想有所作为的，可他却只能以文学之士当待诏。他早晨进入办公室，晚上离开办公室，时刻注意着唐政府的命令。奇怪的是，过了一天又一天，一年又一年，竟一直不安排他做什么，仿佛唐政府根本就没有这个人似的。其兄王通发现了王绩的寂寞，关切地询问他当待诏是否顺心。他不无幽默地说：薪水微薄，境况冷落，不过有好酒三升，倒是可以留恋。王通有一个门徒在唐政府掌握了一些权力，认为像王绩这样学识丰富的人好酒三升是少了一点，便提高到好酒一斗。

几年之后，关中大旱，饥荒汹涌，米少而贵，适王绩患病，遂辞职离开了长安。

王绩在唐政府呆了近乎十年，没有任何业绩，惟写下了一些诗。写作是个人的劳动，心不死便能为之。王绩因为一直在写作，从而多少减弱了人生的荒废之感。

王绩对唐诗的贡献是，他的作品一扫梁的靡丽和陈的浮艳，显得质朴而丰厚。他不但在形式上是一个尝试者，而且在内容上是一个开拓者。如果唐诗是汪洋大海，那么王绩的作品便是从万里之外的雪峰流向大海的细流。如果唐诗是一片广袤的碧绿，那么王绩的作品便是破土而出的小草，它用自己的一点鲜嫩呐喊着漫山遍野的苍郁。

二

大约在王绩出生四十年之后，骆宾王诞生于唐婺州义乌一个书香之家。这一年是公元 626 年，李世民通过玄武门之变得立为太子，接着即位当皇帝。

此地别燕丹，壮士发冲冠。
昔时人已没，今日水犹寒。

这是骆宾王离别朋友之际所写作的一首诗，成于何年何月，是难以考证了。但诗人的激愤之情和抑郁之气，却扑面而来，并有新鲜之感。

骆宾王的灾难，似乎是他反对武则天而导致的。

武则天曾经是唐太宗的妃嫔，但太子李治却对她很是迷恋。李治即位之后，便以变通的办法让武则天做了自己的昭仪，并一步一步立其为皇后。

武则天是一个有思想的人，她一旦睡在皇帝的身边，便想要攫取权力，以干她要干的事情。事实是，她就是按其计划运作着。

当时骆宾王在唐政府担任侍御史之职，从而得以清楚地看见武则天的行动轨迹。他认为武则天的种种举措，显然是僭越了皇后的本分，甚至是在操纵唐高宗，遂屡屡上疏批评之。骆宾王竟敢于得罪武则天，也不愧是一位诗人。不过武则天并非好惹，以她的气焰，收拾一个骆宾王当然是小菜一碟。尽管骆宾王反对武则天是在维护唐高宗的威望及其唐帝国的正统，目的是纯洁的，可唐高宗却并没有保护他。结果是，司法机构以贪赃罪名把诗人投入了监狱。度过一段黑暗的日子之后，他得到释放，不过他创伤在心，郁郁寡欢，遂到江南流亡去了。

公元 684 年，徐敬业在扬州起兵，图谋推翻武则天的统治。骆宾王对武则天素有恶感，当然是参加了武装斗争，而且他还为起兵写作了讨伐檄文。在江南，响应徐敬业的人千千万万，不过武则天毕竟掌握着权力，她完全可以使用唐军镇压徐敬业。于是徐敬业起兵就失败了。

唐政府在清洗过程中，把追随徐敬业的骨干分子都杀了，却未能消灭骆宾王，因为他奇迹般地躲过了搜捕。之后司法机构一直在缉拿他，可警察之流却始终不见他的踪影，甚至到现在还是下落不明。我想，也许骆宾王在非洲隐居了吧！

骆宾王所写作的讨伐武则天的檄文，早就成了文学的典范。檄文痛快淋漓地揭露了武则天的越轨行动，并对她进行了道德谴责。檄文指出武则天入门见嫉，掩袖工谗，蛾眉霸气，狐媚惑主。

然而流传下来的故事却是这样的：武则天读檄文，读着读着，竟莞尔而笑，随之阴沉着脸，威严地责问宰相：骆宾王有这样杰出的才华，何以使之流落不遇呢！

骆宾王显然不会想到，他讨伐武则天的檄文，居然变成了武则天表现其气度的道具，真是滑稽极了。

三

大约在骆宾王出生十年之后，卢照邻出世了，唐幽州范阳是其故乡。

二十岁前后，卢照邻带着他的作品到长安来了。他很自信，发誓一定要在长安取得功名。事情居然也像他所想的，一夜之间，他的诗便在长安流传开了。

声望与才华使他有了一份工作，这便是当李元裕的秘书。李元裕是唐高祖的一个儿子，他似乎为拥有卢照邻这样一个诗人感到得意，并向朋友宣扬，此吾之司马相如也。卢照邻还曾经担任新都县尉，这个职务并不高，不过它也多少可以标示权力和尊严。只是诗人不喜欢这个职务，他难以忍受种种烦琐之事，任期一到，便辞职了。

骝马照金鞍，转战入皋兰。
塞门风稍急，长城水正寒。
雪暗鸣珂重，山长喷玉难。
不辞横绝漠，流血几时干。

这是卢照邻的一首五言，通过对一匹骝马的描写，表现了边境的艰苦和唐军将士的勇敢。其诗以小见大，而且节奏紧凑，力量沉厚，有慷慨之感，是能够反映卢照邻的艺术造诣的。

人到中年，卢照邻就患了不治之症。高血压或脑血栓引起的中风使他手脚蜷曲，行动困难。为了康复，他到太白山去拜孙思邈为师，不过药王对他的病也没有办法。他还遵一个道士之嘱服用丹砂，遗憾丹砂反而加重了他的病。

沉疴一年一年地损害着诗人的心境。他也没有什么经济收入，衣食住行，竟都不得不接受富豪的捐赠。活着乏味，遂渐渐产生了解脱的念头。一天黄昏，这个饱受生活折磨的诗人三思之后，投河而死。

四

大约在卢照邻出生之后十四年，王勃和杨炯问世，时在公元 650 年。

王勃家在唐绛州龙门，是王通的孙子，十四岁便对策及第。杨炯则是华阴人，尽管少也贱，但他却居然在十岁举为神童。

在我看起来，王勃和杨炯都属于那种文学天赋极高的人。他们不足二十岁便登上了唐帝国的文学殿堂，显然有天之扶，地之助。

城阙辅三秦，风烟望五津。
与君离别意，同是宦游人。
海内存知己，天涯若比邻。
无为在歧路，儿女共沾巾。

杜少府是王勃的朋友，有一年他要到蜀川去工作，王勃送行，遂为之写作了这首诗。它显然刷新了以往离别之诗的纤弱和黯然，音调爽朗，意境辽阔，还包含着一种灿烂气象。

如果能知道杜少府的一些经历，那么我便能推测王勃当时是多少岁，从而知道他在做什么。但我考证来考证去，却无法明白杜少府是何许人也。遂投书霍松林先生求教。霍是中国古典文学专家，精通唐诗，我想，他是有可能清楚杜少府生卒的，可我却一直没有收到回信。如此，我便只好自己分析了。

王勃到长安几年之后，沛王李贤爱慕其文采，招王勃进沛王府当了修撰。依我的考量，这一阵王勃是十八岁左右。沛王李贤是唐高宗与萧妃嫔所生，周王李显为唐高宗与武则天所生。周王年少于沛王，很喜欢斗鸡。有一天周王与沛王斗鸡，或周王的斗鸡没有章法，或周王的斗鸡霸道了一点，总之，王勃为沛王的斗鸡愤愤不平，遂忽发少年狂，写作了一篇抨击周王斗鸡的文章。文章全是玩笑的口吻，属于十足的游戏之作。然而唐高宗却认为这是犯上，大为光火，并下令将王勃逐出沛王府。

一篇文章竟能惹祸，是年轻的诗人不知道的，诗人当然也不知道皇帝的尊严仿佛老虎的屁股，是不能随便触摸的。实际上王勃还没有触摸老虎的屁股，他无非是逗了逗斗鸡的尖嘴而已。问题在于，他所逗的是周王的斗鸡。

王勃便这样离开长安，到剑南去了。六年之后，唐高宗大赦天下，王勃才结束了凄哀的蜀川之旅，当了虢州参军。

我以为，王勃为杜少府送行，应该在他离开长安之前，当时是二十岁左右吧。

有一个相面师认为，王勃神强骨弱，气清体羸，难以大贵，王勃难以大贵，是否包含着诗人会早逝的意思，我不知道。不过事实是，二十六岁那年，王勃乘船到交趾去探望父亲，途中不幸落水，惊吓而亡。

诗人渡海之前，曾经在南昌应阎都督之邀，登上滕王阁参加聚会，并在席间完成了千古绝唱。读王勃留在滕王阁的作品，谁能不为诗人的遭遇而惋惜呢！

烽火照西京，心中自不平。
牙璋辞凤阙，铁骑绕龙城。
雪暗凋旗画，风多杂鼓声。
宁为百夫长，胜作一书生。

杨炯是一个反感绮丽习气的诗人，并以自己的创作实践，引领着唐诗的明快和清新之风。这首诗慷慨激昂，刚健雄劲，是很能体现其风格的。

杨炯得以在唐政府弘文馆担任校书郎，当然是凭借他的能力，但他却犯了诗人共同的毛病，恃才自傲，鄙薄周围的官员，认为他们装腔作势，甚至讽刺他们总是在驴背上画麒麟皮，揭了皮终究还是驴。杨炯显然是有道理的，不过他言语之尖酸，行为之偏激，使他碰撞了很多人。

他的一个表弟属于持不同政见者，也参加了徐敬业针对武则天的武装斗争，从而株连了杨炯。如果有文武大臣为他开脱，那么他将有可能躲过灾难，因为他自己毕竟没有反对武则天。可惜他平常得罪了人，没有人帮助他。于是他就不得不接受贬谪到梓州去的结局。

杨炯与王勃是志同道合的朋友，王勃落水，他为王勃的诗集作了序，并盛赞王勃对唐诗的贡献，显然是很义气的。

杨炯四十四岁去世，也不是终老之人。

五

在王勃和杨炯四岁那年，宋之问呱呱坠地。

在唐帝国的诗人之中，宋之问属于五言的高手，甚至是因为宋之问的创作实践，律体才得以定型。

他二十岁进士及第，一直在唐政府工作，甚至十分靠近武则天，我以为，一个诗人能在集权统治的官场混得满面春风，一般都是趋炎附势之徒。事实是，宋之问其人确实喜欢攀缘，热衷恭维。

武则天有一年到龙门去玩，转着转着，忽然起了雅兴，遂吩咐左右赋诗。东方虬立即吟咏一首，当然是歌颂之词，武则天很高兴，便赐东方虬一件锦袍。东方虬吟咏之后宋之问吟咏，当然也是歌颂之词，不过宋的阿谀比东方的阿谀来得甜蜜而巧妙，是后来居上，武则天十分舒服。于是女皇帝就扬手索回了她刚刚赏给东方的锦袍而将其赐予宋。宋之问受宠若惊，但东方虬却陷于窘境。不过这也没有什么，只要能提高阿谀之技，总是会光美的。然而东方虬要超过宋之问，却似乎很难。

张易之是武则天的生活秘书，在为女皇帝服务之余，他有时候也会赋诗，以显示自己的文学修养。由于张易之有这样的雅兴，遂推崇宋之问，并经常找宋之问切磋。宋难得有像张这样一个可以向女皇帝美言自己的朋友，于是他就讨张的好，帮张写作诗，甚至宋把自己写的，让张当自己写的四处宣扬。也许宋之问没有意识到，他实际上已不知不觉地卷入了唐政府的权力之争。

公元705年，在武则天弥留之际，丞相张柬之联络其他文武大臣以张易之兄弟图谋不轨为由，一举铲除了张易之兄弟，也顺便将宋之问贬谪到泷州去了。

泷州远在岭南，这使年过半百的宋之问实在难以忍受泷州的蛮荒和凄凉，便在一天晚上溜出贬所，潜逃而回。在走到汉江的时候，宋之问望着北方的故乡，迷茫而害怕，遂赋诗表达自己的心情。诗人毕竟还是诗人，诗人的功力也是好的。这首诗很是富于情致，也逼真之极，我以为足以咀嚼。其诗云：

岭外音书断，经冬复历春。
近乡情更怯，不敢问来人。

回到故乡洛阳，宋之问只能藏匿于朋友张仲之家。当时武三思在唐政府很有势力，一些目光短浅的人便纷纷投靠之。不过除恶的因素也在暗中滋长，甚至宋之问的朋友张仲之竟打算以谋杀的办法干掉武三思。张仲之一直在策划这件事情，看见宋之问，便把自己的打算透露给了宋，希望能听听宋的意见，但宋却灵机一动，偷偷让其兄把张仲之的打算报告给了武三思。为感谢宋之问，武三思遂封了宋一个鸿胪主簿的职位。宋的命运，就这样通过出卖朋友而得到了改变，不过这只能是暂时的。

几年之后的一天，唐睿宗站在窗口望着终南山，蓦地想起了宋之问，他觉得宋之问的一生处处钻营，是有大罪的，遂下令宋自尽。

我看到的一份资料是这样记录的：到唐桂州去宣布赐死之命的大臣传达了唐睿宗的指示以后，宋之问浑身抖动，虚汗翻滚。看到这里，我不禁说：可怜，应该！

宋之问对唐诗的贡献主要在形式。他的作品，显然缺乏一种境界之美。这也是正常的，因为像他这样的诗人要有境界之美，实在是不可能的。

六

在宋之问出生之后五年，陈子昂降生。这一年，几十万唐军水陆并进，向高丽进攻。这一年，还有一件可以注意的事情是，波斯王子卑路斯在长安旅行。长安的繁荣和开放竟使他流连忘返，几乎要居留下来了。

陈子昂小时候不好读书，是十足的顽劣角色，但他却有侠胆，而且天资聪慧，悟性极强。这种人往往都是好钢，一经磨砺，便出锋芒。

十八岁那年，他受到启示，忽发读书之志。为了排除干扰，他竟钻进一座山里用功。几年之后，他脱胎换骨，成为学识丰富的文化人，而且颇有文学之才。公元684年，就是骆宾王为逃避唐政府缉拿而逃遁山林那年，陈子昂进士及第，准备在长安奋斗一番。

唐高宗是在洛阳逝世的，武则天决定按既定方针办，把其灵柩运回长安，葬于乾陵。这是唐帝国的大事，普通人一般都不会去关心，但陈子昂得到消息之后却立即上疏，极言关中之衰，盛赞洛阳之美，认为唐高宗宜于长眠洛阳。

武则天看了陈子昂的报告，觉得条理清楚，风格优雅而遒劲。尽管她不同意这个年轻人的建议，可她却接见了这个年轻人。武则天提了很多问题，陈子昂都对答如流，显现出良好的气质。武则天极其满意，遂安排陈子昂在唐政府当麟台正字，之后当右拾遗。

陈子昂是有政治抱负的，也敢于提出自己的见解。这应该是一个文化人的优秀品质，但在一个集权统治的社会，元首及其大大小小的官员却未必喜欢这样的文化人。也许是武则天最初给了陈子昂一个开明的印象吧，而且这影响了陈子昂，于是他就一再向武则天反映自己的意见，并盼其能采纳之。不排除陈子昂这样做是急于上进，不过他主要还是希望唐帝国健康和仁义，但武则天却对他厌烦起来。开明和表现开明显然是有本质区别的，可惜陈子昂不懂这一点。陈子昂当时向武则天反映的意见有，他认为唐政府文武大臣有轻视地方官员的倾向，他认为酷吏横行，刑法严峻。上疏之后，他便等待着批示。然而武则天却根本不理他的意见，这使陈子昂觉得很失意。他感到了巨大的虚伪，也陷入了巨大的孤独。陈子昂不知道如何协调他与社会之间的矛盾，其宣泄的唯一办法是赋诗。

公元696年，武则天授权建安王武攸宜率兵进攻契丹，并任命陈子昂为武攸宜的参谋。把陈子昂调出唐政府，到底是工作的需要还是出于别的原因，陈子昂应该是清楚的。总之，我以为，诗人是带着情绪离开长安的。

在唐幽州前线，陈子昂根据敌我力量情况，提出了对敌作战的方案，但武攸宜却自以为是，一概拒绝了陈子昂的建议。于是刚刚交火，唐军便败给契丹了。

陈子昂是一个认真的人，他完全是出于一种责任而请求武攸宜改变作战计划，他认为，最好是派遣一万将士作前驱偷袭契丹，但武攸宜却坚决不同意。于是两个人就对上了：陈子昂继续提出作战意见，武攸宜则继续驳回其意见，循环往复，一再摩擦。武攸宜终于气急败坏，给了陈子昂一个降职的处分。陈子昂苦闷、激愤、可他却无可奈何。

幽州台是燕昭王曾经工作和生活的地方，有一天陈子昂登上了幽州台。在这里，他想到燕昭王网罗贤达，礼遇下士，又想到自己现在所遭遇的挫折与压抑，感慨万千，苍凉而歌：

前不见古人，后不见来者。

念天地之悠悠，独怆然而涕下！

吟咏这首诗，我仿佛看到了北方无边无际的原野，原野上的风，风推着的人，而这个人胸怀大志而报国无门的悲痛。

这首诗永恒的魅力在于，它不但表现了怀才不遇的寂寞和哀伤，而且表现了宇宙之大，人类之小，人类的无力与无助。

在陈子昂三十八岁那年，他以父亲患病为由辞职回到故乡梓州射洪。县令段简认为陈子昂是发达之人，便想敲诈发财，办法是给陈子昂制造了一个冤案。为求安宁，陈子昂不得不给县令二十万钱，但县令却嫌太少，遂将陈子昂投入监狱，迫害致死。

我非常喜欢陈子昂的诗，也喜欢陈子昂其人。他身材矮小，相貌肃静，这一点我们很相似，他性格耿直，脾气急躁，这一点也很相似，唯他是杰出的诗人而我碌碌无为。不过我和他并不隔阻，我和他有的是贯通之处。我想，如果我和陈子昂相遇，那么将一定会成为朋友的，只是这要在我到九泉之后了。

七

在陈子昂出生十八年之后，张九龄来到人间。那年是公元678年，那年发生的灾难事件是，唐军败给了吐蕃。

海上生明月，天涯共此时。
情人怨遥夜，竟夕起相思。
灭烛怜光满，披衣觉露滋。
不堪盈手赠，还寝梦佳期。

这首诗是思念情人的，但情人是谁，是怎样的一个情人，却成了千古之谜。它意境雄浑，气韵流畅，确实是高妙之诗。

在唐帝国有职务的诗人，算起来也不少，张九龄当宰相，显然是级别极高的官员了。不幸的是，他在权力中心碰到了李林甫。

当时唐玄宗在为如何能废黜太子而作难。废黜太子，并不是太子犯了错误，无非是想立寿王为太子而已。寿王是武惠妃所生的，唐玄宗宠爱武惠妃，这就是立寿王为太子的全部理由。但唐玄宗的计划却受到了唐政府文武大臣的反对，张九龄认为，另立太子将会引起混乱，甚至将动摇天下的根本，当然也反对。

立寿王为太子遇到的障碍使武惠妃极其慌恐，然而这却成了李林甫献媚的机会。李林甫的思路是，在关键之际给武惠妃以帮助，武惠妃将一定会向唐玄宗美言他的，重要的是，如果立寿王为太子成功，那么他今天的帮助将有可能在明天得到丰厚的回报。盘算之后，他便在暗中贿赂太监让其向武惠妃传递他支持寿王的信息，并表示要保护寿王。武惠妃很感激，不过她也知道，李林甫的支持固然是必要和及时的，但李林甫却显然只有掌握了大的权力，其支持才能发挥大的作用。于是她就为提拔李林甫而自觉工作了，而且立即见效。

有一天，唐玄宗询问张九龄对李林甫的意见，张觉得做人要坦荡和忠诚，不应该隐瞒自己的观点，便指出李口蜜腹剑，非君子也。可唐玄宗却不以为然，反而任命李林甫为礼部尚书，封晋国公。李林甫日益得势，气焰升腾，从而加紧了对张九龄的排斥。唐玄宗也竟能相信李林甫的谮言，并渐渐冷遇了张九龄，最后干脆罢了他的政事。

公元737年，负责监察工作的周子谅上疏要求弹劾官员牛仙客，这也是唐政府的一波权力之争。周子谅在指控的报告之中，引用了一个谶语，不料谶语竟强烈地刺激了唐玄宗。唐玄宗一怒之下，放了牛仙客，转而下令杖杀周子谅。

李林甫窃喜，因为他终于抓住了报复张九龄的把柄。他告诉唐玄宗，周子谅进监察部门是张九龄举荐的，张九龄是周子谅的后台老板。唐玄宗根本不作调查研究，便把张九龄贬谪到唐荆州地区去了。

这一年张九龄已经六十岁，他很清楚，自己离开了长安，就不能返回长安了。他悲愤交集，并为唐帝国担忧。

在中国历史上诗人担任宰相并不多见。官员都由诗人构成，显然是不合适的，但官员没有良好的文化修养，却是危险的。我以为，以进士及第的途径选拔官员，也许有种种弊端，但它却能保证一个官员应该具备的知识积累。过去的奏章在现在可以当散文欣赏，不过今天的文件在明天充其量只是一些资料。如此退化，岂不悲哉！

八

王之涣小张九龄七岁，是公元688年出生的。

白日依山尽，黄河入海流。
欲穷千里目，更上一层楼。

鹳雀楼在山西蒲州，登上鹳雀楼可以高瞻远瞩，还可以题诗。王之涣的这首诗，就是题于鹳雀楼的，它雄浑、壮阔、富于理趣。我想，鹳雀楼是会一毁再毁的，但王之涣的诗却会永远不朽。

王之涣的诗在当时就久经轰动，并总是为乐工所谱曲，为歌女所演唱。可惜诗不是铁饭碗，甚至连瓷饭碗也不是，而且永远不是。除了写作诗，王之涣还需要一个工作，并通过工作实现自己的抱负。他具体的想法是到唐政府去工作，因为在当时，检验一个人是否成功，主要是看他的职务如何，而且有职务，才有俸禄。问题是，要取得职务，就必须有一个进士的资格。可王之涣却连连落榜，一直未能进士及第。这不但制约了他进入唐政府，而且也给他以伤害，他为自己不是进士而深深羞愧。好在他还是一个著名的诗人，遂转而到处拜见权贵，以求得支持。王之涣的功夫似乎是没有白费的，因为他毕竟谋到了县尉的一个位子。不知道诗人自己是什么感觉，在我看起来，这无非是唐帝国对诗人的一种安慰而已。

九

孟浩然小王之涣一岁，是襄州襄阳人。在他出生那年，酷吏周兴滥捕滥杀，长安牢满为患，一片恐怖。

移舟泊烟渚，日暮客愁新。
野旷天低树，江清月近人。

这首诗让我觉得很是凄清，还有一种幻灭之感，但它绵绵的魅力，却仿佛山涧之水一样在静静流淌，无休无止。

孟浩然在四十岁之前，一直隐居鹿门山，但隐居却不是他的目的。

公元728年，孟夫子感觉时候到了，便拿起行囊，关了柴扉，走出了鹿门山。他来到长安，准备参加进士应试。他还是有信心的，并遵高人之嘱，把自己的诗赠给社会贤达，以扩大影响。他一向敬仰张九龄，也就把自己的诗赠给张九龄了。但不知道什么地方出了错，孟夫子却未能成为进士，这显然是一个沉重的打击。

离开长安，他作了一次吴越之旅，之后回到故乡。过了几年，张九龄下放荆州做刺史，忽然想起孟夫子，遂招其在他的幕府工作。由于都是诗人，他们互相唱和，多少减轻了人生的失意和苦涩。

我感到孟浩然是一个内向的诗人，一个自尊的诗人，也是一个善良而谦逊的诗人。我可以想象他落榜之后的沮丧与虚弱。我仿佛看见了他孤独地走在长安街上的样子。我能体会他的酸楚和伤感。

十

王昌龄小孟浩然一岁，生于公元690年，但他的故乡在何处，却是一个有争议的问题。根据一些零星的记录判断，诗人大约属于关中人。

在王昌龄出生那年，武则天终于自封为皇帝，从幕后走到了台前。武则天在登基之年的一个创举是，为选拔人才，她下令要用密封卷子。之后，在中国，把考试卷子密封起来的办法，一用竟是一千年之久，这也许是武则天所不料的吧！

秦时明月汉时关，万里长征人未还。
但使龙城飞将在，不教胡马度阴山。

这当然是王昌龄的诗。大约过了几个世纪，明帝国有一位文化人李攀龙将这首诗推崇为唐诗七绝的压卷之作。以后，著名学者沈德潜进而指出了其诗的高妙。我吟咏这首诗，体会深的则是诗人性格的凌厉，激情的喷涌，及其那个时代所有的一种建功立业的精神。

王昌龄可能去过中国西部萧关一带，还去过楚河流域的碎叶。诗人在唐政府秘书省工作的时候，已经近乎四十岁了，之后当汜水县尉，再当江宁县丞，显然官越当越小了。王昌龄的问题出在言论放诞，行为傲慢，得罪了权贵，从而使自己一贬再贬。

在贬谪岭南那一次，他必须经过襄州襄阳，遂登门看望了孟浩然。孟夫子为王昌龄的到来而非常高兴，又是喝酒，又是吃鱼，竟使他身上的毒疮暴发，于是乐极生悲就死了。

王昌龄在岭南得过且过，总是天真地认为贬谪是暂时的，他将回到长安，因为他有冰心一片，岂不知唐政府根本就不发给他调令。一直到安史之乱，他才离开岭南，不料他竟在回家路上遇到了麻烦。他到唐濠州的时候，濠州刺史闾丘晓莫名其妙地逮捕了王昌龄，并狠毒地杀了他。

十一

大约在王昌龄出生十年前后，王维出生。那一年从边境传回的捷报是，唐军打败了侵犯凉州的吐蕃，于是长安就张灯结彩，鞭炮轰鸣，处处有喜庆色彩。

独在异乡为异客，每逢佳节倍思亲。
遥知兄弟登高处，遍插茱萸少一人。

王维家在蒲州，不过他很小便到长安来了。在十七岁那年，他一个人居于客栈，适逢重阳节，长安街上满是快乐的人，他触景生情，想起了远在故乡的兄弟，遂作了这首诗。

十七岁能写作如此隽永的诗，可见王维的天分了。他以其辉煌的文学业绩，奠定了一个杰出诗人的地位。必须承认，不管是在艺术造诣方面还是在内容的拓展方面，王维对唐诗的发展都有巨大的贡献。王维不但是杰出的诗人，还是优秀的画家，并擅长音乐，其全面的修养，是连苏轼也极其欣赏的。

也许王维应该算是一个顺利的诗人，他二十二岁进士及第，随之得到张九龄的擢升而在唐政府担任了右拾遗，相当于现在的纪律检查委员会的干部，是对文武百官进行考核和规谏的官员。能够得到张九龄的器重当然是好事，不过在张九龄与李林甫产生矛盾之后，好事便变成坏事了。他不得不夹着尾巴做人，甚至是前怕狼后怕虎，唯恐自己卷入矛盾之中。他知道自己身处夹缝，稍稍不慎，便会惹祸。

在唐政府工作，王维似乎难以轻松和潇洒。有一件事情颇能反映他紧张的精神状态。孟浩然在长安的时候，有一天应邀到王维的办公室去。诗人相聚，当然要切磋一下艺术，不料正在讨论之际，唐玄宗来了。王维惊慌之极，他不但不敢荣幸地向唐玄宗介绍孟夫子，反而要委屈孟夫子，让他赶快爬到床下，以防唐玄宗发现。

不过王维真正的灾难，是由安史之乱引起的。事情发生在公元 756 年，当时安禄山的部队即将攻入长安，唐玄宗知道来者不善，遂率第一家庭及唐政府主要官员放弃京师，向成都转移。由于王维忙于别的事情，没有跟上，遂为叛乱分子抓获。王维清楚这是很麻烦的，便下定决心要采取拒绝合作的态度。他吃了一种中药，使自己喑哑，从而保证自己能守口如瓶。但王维却终于为自己的名声所累，因为他既是官员，又是诗人，安禄山当然想利用他的名声。叛乱分子把王维从长安押到洛阳之后，安禄山便让他担任了一个给事中的职务。尽管它是安禄山硬给他戴上的帽子，他对那顶帽子充满了厌恶和害怕，可他无论如何却是戴上了安禄山的帽子，这就难免有失节之嫌，为之他非常痛苦。他写作了一首诗，反映了自己在这个阶段的痛苦，还表现了他对唐帝国的深情怀念。唐军收复长安之后，当然要处理失节的官员，虽然王维有给事中的帽子，但他却也有自己的诗证明其忠诚，从而得到了唐肃宗的谅解。

王维晚年一直当尚书右丞，这使他有足够的薪水，不过他显然已经看破了红尘。他经常住在辋川的别墅，过着半官半隐的生活。诗人似乎并不得意，也不愉快，我甚至还感到了他的消沉。

十二

李白小王维一岁，是公元 701 年下凡的，其出生之地在遥远的楚河流域的碎叶。

一些想神化李白的人总是宣扬，在李白脱胎之际，他母亲看到金星一闪，炫耀的光芒照亮了夜空。然而实际情况却是，在这一年，天下平平静静，并没有任何预示李白下凡的征兆。

不过李白的存在，毕竟是以一个伟大的诗人而存在的，唐诗瑰丽的高峰，也是由李白之手创造的。

在我看起来，李白是这样一个诗人，他伸展着浪漫主义的翅膀，飞翔于民歌和神话的蓝天白云，但他的眼睛却望着人类的烟火与红尘。作品雄奇豪放，痛快淋漓，充分表现了诗人灵魂的搏动与个性的自由。语言流转多变，音律和谐多调，从而微妙地表现了诗人的感觉与情绪。

我以为在文学方面，中国人可以向国际社会推举的大师，在公元前四世纪或三世纪，是屈原，在公元前二世纪，是司马迁，在公元四世纪，是陶渊明，在十一世纪，是苏轼，在十八世纪，是曹雪芹，在二十世纪，是鲁迅。公元八世纪，是中国人的鼎盛时代，出现了两个文学大师，一是李白，一是杜甫，李高于杜。

那么诗人的命运呢？命运是大起大伏的。

小时候，李白随父亲迁居蜀川，所以他是绵州昌隆人。他在故乡青莲度过了调皮的少年和放任的青年，并培养了他的侠气与道骨。他也喜欢读书，不过他更为喜欢的还是舞剑和饮酒。

大约二十五岁左右，李白奔下岷山，漂流长江而去。几年之后，他在安陆娶妻，但他却一点也不满于打鱼种稻和养儿育女的生活。他胸怀大志，常常往来于襄州襄阳一带，寻找发展的机会。在这一阵，他结交了孟浩然。此时此刻，孟浩然在鹿门山醉月迷花，一副红颜，尽管还没有到长安去亮相，可他却已经扬名天下了，李白当然很是羡慕。

李白率真之极，总是不注意细节，这使他有一天遭到了指责和诽谤。当时如果有人能站出来主持正义，为李白辟谣，那么他将有可能还要在安陆呆一阶段。然而安陆的长官却一味相信蜚语，这很使李白蒙冤。他一怒之下，拂袖而去，目标当然是长安。

李白初入长安，大约三十岁的样子，既没有名气，又没有倚仗。进入官场显然是很难的，思之再三，他便隐居终南山了。不过李白的隐居之意不在藏，在乎靠拢玉真公主也。

玉真公主三十岁左右，是一位女道士，公元712年出家的。可她却不是一般的女道士，她是唐帝国元首唐玄宗的妹妹。她在终南山还有一套别墅，并经常邀请诗人到其住宅聚会，因为玉真公主一向好风雅之士。王维在进士及第之前，就曾经由岐王李范陪着到玉真公主的别墅去做客。王维相貌清秀，文质彬彬，是一个多才多艺的年轻人，玉真公主一见就喜欢。王维有一条通畅的仕途，固然在于他的学识和能力，不过也在于他有一伙贵族子女帮助他，其中也包括玉真公主的帮助。

李白迫切希望他像王维一样能够得到玉真公主的扶持，问题是，他缺少王维那种可以使玉真公主欣赏的气质和修养。他所操的节奏迅急的四川方言，他的乡野之习和粗犷之举，似乎都让玉真公主皱眉。

受到玉真公主婉拒之后，李白沮丧了几天。不过他的心情一恢复，便转身巴结宰相的儿子，即唐玄宗的女婿张垍。他一再投诗张垍，吹嘘其才，褒奖其德，并表示他有管仲和乐毅的能力，可以当唐帝国的辅弼。他还表示，如果张垍能够举荐他，那么他将一定会在翻身解放之日报答张垍的。尽管张垍是一个红得发紫的人，但实际上他却是一个绣花枕头，既无才，又无德。他不可能认识李白，当然也不可能举荐李白。事实是，他对李白的呼吁给予了嘲弄。

李白岂是求人之徒？他求玉真公主，求张垍，显然是不得已而为之。你可以不拉他，不提他，但你却不可以嘲弄他。遗憾张垍自以为了不起，居然给了李白一个嘲弄，这一下惹恼了李白，于是他眼睛一瞪，就回敬了张垍一个讽刺。

李白在长安摸索了近乎三年，弄得穷愁潦倒，一无所获。他觉得继续奔波也不是办法，遂在一个春天的早晨，绕树三匝，黯然而去。

李白再入长安，已经四十二岁，是在公元742年的秋天，由会稽道士吴筠向唐玄宗举荐的。当时唐帝国的人口足有四千八百九十万，版图扩大，经济繁荣，形势一片大好。不过物极必反，唐帝国也存在着潜在的危机。其主要原因在于唐玄宗，他五十八岁，渐渐老了。而关键在于，随着年龄的增大，他过去所有的一种进取精神显然在消失。他变得非常注意生活的享受。他认为江山巩固，天下之财取之不尽，用之不竭。悲哀的是，从五十二岁那年开始，他竟完全陷进了杨贵妃的温柔之乡而难以自拔。

李白荣幸地拜见了唐玄宗。金銮殿的辉煌，文武百官的威仪，及其歌舞之女的霓裳，使李白感觉眼花缭乱，甚至神魂颠倒。不过他毕竟还能自制，他知道机会难得，遂聚精会神，向唐玄宗表达了他的政治见解与抱负，随之以饱满的感情，赋诗一首，歌颂了唐玄宗。

唐玄宗所看到的李白尽管小节嫌粗，但李白却豁达放诞，恣情任性，确实有奇异之才。他显然十分喜欢诗人，因为诗人将会给他制造欢乐和热闹。在融融的气氛之中，英明的领袖竟伸出他尊贵的手，亲自为李白调了羹。这不平常的一举，让唐玄宗周围的人很是惊诧，特别是张垍，虽然唐玄宗也喜欢他，可唐玄宗却从来也没有让他吃，让他喝，遂生出了对李白的嫉妒之情。唐玄宗似乎认真地考虑了诗人的政治理想，并立即同意让李白到唐政府去工作，不过职务只是翰林供奉。

有那么一阵，李白很是得意，他把自己旷世之豪情，绝代之文采，显然都发挥了出来。兴庆宫沉香亭是唐玄宗和杨贵妃赏花之处，有一天，唐玄宗观牡丹灿烂，听音乐悠扬，忽然有所感，便想谱曲，可惜一时没有合适的词，遂觉得扫兴。几个侍从发现唐玄宗神情倦怠，便风一般跑出去寻找李白。但李白却没有上班，他居然饮得大醉，并睡在了长安街上的酒肆之中。几个侍从把诗人扶到兴庆宫，以凉水激其脸，使诗人清醒。李白眼睛一睁，便是十首词，而且无不使唐玄宗满意。

唐玄宗和杨贵妃经常要到骊山温泉去休息，为避免寂寞，唐玄宗总是带着一些人作奉陪。俗子是不可以当奉陪的，但李白却可以，李白是诗人。

可诗人却没有一直得意下去，反而渐渐感到了一种失望。诗人发现自己在唐政府的工作除了赋诗填词之外，竟几乎没有别的。赋诗填词，供皇帝开心，当然是诗人应该的，不过诗人认为，他还应该为唐帝国发挥自己的雄才大略。诗人觉得，他并非没有其他能力。他自问，为什么只是让我当翰林供奉，难道我就不能干别的事情么？赋诗填词，太无聊，也太乏味了。于是诗人就闹起了情绪，并经常怠工。

也许唐玄宗不清楚李白的所想，也许清楚，只是装着不清楚，也许唐玄宗根本就没有在意李白是怎样的状态，总之，他对李白依然亲热，依然嘻嘻哈哈。但李白却越来越苦闷，甚至越来越失礼。

有一天，他在金銮殿上竟呕吐了秽物，弄得一塌糊涂，这使歌舞之女都不由自主地举起广袖捂住鼻子。没有人不担心唐玄宗会大发其火的，但实际上唐玄宗却表现出非凡的大度，认为那是大醉之后的所为，宽容地一笑了之。

但在后来的一次大醉之后，李白却竟当众跷起一只臭脚，要高力士给他脱鞋。高力士是给皇帝脱鞋的，给皇帝脱鞋是神圣的工作，可李白却并不是皇帝，他高力士能给李白脱鞋么？当然不能！李白也不撒一泡尿照照自己是谁，居然当众把自己的臭脚塞给了高力士。高力士感到了一种侮辱，遂怀恨在心，准备报复。

高力士的办法显然极其毒辣，这便是从李白所写的诗与词之中，摘其涉及赵飞燕的句子，并加盐加醋地告诉杨贵妃：李白这家伙通过批评赵飞燕而影射您呢！高力士巧妙地离间了杨贵妃与李白的关系，结果是，杨贵妃一下便对李白憎恶起来，而且她必然也向唐玄宗数落李白的不是。

张垍也不能容忍李白的潇洒和飘逸，何况他与李白早就胸有龃龉，只是时候不到，张垍才没有把自己对李白的鄙薄报告给唐玄宗。

也许唐玄宗并非没有提拔李白的打算，不过亲近的人都这么讨厌李白，他便对之冷淡起来。

以李白的敏感，他很快就觉察了一股排斥他的势力，但他却不愿意以阿谀奉承的方式改变自己的生存环境，不愿意摧眉折腰，他反而啸傲长安，为酒之仙。

不过为酒之仙并非李白的本真，他的本真是要掌握权力，救世济民，轰轰烈烈地大干一场。酒之仙表面上自由自在，目空一切，可实际上却是很苦闷的。时间一长，他自己也觉得总当酒之仙不是上策，遂拜见唐玄宗，希望皇帝能批准他辞去唐政府的工作而云游四方。对于李白的请求，唐玄宗表现了极大的开通。他不但同意诗人走，而且吩咐左右给诗人带了很多钱。于是诗人就走了。

这是公元 744 年春天的事情。公元 742 年安禄山为平卢节度使，这一年他又担任了范阳节度使。公元 736 年高力士把杨玉环介绍给唐玄宗，之后一直以杨太真之名侍奉皇帝，744 年则加紧了册立她为贵妃的步骤。

李白因为苦闷而离开了长安。在我看起来，这种苦闷也不仅仅是由于他不能尽其才而导致的。李白的苦闷还由于他觉得自己失去了独立的精神。他是怀着自己的政治理想赴长安的，但实际上他却成了一个歌颂皇帝的专家。他甚至还不得不承受皇帝周围一帮狗男狗女的冷脸和谮言。这些都伤害着李白，并催化着他对长安的告别。生活在公元四世纪的陶潜，就是为了精神之独立而归去来兮。我以为，李白之弃长安与陶潜之弃澎泽令是一样的。

中国文化人多喜欢苏东坡，认为他多才多艺，宽容、随和，能忍让，善通融，应变能力颇强。不过我觉得，而且确信，如果以对个人的生存计，那么苏东坡的方式比陶潜和李白的方式有价值，但如果以对社会的文明与进步计，那么陶潜和李白的方式却比苏东坡的方式有价值。苏东坡智，陶潜和李白高，因为陶潜和李白注意他们的节。维护精神之独立是艰难的，甚至会有牺牲。不过唯其艰难，能维护精神之独立才显得可贵。

公元755年，安史之乱爆发，永王李磷乘机发展自己的势力，并起兵，企图在混战之中当皇帝。也许李白功名心切，竟应邀到李磷幕府去了。不料唐军转败为胜，收复了长安和洛阳，而且调头击溃了李磷。由于李白犯了路线错误，唐政府便逮捕了他，并要腰斩之。多亏郭子仪再三为李白求情，唐肃宗才下令改腰斩为流放。李白恼羞交加地走在通往夜郎的路上，考虑着自己在陌生之地将如何度过他的日子。沮丧之际，唐肃宗忽然对李白改流放为赦免，于是诗人就在惊喜之中转身而回。不过他怎么也不能想到浔阳的警察会拘留他，而且不由分辩便将其关进牢房。李白不知道这一切是如何发生的。他无可奈何，唯有等待上帝的安排。这时候，恰恰有一位开明的官员经过浔阳，他怜惜李白之才，遂打通关节，使诗人得以释放。他还邀请诗人当他的助手，但诗人只是干了一阵，以表示感谢，随之就走了。

公元761年，六十岁的李白出于生活之忧，投靠了当涂县令李阳冰。过了一年，李白就大醉而死了。我想，诗人应该是在梦中告别了这个世界吧！

白酒新熟山中归，黄鸡啄黍秋正肥。
呼童烹鸡酌白酒，儿女嬉笑牵人衣。
高歌取醉欲自慰，起舞落日争光辉。
游说万乘苦不早，著鞭跨马涉远道。
会稽愚妇轻买臣，余亦辞家西入秦。
仰天大笑出门去，我辈岂是蓬蒿人。

这是李白四十二岁那年写作的诗，当时他接到圣旨，要离家到长安去了。李白显然相信自己的政治理想即将实现！他是多么得意，多么痛快，多么自负而自大。他激动得快要跳起来了！不过在了解了李白的经历之后吟咏这首诗，我以为，任何人都会觉得荒唐，尴尬，想哭，想笑，哭笑不得，久久沉默。

十三

高适小李白一岁，大约出生于公元702年。在这一年，我所喜欢的诗人陈子昂死了。

千里黄云白日曛，北风吹雁雪纷纷。
莫愁前路无知己，天下谁人不识君。

这首诗是高适赠给他的朋友董大的，有温馨之感，也有希望之光。多年之后，董大成了技艺高超的琴师，不过在当时他确实是默默无闻，甚至无钱沽酒。依我的想象，那是一个冬天的傍晚，董大按自己的计划必须走了，可他却不知道等待他的将是什么。他顾虑重重，没有把握。风烈、雪大，天也黑了下来，这都增加了董大的忧郁和压抑。虽然高适也处沦丧之中，然而在朋友远行之际，他却一点都不愿意流露自己的穷愁和愤懑，反而，他一直都在安慰朋友，盼朋友能看到光明。他握住董大的手说："莫愁前路无知己，天下谁人不识君。"高适就是这样把信心与力量传给了董大，也传给了孤独的我。

高适为寒门之子，年轻时候，很是落魄，但他却胸怀大志，既读书，又舞剑，希望有所作为。二十岁前后，他从沧州赴长安，希望以自己的文才武略进入主流社会。遗憾的是，长安街上似乎十分喧闹，但仔细观察，却处处都是冷脸。

高适碰壁之后，便离开长安，到边塞去了。宋州刺史张九皋属于英明之人，他发现高适是有能力的，遂为其创造条件，使高适进士及第，并帮助他当上了封丘县尉。滑稽的是，这时候高适已经差不多五十岁，而且县尉的工作不过是奉迎官员，鞭挞黎庶。高适感到十分委屈，便挂冠而去。

不知道谁的介绍，总之，高适忽然进了哥舒翰的幕府。他随哥舒翰先在河西防守吐蕃侵犯，后在潼关阻击安禄山的叛乱，似乎是把好钢用在了刀刃上。

大约六十二岁那年，高适晋升为唐政府刑部侍郎。不过他很快就受到奸佞中伤，随之唐代宗撤销了他的职务。

其实高适也有不高明的一面。为了有一个靠山，他赋诗颂扬过李林甫，甚至肉麻地以傅说和萧何比李林甫。也赋诗吹捧过杨国忠。也许这都是不得已而为之，但追究起来，我却仍为高适遗憾。不过人生太难了，太难了，谁能保证自己是完美的呢？

十四

大约在高适出生之后十年，杜甫出生于河南巩县。

这一年是公元712年，唐玄宗在这一年即位。年轻的皇帝雄心勃勃，励精图治，发誓要把唐帝国引向一个高峰。经过近三十年的努力，他实现了宏愿，确实使唐帝国登上了高峰。

当时的长安南通子午谷，北到龙首原，东临灞河，西濒沣水，是世界上最大最美的都市，当然也是最繁华的都市。长安的中心属于宫城，外延是皇城和郭城。长安到处都是大殿、官邸、寺庙、旅馆和园林。经常到长安来的，有日本人和朝鲜人，还有海湾一带的波斯人。长安到处都是游侠和歌女，长安盛行斗鸡和饮酒。

岱宗夫如何？齐鲁青未了。
造化钟神秀，阴阳割昏晓。
荡胸生层云，决眦入归鸟。
会当凌绝顶，一览众山小。

杜甫的父亲是一个平庸的人，名不见经传，但其祖父杜审言却是进士，是诗人，还是武则天的生活秘书张易之兄弟的座上宾。杜甫起码生活在一个富裕之家，甚至多少是在荫庇之下成长的。他所接受的教育，显然是儒家教育。他知道自己追求的应该是报效唐帝国，也必须出人头地，光宗耀祖。在年轻时候，杜甫除了读书之外，还旅行吴越，浪迹齐赵，以锻炼体魄，开阔视野。

登泰山这首诗，便是杜甫在裘马清狂的岁月所写作的。在我看起来，它十足地表现了杜甫的一种向往，也流露了他的征服欲望。

二十四岁那年，杜甫在家长的一再催促之下，才从云游的半途返回故乡。他匆匆地参加了在洛阳的应试，还自以为可以及第，实际上他落榜了。不过这一次失败似乎并没有影响他什么，他仍热衷于云游。

杜甫三十二岁那年在洛阳见到了李白。当时李白刚刚离开长安，心情还很糟，但杜甫却极其高兴。他接着还见到了高适。年轻的杜甫显然十分激动，他甚至放弃了新婚之乐，陪两个名家到梁宋一带走了两年。

公元746年，杜甫西行进入长安。他似乎有了一种紧迫之感，因为他已经三十四岁，不是可以意气用事的青春少儿了。一年之后，唐玄宗在京师发出指示，号召天下之士，凡是有一门专长的，都赴长安报到，以参加应试，让唐政府选拔。杜甫知道这是一次难得的机会，遂居于长安的客栈闭门读书。除了准备功课之外，他也在寻找关系，盼能得到权贵的支持。杜甫明白，仅仅有优异的成绩是不够的。不过总之，他充满了希望。

李林甫主持唐政府工作忽忽十二年之余了，此间，由于他把主要精力用在了打击精英分子，没有什么可以骄傲的政绩，反而留下了斑斑恶迹。唐玄宗下令选拔人才之后，他十分惊慌。他担心天下之士在回答皇帝问题之际揭露他。他想来想去，便给唐玄宗出了一个美妙的主意，他说：参加应试的，多是乡土之徒，言语粗俗，举止鄙陋，为免熏染陛下视听，选拔人才完全可以从地方到中央一级一级地选拔。在唐玄宗的领导之下，唐帝国显然很昌盛了，但唐玄宗却也在绿酒红灯之中昏庸起来。不过可怕的还是丰腴的杨贵妃，她像海洛因似的使唐玄宗上了瘾。李林甫关于如何选拔人才的办法，显然包藏着祸心，可唐玄宗却觉得是为了他的健康，从而同意了李林甫的意见。实际情况是，李林甫紧紧控制了这次应试的程序，而且增加了应试的难度。由于节节作梗，关关设卡，唐帝国在公元 747 年竟没有一个人成为进士。李林甫心花怒放，嘻嘻地告诉唐玄宗：野无遗贤了！

李林甫以伤天害理之术，淘汰了成千上万有专长的人。杜甫为自己的落榜欲哭无泪，欲罢不能，只剩下坐在客栈借酒浇愁了。不过以他的个性，他显然还会努力，并争取功名。

大约从这个时候开始，杜甫的人生便进入了一个惨淡经营的阶段。他不得不巴结显要，以得到提携。他一天一天地萎缩起来，甚至朝扣富儿之门，暮随肥马之尘，到了晚上，才骑驴回到自己的家。晚上在家他也不能安眠，他还要点灯写作一些甜蜜的诗以赠权贵。

杜甫当汝阳王李琎的门客，而且委曲求全，当然是希望汝阳王能援引他，但汝阳王对他却终于没有什么帮助。韦济担任尚书左丞之后，杜甫再三投诗，并哀告自己是老骥，是饿鹰，几乎是在求救了，可韦济却硬着心，不肯助杜甫一臂之力。杜甫还投诗于张垍，甚至闭着眼睛吹捧张垍是灿烂的明星，然而张垍却一直不冷不热，使杜甫难堪。

也许杜甫突然醒悟小鬼都是势利的，是阴暗和吝啬的，遂改变方式，决定敲阎王的门。他所做的是投诗唐玄宗，赞颂皇帝的英明与伟大。但不知道长安的风把杜甫的诗吹到哪里去了，总之，他的诗没有产生任何反应。杜甫急了，并下定决心，发誓要让唐玄宗知道他。于是他就坐在窗前，绞尽脑汁地炮制了三篇赋，把它作为大礼，在一个节日呈送唐玄宗了。杜甫的三篇赋倒是引起了唐玄宗的注意，他还吩咐唐政府官员对杜甫作考察。杜甫不愧是有毅力的诗人，诗人的机会应该是到了。不过李林甫还活着，这就麻烦了，因为李林甫已经宣告野无遗贤了。在野无遗贤的背景之下，怎么可以发现一个杰出的诗人呢？如果谁把杜甫挖掘出来，那么谁就是打了李林甫一个嘴巴。唐帝国社会生活是开放的，但唐政府的政治却并没有开放，因为唐帝国搞的也是集权统治。结果呢？结果当然不妙。

杨国忠取代李林甫之后，杜甫开始琢磨怎么才能得到杨国忠的使用。经过侦察，杜甫发现一个名为鲜于仲通的人是杨国忠的亲信，遂投诗鲜于仲通，请求他举荐，但鲜于仲通却根本不是善良之人，他十分干脆地拒绝了杜甫。

长安显然伤透了杜甫的心，这使他不得不做别的打算。他知道高适在哥舒翰幕府，很是羡慕，遂想到遥远的边塞去。他投诗哥舒翰，表示愿意做哥舒翰的一个助手。杜甫恳恳切切，甚至有凄凉之音，但哥舒翰却未答应他。

杜甫便只好滞留长安。长安为京师之地，人口稠密，物价很高，但杜甫却是没有工作的人，生活遂十分困难了。少陵原一带有他的旧宅，还有一些老田，于是他就在少陵原种谷种麻，聊以度日。

公元 753 年，长安苦雨，杜甫家的房子到处漏水，甚至墙上发霉，地上生苔。在潮湿的侵袭之下，他患了感冒，并由感冒引起气管炎，气管炎引起了肺气肿。杜甫昼夜咳嗽，吃也不好，睡也不好，搞得他面黄肌瘦。当然可恶的还是肺气肿，它一旦缠住杜甫，便紧紧贴在他的身上了。一直到杜甫死于湘江，这个肺气肿也没有离开他。

在断炊的一些日子，杜甫还曾经混入长安的难民之中领取唐政府的救济粮。依我的想象，杜甫当时是破衣烂衫，满脸痛楚。不过在我看起来，杜甫这才有风度，因为它显出了十足的诗人气象。

杜甫贫病交加，显然不可能升官发财了，于是所谓的朋友就都回避着他。不过我以为，这也没有什么，它甚至还增加了诗人的体验，使诗人的眼睛更毒辣更深邃了一层。

公元 754 年，杜甫艰苦到了极点，竟不得不让妻子和孩子投奔家在奉先的一个亲戚。之后，杜甫来往奔波于长安与奉先之间。大约就是这些奔波使他有机会发现社会的两极分化，他说：

朱门酒肉臭，路有冻死骨。

公元755年，杜甫忽然收到唐政府一份文件，是要他担任河西县尉的。征收赋税，追捕盗贼，而且是在荒凉之地干这些勾当，杜甫感觉沮丧，遂没有上任。不知道是谁作了通融，总之，唐政府转而让杜甫当京兆府兵曹参军。它也属于芝麻官，但它却多少要用一点笔墨，符合诗人的身份，而且它处于长安周围，容易交往，晋升的机会显然会多一些。于是杜甫就接受了京兆府兵曹参军的任命。四十四岁而当芝麻官，尽管是让诗人汗颜的，不过杜甫总算走上了仕途。

不料一月之后爆发了安史之乱，它电闪雷鸣似的打碎了社会的秩序，也打碎了杜甫的设计。

在战争期间，杜甫有一阵也做了俘虏，可他却没有王维的显赫和声望，从而为安禄山所利用，反而他衣衫褴褛，身体虚弱，是活脱脱的一个难民。一天黄昏，他乘士兵不注意，迅速藏在了一片树林之中，随之摆脱了叛军的控制。

杜甫跑出长安，西行到凤翔，在这里拜见了指挥唐军平乱的唐肃宗，并向皇帝忠实地汇报了自己在长安的经历。杜甫的表现让唐肃宗满意，遂任命其为唐政府左拾遗。杜甫终于进入了权力阶层，他能不激动吗？事实是，接到圣旨之后，杜甫激动得失声痛哭。

公元757年，郭子仪率兵收复了京师，杜甫随唐肃宗及其唐政府百官回到了长安。这一阶段，他的生活还是很惬意的。他不但有俸禄，而且在大明宫早朝的时候，得以参加诗人的唱和，这些诗人包括王维和岑参，还有贾至。杜甫有这样的生活确实是来之不易的，何况他年近半百，应该珍惜才是。但诗人却不会明哲保身。

宰相房琯在平乱期间，率兵作战，屡屡失败，招致了唐肃宗对他的不满。也许聪明的办法是检点自己，把其他工作做好。可房琯却大而化之，不但缺乏反省之意，而且居然窝藏一个嫌疑分子。唐肃宗极其恼火，就贬谪了他，甚至还要斩处之。在杜甫困难的岁月，房琯曾经给了诗人以支持。于是诗人就出于义气与友谊，尽力为房琯辩护，遂得罪了唐肃宗。公元758年5月，唐政府一纸文书便把杜甫降为唐华州司功参军，负责祭祀之类的工作。杜甫敢怒而不敢言，悲愤地离开了长安。

过了一年，他就到成都去了，之后越走越远，最终死于湘江一条破船之中。

在成都的那几年，人生的失意显然扭曲了杜甫，他抑郁、怨恨、傲慢、偏激，经常大发脾气。严武一家与杜甫一家属于世交，严武担任成都尹和剑南东西川节度使之后，出于善意，召杜甫到他的幕府工作，并举荐其当检校工部员外郎，是很照顾杜甫的。可他对严武却不领情，不尊重。见到严武，他也不戴头巾，也不打招呼，使严武没有一点面子。有一次杜甫喝多了，发起了酒疯。他居然一下站到严武的床上，瞪着眼睛，吊着嗓子，说："严挺之竟有这样一个儿子！竟有这样的儿子啊！"

十五

岑参小杜甫三岁，是河南南阳人。他的诗既批评战争的残酷，又歌颂战争之中涌现出来的英雄及其勇敢精神，还挖掘非常时期的人性之美，诗风苍凉而慷慨。

故园东望路漫漫，双袖龙钟泪不干。
马上相逢无纸笔，凭君传语报平安。

这是岑参在出塞路上所写作的一首诗，似乎平易，实际上是很有韵味的。

大约二十岁左右，岑参到长安去谋职，其结果当然是碰壁。十年之后，他进士及第，很希望能进唐政府工作，也不果。于是他就退而求其次，到安西节度使高仙芝幕府去当了书记，之后到西北庭节度使封常清幕府去做了判官，戎马生涯，凡十年之久，一直到唐军平息安史之乱。

公元758年，杜甫以左拾遗的身份向唐肃宗举荐岑参。他认为岑参德高望重，富于见识，可以从事规谏工作。但唐肃宗却疑虑重重，只勉强让岑参当了中书省的右补阙。当时唐肃宗身边有两个人，一个太监李辅国，一个宠妾张良娣，这两个人都有野心，遂互相勾结，排斥异己，把唐政府搞得鸡犬不宁。岑参觉得这种生活不但没有意思，而且充满了危险，便计划离开长安，到别的地方去工作。

十六

在岑参出生三十六年之后，孟郊出生于唐湖州武康。这一年是公元751

年，唐玄宗在太清宫举行了盛大的祭祀活动，长安一片喜气。但高仙芝却败给了大食，唐军将士血染大漠，尸横荒野，鬼神也为之而惊。

孟郊的人生格调，可以一言以蔽之：落魄。

他的理想当然是进士及第，从而取得功名，不过他运气不好，竟一败再败。由于没有多少经济收入，他的生活一向很狼狈，有时候居然要靠别人的施舍才能度日。孟郊形象猥琐，情绪偏激，总是穿着一件肮脏的褴袍独往独来。

四十六岁那年，他一不小心就给登科了。突如其来的喜悦一下驱散了他身上的晦气。他觉得自己马上就会飞黄腾达，他觉得美妙的日子即将而来。他甚至有一点高兴得狂起来了。

昔日龌龊不足夸，今朝放荡思无涯。
春风得意马蹄疾，一日看尽长安花。

岂不知这是孟郊产生的错觉，一直拖了几年之后，唐政府才任命他做溧阳县尉。

年过半百的诗人当一个区区县尉，令孟郊很失望，于是他就一泻千里，把县尉的工作不当工作干了。

在溧县衙门附近，有一片碧水，还有绿林葱葱，芳草萋萋，鱼与蝴蝶游戏。孟郊觉得这是一个可爱的去处，遂经常在上班时间到此地浪漫。他饮着酒，弹着琴，摇摇摆摆地沿着碧水走来走去，完全是一副骑士的风度。问题是他耽误了工作，县令很是不满，可对他也无可奈何。县令所能做的，是把情况报告给上级。有意思的是，上级并没有撤销孟郊的职务，也没有指责他，上级的办法是增派了一个代理县尉到溧县去上班。代理县尉分担了诗人的一半工作，他当然也就要分享诗人的一半俸禄。诗人十分难堪，便拂袖而去。

孟郊六十三岁逝世，由于没有什么积蓄，其丧事不得不由朋友捐款而办理。

十七

孟郊出生之后十八年，韩愈登陆于河南南阳。在这一年，唐军击退了吐蕃的侵犯，从而使唐帝国摆脱了一次严重的危机。但在这一年，社会矛盾却极其激烈，甚至恐怖分子竟嚣张地谋杀了唐幽州节度使，天下很有动荡之感。这一年是公元768年。

韩愈的父母死得很早，实际上韩愈是由兄嫂养大的，不过孤苦并没有使他丧志。他很追求上进，并通过自学，读了大量的书。他的理想是进入唐政府工作，可惜他屡屡落榜，久处挫折之中。

公元792年，韩愈觉得总这样困着显然是不行的，遂急中生智，鼓起勇气，向上流社会散发他的诗。他要展示自己的学识，并盼正直之士重视自己。在我看起来，韩愈这样做也是无可奈何了。他是一个普通家庭出来的普通青年，尽管有抱负，但他却缺少倚仗。为了出人头地，他除了闯荡之外，还能有什么办法呢？韩愈的幸运是，他毕竟遇到了赏识他的人，这便是退休宰相郑余庆。郑余庆的举荐，多少为韩愈创造了一些条件，最终得以登科。

不过进士及第，仅仅是标志着韩愈具备了任职资格，按规定，他还必须经过唐政府吏部的审查，才可以取得职务。倒霉的是，他三次应试竟都失败了。韩愈当然不甘心，遂到凤翔去求助于他一向尊敬的长者邢君牙。虽然长者是有权力和关系的，但不知道邢君牙为什么却没有扶他一把。韩愈走投无路，只好冒险，这便是上宰相书，而且一而再，再而三，然终于不果。几年之后，宣武节度使董晋爱惜其才，召韩愈到他的幕府去当了判官。韩愈总算走上了仕途，不过诗人的仕途注定是坎坷的。

三十六岁那年，韩愈担任监察御史，其品秩低而权限广。依唐政府的制度，监察御史要考量百官，巡按郡县，纠正刑狱，肃整朝仪。韩愈是一个工作态度认真的公务员，根据他的调查和研究，拟了一个反映宦官专权和宫市混乱的报告呈送唐德宗，并建议整顿。不料他的行动激愤了皇帝身边的人，他们倒打一耙，指责韩愈是向皇帝抹黑，唐德宗居然信以为真，遂贬谪其为阳山县令。

四十六岁那年，韩愈当职方员外郎。华阴县令犯了错误，遭到罢免，这当然也是很正常的工作。不过韩愈弄清事情经过之后，觉得惩罚有一点过了，便为之辩护。如果唐宪宗稍稍英明一点，那么他有可能注意韩愈的声音。可唐宪宗不但反感韩愈发表异见，而且大怒，一怒之下，便对韩愈作了降级处理。

韩愈几乎遭遇杀身之祸的，是五十二岁那年，由于他谏迎佛骨而冒犯了唐宪宗。

佛骨是释迦牟尼火化之后的结晶，有一点藏于法门寺。依习惯，唐帝国每三十年便要打开法门寺迎佛骨一次，而且它为国之大事。皇帝认为，迎佛骨不仅会使社稷安宁，也会使自己健康长寿。

公元819年，正是打开法门寺迎佛骨之年，唐宪宗极为郑重。照他的安排，他将派遣三十个宫女手持香花，把佛骨从法门寺接到长安，并要在禁中停放三天，之后送其他庙堂。迎佛骨的活动在长安引起了轰动，达官贵人与平民百姓皆奔走相告，有的竟为了能供奉佛骨而变卖家产，甚至烧自己的头，灼自己的臂，以显示自己的虔诚。煌煌长安，突然产生了若疯若狂之感。

韩愈是孔子的信徒，一向以仁爱为根本，以忠恕为原则，是反对过分敬佛的。看到为迎佛骨而劳民伤财，他觉得不妥，也不安，遂拟了一个报告呈送唐宪宗。他认为，佛无非是夷狄的一个法术而已，不值得相信。他指出，佛并不是华夏所固有的，三皇五帝时代根本就不存在佛，也不敬佛，不敬佛他们也有百岁之寿，倒是汉有了佛，汉的天子却多是早逝。韩愈的报告强烈刺激了唐宪宗，他脸发青，手发抖，嚷着“狂妄，狂妄”，随之下命处斩韩愈。好在有宰相裴度为之斡旋，并有正直的大臣为之求情，唐宪宗才同意留下他的性命，条件是必须离开长安，到潮州去。在潮州当刺史，实际上就是流放了。

韩愈接到通知，不得不立即收拾行包。当时他的女儿正在患病，他是不放心的，不过司法机构的人在身后催促着他，他无法为女儿请医治疗，甚至连安慰女儿一下也不能。韩愈惶惶地走了，随之女儿也就死了。几年之后，韩愈返回长安，在路边看到了女儿的坟墓，辛酸之极，不禁泪流满面。

韩愈是以获罪之身匆匆离开长安的，其亲属朋友一律不能为之送行。我想，此境此况的韩愈，可能是愁肠万断，不过也可能是无所畏惧，所以就只是向前走了。

在他走到蓝田的时候，其侄孙韩湘从长安赶来陪他。看到韩湘，韩愈感慨万千，但他能说什么呢，又怎么说，遂以诗示之曰：

一封朝奏九重天，夕贬潮州路八千。
欲为圣明除弊事，肯将衰朽惜残年！
云横秦岭家何在？雪拥蓝关马不前。
知汝远来应有意，好收吾骨瘴江边。

在潮州，韩愈难以承受气候之不宜和饮食之不适，遂上书唐宪宗检讨错误。他责备自己是非礼了，他感谢皇帝免了他的极刑，而且使自己又有工作，又有俸禄，他倾述自己小时候就身体虚弱，并在五十岁就牙齿摇落，头发花白，他盼皇帝能哀而怜之。于是唐宪宗就调他到袁州当刺史，袁州也远，但它毕竟近于潮州。

十八

韩愈出生五年之后，刘禹锡和白居易问世，他们都诞生于公元 772 年。有意思的是，他们皆为名门之后。汉景帝刘启是刘禹锡的远祖，秦将军白起则是白居易的远祖。他们都很得意于自己的血统，并以名门之后为荣。由于有良好的教育，又聪明，又刻苦，他们的进士应试都还顺利。刘禹锡二十二岁登科，白居易二十九岁榜上有名。

多年之后，这两个诗人才知道自己所处的世界风云诡谲，波澜起伏，根本不是他们想象的那么容易把握。

刘禹锡大约三十岁左右担任监察御史，身在政治中心，是难免会陷入权力之争的。当时的形势是，唐德宗又老迈又昏庸，宦官不但专权，而且横行宫市，于是在太子李诵的周围就渐渐形成了一个以王叔文为核心的改革集团。

王叔文是李诵的侍读，很有自己的主张，并能以他的观点影响李诵。重要的是，他把唐政府一批年轻有为之人团结起来了。王叔文器重刘禹锡；甚至称其是宰相的材料。王叔文的赏识激发着刘禹锡的热情，他当然便成了这个改革集团的骨干。

公元 805 年，李诵即位，为唐顺宗，不过他身患中风，很难处理军国大事，从而为王叔文专权提供了机会。王叔文及其同志在唐顺宗的支持之下取消了宫市，并采取措施，阻止割据势力的扩大。这些都显示了一种新的气象，不过他们也互相吹捧，甚至还排斥异己，遂引起了文武大臣的警惕。

以俱文珍为头子的宦官集团，早就对改革集团恨之入骨了，遂联合文武大臣，以共同打击改革集团。他们的办法是，立李纯为太子，随之借口唐顺宗有病而劝其退位。仅仅运作了四个月，事情便成了，于是李纯就当了皇帝，为唐宪宗。

唐宪宗为巩固权力，立即判决王叔文极刑，并狠狠打击所有追随王叔文的人。刘禹锡是改革集团的骨干，难免要受到惩罚。不过还好，唐宪宗没有下令处死他，只是贬谪他为朗州司马。实际上柳宗元也是改革集团的骨干，唐宪宗也处理了柳宗元。

十年之后，唐政府把刘禹锡从郎州调回长安。鉴于刘禹锡的能力，他是有可能到尚书省去工作的。不过他显然还有情绪，他对一些文武大臣显然还有强烈的反感。有一天，刘禹锡乘兴游了玄都观，那里的桃花给了他灵感，遂写作了一首关于桃花的诗，并借机讽刺了他所厌恶的新贵和趋炎附势之徒。诗曰：

紫陌红尘拂面来，无人不道看花回。
玄都观里桃千树，尽是刘郎去后栽。

吟咏这首诗，我现在似乎还能感到刘禹锡的锋芒，甚至还能看见他轻蔑的目光和嘴唇。

这首诗使唐政府一些官员极其气愤，遂决计排斥刘禹锡。他们指责刘禹锡以诗讽刺的行为，是一个品质的问题。如此一闹，他到尚书省去工作的可能便没有了，反而还要离开长安，还要到播州，播州显然是远于郎州的。大臣裴度是善良之人，他以刘禹锡母亲八十高龄为由，请求让刘禹锡到连州去。唐宪宗哼哼哈哈，难以驳回，便勉强同意了。

连州之后是夔州，是和州，刘禹锡到处迁徙，一晃就是十四年。当唐政府怨恨消失，刘禹锡可以调回长安的时候，诗人已经五十七岁，夕阳西下，近乎黄昏了。

公元815年6月的一天，宰相武元衡走出住宅，骑马到唐政府去上班。街上很安静，长安还沉浸于微茫的晨曦之中。他思考着要做的事情，并计划着工作的程序。他怎么也没有想到，当他骑马走到靖安坊的时候，突然从角落射出几支冷箭打散他的卫队，随之过来一伙人劫持了他，并打死他，取其颅骨而去。

之所以谋杀武元衡是有其背景的，这便是武元衡坚决主张削弱节度使的权力，以维护唐帝国的统一。但他的主张却引起了一些节度使的仇恨，而且他们要以打死武元衡的办法来反对削弱其权力。

发生在黎明的恐怖事件震惊了唐政府，也使长安居民失去了安全感。但到底应该如何对待凶手，司法机构却似乎有一点迟疑。当时白居易担任左赞善大夫，做教育太子的工作，他觉得必须尽快惩罚凶手，否则社会将难以稳定。于是他就上书唐宪宗，希望唐政府缉拿凶手。

依我看，白居易的意见是正确的，属于一种积极的力量。他上书唐宪宗，也是在尽一个大臣的责任，符合唐帝国的利益。实际上白居易一向就善于发现问题，并敢于提出自己的意见。关注生活，抨击时弊，是白居易的一大特色，而且这一点早就反映在他的写作之中了。

然而这次呼吁缉拿凶手，却使他卷入了一场政治之争。唐政府的宦官派与官僚派似乎都反对白居易，尤其是官僚派，他们指控白居易关于缉拿凶手的建议，完全超越了一个赞善大夫的职务范围。他们还指控白居易违背了做人的道理，根据是，白居易的母亲是观花堕井而死的，可白居易却还以花以井为题写诗，显然是不知道为亲者讳，为长者讳，也不懂得什么是孝。他们质疑，这样的人难道能够承当教育太子的责任吗？于是他们就向唐宪宗施加压力，要求处理白居易。

唐宪宗过去还是很喜欢白居易的讽喻诗的，觉得他是一个正直的人，遂把白居易从周至县尉提拔为翰林学士。不过白居易总是干预政治，他也就烦了。唐政府一班大臣责备白居易有错误，唐宪宗认为并非没有道理，遂贬谪白居易到江州去做司马。

赠君一法决狐疑，不用钻龟与祝蓍。
试玉要烧三日满，辨材须待七年期。
周公恐惧流言日，王莽谦恭未篡时。
向使当初身便死，一生真伪复谁知。

这首诗是白居易在赴江州的船上所写作的。当时，他在船上连续写作了五首诗，淋漓尽致地表达了他的感情和思想。这首诗显然是在为自己辩护，他认为，时间终究会证明他没有错，贬谪他是冤枉的。

公元815年，白居易四十四岁，已人到中年了，况且他素来神经衰弱，身体也很单薄。左迁一事，强烈触动了白居易的灵魂：他反省人生，意志逐渐变得消沉，之后他尽管翻身，官至刑部尚书，但他却显然已经没有多少政治热情了，甚至厌恶和畏惧官场。他之所以不退休，主要是从生活考虑。在晚年，他一直为唐政府的权力之争感到紧张。他似乎对应付复杂的人际关系感到困难，他很想离开长安。

十九

柳宗元小刘禹锡与白居易一岁，是早逝，四十六岁就死了。

千山鸟飞绝，万径人踪灭。
孤舟蓑笠翁，独钓寒江雪。

这首诗写作于永州。读其诗，我可以感到柳宗元心情的清冷和郁闷，当然也感到了一种傲岸，甚至决绝。

永贞改革，以王叔文为核心，积极分子有刘禹锡，也有柳宗元。柳宗元和刘禹锡同样是担任监察御史。改革失败之后，唐宪宗将刘禹锡贬谪朗州，将柳宗元贬谪永州。公元 819 年，唐政府把柳宗元调到柳州做司马，故柳宗元最终长逝柳州。

三年之前，我携妻子在柳州参观了柳宗元纪念馆，在纪念馆转了整整一个下午。

走出纪念馆红漆剥落的大门，已经是黄昏，我抬起头，看到周围全是山，山真是重重叠叠。我默默地想，这就是诗人曾经工作过和生活过的地方，它离长安也确实是很遥远了。但诗人却没有颓废，也没有装病而什么都不干。事实是，诗人在柳州做了很多事情。永州之野有毒蛇，百姓的生活极其困苦。为此，他尽力改变以人抵债的陋习，并用自己的钱赎出抵债的孩子，交其父母。他还反对宰牛祭祖，以让牲口耕田犁地。

柳宗元有一个四岁的孩子，他逝世之前，想来想去，觉得可以托付的，唯有韩愈，遂留言韩愈照顾他的孩子。不幸的是，恰恰是在这一年，韩愈因谏迎佛骨而贬谪为潮州刺史了。

柳宗元英年早逝，柳州人都非常难过，于是为他建造了纪念馆。我现在依然感觉那是一个幽静的庭院，在它破损的砖缝之间，到处是青苔。

二十

柳宗元出生之后六年，元稹和贾岛出生。这一年是公元 779 年，在这一年，唐德宗下令犁园乐工三百余人一齐下岗，以减轻唐政府开支，在这一年，李希烈担任了淮西节度使，从此开始了长达四十年之久的割据统治。

五年江上损容颜，今日春风到武关。
两纸京书临水读，小桃花树满商山。

公元 810 年，元稹左迁江陵担任士曹参军，情绪不好，生活不惯，很是憔悴。五年之后，他才熬到了头。这首诗便是元稹在赴长安途中所写作的，当时，他刚刚收到了朋友李复言和白居易的信，极其欣喜。

元稹有出色的学识，诗也很有魅力，不但广传于歌女与妃嫔之间，而且为太子李恒深深喜欢，李恒公元820年即位，为唐穆宗。元稹二十五岁进士及第，二十八岁当左拾遗，二十九岁当监察御史。他显然是有作为的，并在积极进取，还希望大有作为。

当时唐政府的权力之争非常激烈，有宦官派，有官僚派，也有一个进士派。进士派的主要角色有刘禹锡、柳宗元、白居易、元稹，甚至还有长者韩愈。这些人没有多少政治背景，皆以自己的实力进入唐政府。其考虑问题的立场倾向于民间，于是自觉不自觉地就妨碍了宦官派和官僚派的利益。这对他们当然是不利的，因为他们很容易使自己处于宦官派与官僚派的夹击之中。

公元810年，作为监察御史的元稹，发现河南尹房式有种种违法行为，遂勒令他停职，还扣了他的俸禄，并准备拘留他。房式属于官僚派的人，元稹对房式的严厉姿态，使官僚派有一种指伤心疼的感觉。他们愤怒地向唐宪宗反映元稹做得过分了，并强烈要求处理之。唐宪宗为了维持政治集团之间的均衡，遂下令把元稹从洛阳调回长安，并指示降低其薪水。

到这里，事情应该是有了一个段落，不料在元稹赴长安的路上，竟又产生了一场新的矛盾。那天晚上，元稹住宿华州敷水驿，依习惯，他先到，当然是居上厅，然而宦官刘士元后到却霸道地争夺上厅。尤为可恶的是，他居然一边唾骂元稹，一边扬起马鞭把愤怒倾泻在元稹脸上。唐宪宗也知道错在刘士元，不过他一点也没有批评刘士元，反而元稹一到长安，他便下令将元稹贬谪到江陵去当士曹参军。

白居易认为这样处理元稹有失公允，遂上疏唐宪宗，为元稹不平则鸣。白居易之举，不但没有使唐宪宗宽容元稹，反而还使唐宪宗生厌。五年之后，白居易便左迁江州了。

松下问童子，言师采药去。

只在此山中，云深不知处。

吟咏这首诗感觉舒服极了，对于它的艺术功效，评论家已分析得非常好，而且他们已经激赏了千年之余，所以我就不多嘴了。

贾岛小时候为僧，可惜他一直未能根除尘缘，遂抱功名之心，走出佛门为登科而奋斗，不果。之后流落长安，打算依附权贵，也不果。

长安南部的草堂寺和青龙寺皆是他喜欢的地方，那里的古木之下也有他所仰慕的隐士，然而他却缺乏幽闭自己的毅力，遂只能悲伤地当诗人。

他总是骑着驴吟咏着，从晨走到昏，从春走到冬。他走遍了长安，走遍了世界。当他骑着驴推敲其作品的时候，他胸膛稍挺，眼睛微闭，似乎什么都不顾了。一旦得到奇字或妙句，他便欣喜若狂，手舞足蹈，仿佛天下是他一个人的天下。他骑着驴撞倒过达官显贵，他遭到的当然是训斥和推搡。

除夕之夜，商人在数银子，官员在拉关系，但贾岛却把一年所写作的诗放到桌子上，烧几炷香，洒几杯酒，三鞠躬之后说：这是我的收获啊！长歌当哭，泪水涟涟。

公元843年，六十五岁的贾岛终于有了一个当参军的机会，遗憾的是，他还没有到岗位上去，便染疾而逝。诗人一生奔波，穷得竟没有一分钱，唯有一张琴，一头驴，驴病而老，瘦得一把骨头。我不知道是谁为他办的丧事。

二十一

元稹和贾岛出生十二年之后，李贺出生。这一年是公元790年，吐蕃加紧了对唐帝国的侵犯，藩镇的叛乱也是此起彼伏，长安的消息忧多而喜少。

黑云压城城欲摧，甲光向日金鳞开。
角声满天秋色里，塞上燕脂凝夜紫。
半卷红旗临易水，霜重鼓寒声不起。
报君黄金台上意，提携玉龙为君死。

李贺的诗色彩斑斓，意境奇拔，有超越时空之魅力，从而为鲁迅所喜欢，也为毛泽东所欣赏。

这个有超常之才的人在七岁便会写诗，其非凡的聪颖竟惊动了韩愈，于是韩愈就带着随从登门观察了李贺。韩愈开始是怀疑的，不过实践证明，李贺确实非凡，确实是七岁便能写作。

但非凡却是伴随着病态的，李贺头大而身虚，手长而指细，无缚鸡之力，唯好读书。

他出门经常是骑一匹马，背一个锦囊。锦囊里装的当然是书，书多了，母亲便发急，并会追上去取一些书出来，以防读书累了李贺。实际上锦囊里装的还有李贺的诗，他的习惯是，随时随地都在吟咏，诗成便投入其中。

李贺的名声是先于李贺到长安的，这便为他的进士及第创造了一些条件。不过竞争是激烈的，竞争引起了对李贺的攻击。当时有人指责李贺参加进士应试是犯了忌，理由是，李贺父亲的名字为晋肃，晋肃与进士的发音听起来仿佛是两个兄弟。依礼，李贺应该回避应试，但李贺却未回避，所以其道德有问题。这显然是一个荒谬的逻辑，荒谬之源在中国文化，因为中国文化中有讲究为亲者讳，为长者讳的。

当李贺感到十分孤独的时候，韩愈专门著文为李贺作了辩护。韩愈先生能这么做，是让我钦佩的，不过攻击李贺的人并非一般的角色，他们甚至也可以攻击韩愈。实际上这场风波是有其复杂背景的，个中关键在于李贺曾经以诗讽刺了一些权贵，是他们在暗中阻挡李贺。在这个忧郁的青年不得不放弃进士应试之后，他伤心地哭了。

不过李贺毕竟是杰出的，他还有一批朋友，重要的是，韩愈一直在尽其可能地帮助他。

公元 811 年，李贺担任了奉礼郎，其任务是，在唐政府举行祭祀或庆典仪式之际，安排文武大臣以什么位置站立，或做他们的向导。李贺显然不适宜做这样的工作，身体也不好，于是干了两年就辞职了。

之后，他到山西去投奔韩愈的一个门生，但他到了山西，那个人却恰恰离开了山西。李贺举目无亲，只好返回。这样的长途奔波，使他的健康恶化了，治而无效，撒手人间，年仅二十七岁。

二十二

李贺出生十四年之后，杜牧闯人世间，时年公元 803 年。这一年，白居易与元稹一举登科，刘禹锡和柳宗元则已经在唐政府工作，但韩愈却由于缓征赋税的意见而左迁阳山。

杜牧的家，是贵族之家，有极佳的教育条件，当然他也有抱负，于是二十六岁就进士及第了。杜牧相貌堂堂，满怀信心，仕途似乎是光明灿烂的。

不料他刚刚跨进唐政府的大门，便踩到了是非之地，从而影响了他的整个人生。

当时担任宰相的是李宗闵，他认为唐政府还需要一个宰相，遂向唐文宗举荐了牛僧孺，于是牛僧孺就也当了宰相。杜牧年轻，没有经验，便向牛僧孺投靠过去。他的考虑是，这样将会提拔得顺利而且快一点，岂不知他判断错了。

在这一阶段，唐政府的政治格局主要由两派构成，一派是牛僧孺与李宗闵，一派是李德裕。这两派互相排斥，你死我活。

牛僧孺与李宗闵对李德裕的排斥，实际上是由李德裕的父亲李吉甫引起的。在李吉甫担任宰相期间，逢牛僧孺与李宗闵进士应试，这两个人便乘对策之机，狠狠地揭露和批评李吉甫。它当然使李吉甫难堪，遂产生了报复之心，而且立即下手。其办法是，他以主考官和复试官作弊为由，轻易地便让牛僧孺与李宗闵落榜了。不过在他这样干的时候，显然是种下了恶的种子。他没有想到自己的打击，在多年之后转化为对他儿子的打击。

两派之争，是此起彼伏的。如果牛僧孺与李宗闵一派得势，那么李德裕便不能待在长安，反之，如果李德裕一派得势，那么牛僧孺与李宗闵便不能待在长安。两派之争凡三十年，一直到两派的头子全部死了才归于平息。

由于杜牧在开始倒向了牛僧孺，李德裕遂把杜牧划在了牛僧孺与李宗闵的阵营，而且不让其脱离。结果是，在漫长的岁月，只要李德裕主持唐政府的工作，长安便没有杜牧能做的工作。事实是，杜牧总是在边远地方当刺史，其先后是黄州、池州、睦州和潮州。偶尔他也会待在长安，不过他所担任的通常都是小小的闲职。

公元 832 年，李德裕为唐文宗所重用，牛僧孺遂不得不到淮南去当节度使，李宗闵则不得不到山南西道去当节度使。既然杜牧是有党性的人，他便只能追随其主了。于是他就在牛僧孺幕府当推官，之后当书记。

杜牧素以济世之才自负，可其才却不能发挥出来，很是苦闷，遂放浪形骸，甚至经常进入花柳之巷。

落魄江湖载酒行，楚腰纤细掌中轻。
十年一觉扬州梦，赢得青楼薄倖名。

这是杜牧写作的反映他在扬州生活的诗，仔细品味，可以感到他的一种自嘲，当然也有他的悔恨。我以为，杜牧表面上是在调侃，可实际上却极其辛酸与悲凉。

二十三

大约在杜牧出生十年之后，李商隐出生。他大概算是一个没落的贵族吧，不过百足之虫，死而不僵。

李商隐很小就到了天平节度使令狐楚的幕府。令狐楚是忠厚长者，喜欢李商隐的诗，认为李商隐将有大的前途。他让李商隐同自己的儿子一起学习，还邀请他参加一些文学聚会。由于有令狐楚父子的一臂之力，李商隐二十六岁顺利登科。

进士及第后，李商隐便到泾原节度使王茂元幕府去工作了，而且娶其女儿为妻。也许李商隐觉得这是一个合情合理的选择，但它的结果却出乎自己的意料，甚至这样的选择给他带来了灾难。

令狐楚父子是属于牛僧孺与李宗闵一派的，王茂元则接近李德裕一派。令狐楚父子长期扶持了李商隐，他们觉得，李商隐是应该知恩报恩的，不料李商隐不但没有报恩，反而抖着羽毛飞向了王茂元。于是他们就指责李商隐的品质有问题，随之牛僧孺与李宗闵一派的人皆对其作持久打击。在此境此况下，如果李德裕一派能公正地对待李商隐，那么他的灵魂便会透一口气，然而李德裕一派却并没有任何公正的表示。他们对李商隐是沉默的，沉默之中似乎还含着冷漠和鄙薄。这使李商隐深为痛苦，他仿佛掉进了一条可怕的河，一岸是风刀，一岸是霜剑。

李商隐当然希望改变自己的生存状态，从而走出低谷。他作了艰苦的努力，他不得不既颂扬牛僧孺与李宗闵一派，又歌唱李德裕一派，以求得和平与友谊。不过他的努力毫无收获，他感到的，仍是风刀与霜剑。唯一可以安慰的是，他与妻子相亲相爱。

公元 845 年，他有机会到唐政府去工作。但大明宫的大臣却明争暗斗，这使李商隐战战兢兢，如履薄冰，如临深渊。特别难以忍受的是，当时恰逢牛僧孺与李宗闵一派得势，长安十分压抑。他思之再三，走为上，遂到边远的地方去工作了。大约就是在那些日子，他经历了牵肠挂肚的巴山夜雨。

几年之后，他回到长安。这时候令狐楚的儿子令狐绹在唐政府掌握了很大的权力，于是李商隐就请求他的举荐，盼获得一份理想的工作。李商隐是抱着很大的希望走进令狐绹的住宅的，但令狐绹却装聋卖哑，不愿意帮助他。为生活计，李商隐无计可施，还得请求令狐绹。不过他哀告而来的，竟只是一个所谓的太学博士。李商隐很失望，便离开长安，到梓州去工作了。

大约就在这一阶段，发生了一件悲痛的事情，他亲爱的妻子死了。

向晚意不适，驱车登古原。
夕阳无限好，只是近黄昏。

四十五岁那年秋季的一天，李商隐寂寞极了，遂在傍晚登上了乐游原。乐游原在长安东南，地势高亢，空气流通，是李商隐一向喜欢的。诗人站在夕阳之中，望着黄昏笼罩之下的唐帝国，美感万千，伤感万千。

过了两年，李商隐便逝世了。

二十四

大约李商隐出生之后二十年到三十年之间，黄巢一声初啼，来到唐曹州冤句一个商人之家。商人世代贩盐，当然是富裕之家，甚至钱多得连炕栏和门槛都包着金子。但黄巢却对金子缺乏兴趣，不愿意像父亲一样仅仅知道贩盐。他志存高远，喜欢的是读书和击剑。他性格豁达，朋友众多，一副英雄气象。

待到秋来九月八，我花开后百花杀。
冲天香阵透长安，满城尽带黄金甲。

在唐诗之中，黄巢这首七绝别有品质。在我看起来，它是尖锐的、凌厉的，完全打破了文质彬彬的原则。它的坚硬和强劲，明显透露出一种难以抑制的暴力倾向。

这首诗是黄巢在落榜之后写作的，也许唯有黄巢能站在一个革命的立场观察菊花，唯有他能使关于菊花的诗，渗透出血腥之气。

黄巢生活的时代，唐帝国完全是风雨欲来了。唐懿宗荒淫，唐僖宗愚昧，太监与奸佞遂乘机操纵军国大事。面对衰败之势，唐政府大小官员道德瓦解，又有贼心，又有贼胆，千方百计干渔利之勾当。农民贫困，无以为生，只好风起云涌地起义了。

公元875年，王仙芝率领农民起义军攻陷曹州，黄巢十分激动，随之在故乡聚众响应，并迅速组织了一支规模相当的起义军。之后，他驰骋东西，转战南北，一度占领长安，招文武百官，建立了大齐权力机构。不过唐军毕竟是唐军，竟作了一个回光返照式的包围，使黄巢不得不退出了长安。黄巢失势，且战且逃，最终又回到了自己的出发之地，在毫无退路之下，黄巢在泰山一个峡谷自杀而死。

黄巢的诗，流传下来的大约只有三首，不过他是唯一由诗人而为农民领袖的。

二十五

两年之前的一个晚上，我邀几个朋友到少陵原去。

少陵原在长安南部，古已有之。唐帝国浩浩荡荡近乎三百年，不但有巍峨之长安，而且有秀丽之洛阳，其皇帝，特别是女皇帝武则天陛下，很喜欢游动于两京之间。但它的贵族却一直热衷于栖息韦曲，因为韦曲平川一片，清流多带，为风水宝地。韦曲就在少陵原的脚下，少陵原就在韦曲的岸上。少陵原于韦曲仿佛是一道屏障，有了少陵原，韦曲才显得宁帖和安妥。鸟瞰韦曲，少陵原则是绝妙的立足点。

杜甫总是以少陵野老和少陵布衣自居，是因为他的祖先留了一点旧宅和老田在这里。他困于长安的那些年，不得已住在了少陵原，自耕自耘，补贴生活。有一天我突然想，杜甫在少陵原是会经常看到住在韦曲的那些贵族的，我问自己，不知道看到肥马新车，云衣霞裳，杜甫是什么心情。

仲夏之夜，少陵原高高在上，足以游弋目光，放纵思想。宇宙之大，星辰之小，清风之爽，空气之纯，还有月辉之明，蟋蟀之唱，无不助言论之兴。

我和几个朋友席地而坐，任意臧否，气氛颇为轻松和随便。不过都是文化人，遂所有问题都在文化范围。评议最多的，是杜甫，评议最深的，也是杜甫，仿佛坐在了杜甫的菜园而不多多研究杜甫，就是对先生不公正似的。

那天晚上，我和几个朋友还讨论了一个严肃的问题，这便是诗人的命运为什么多蹇。

这个问题在少陵原一提出，我便看见辉煌的长安街上出现了一支诗人队伍，他们密密麻麻，比肩而来，接踵而去。长安街当然是宽阔的、平坦的，根奉不会有什么石头和砖头，但他们却走得磕磕绊绊，满是伤痕。他们衣冠不华，精神不振，有的则怒发千丈长，愁纹三尺深。

我很困惑，不过也在理解。我想，无论如何，唐帝国应该属于中国历史上一个开明和宽松的时代。既然在这样一个时代，诗人都不会有好的命运，那么在别的黑暗时代的诗人将怎样呢？我以为，唐帝国的诗人有典型的意义。

唐帝国固然伟大，不过唐帝国依然是官本位，人的价值表现为一元。在这样一个社会，凡是人，无不想进入管理者或统治者的队伍，因为管理者或统治者就是官，它意味着权力和财富。官是受到社会普遍尊重和羡慕的，当了官，显然就是有了价值。

唐帝国的诗人，即使他是一个天才，他也妄想以自己的艺术活动而实现其价值。诗人的作品如李白之诗和李贺之诗，现在的人可以把它们推为稀世之宝，绝代之珍，但在当时，它们却充其量只是进入唐政府的敲门砖与通行证。诗人进入了唐政府，变成了管理者或统治者，才会显出自己的价值，然而作为诗人，仅仅是诗人，他却是没有多少价值的。

在长安街上徘徊的那些诗人，都是希望到唐政府去工作的，不过这非常难。它几乎是一种搏斗，甚至是一种鏖战，往往失败者多，胜利者少。仅仅是进士及第这一关，便会使一茬一茬的诗人摔倒在地，爬不起来。

也许幸运的诗人通过科举之路变成了管理者或统治者，从而感觉荣光，不过诗人一般皆难以得意到底。事实是，诗人的下场常常都是很悲哀的。原因在于，权力领域的游戏是复杂的，往往是在黑箱之中操作，可诗人却是以美的标准考量生活，于是容易看见丑，看见恶，看见了就怒气冲天，喜欢批评，加之诗人过于率真，好激动，遇到问题也不会迂回，所以总是碰壁。可以验证一下，在唐政府工作的诗人，谁不是碰壁碰得头破血流啊？

那么诗人的命运怎么才能彻底改变呢？我以为，唯有诗人的作品进入市场，并在市场中可以交换，从而产生利润。唯有到了这样一个时代，诗人才能摆脱攀缘之累，依附之羞，甚至不进入管理者或统治者的队伍一样骄傲地在天下行走。它应该是这样一个社会，它颠覆了官本位的秩序，人的价值能够表现为多元。令我欣慰的是，在中国诗人颠沛流离了几千年之后，这样一个社会终于渐渐出现了。

它是一片绿色的田野，透过迷蒙的水雾，我已经闻到了一股新鲜的稻香。它是一群飞翔的鸽子，在阳光之下，我已经听到了翅膀摩擦气流的音响。它是横排天边的一派晚霞，尽管大云诡谲，但它却绚丽奇幻，而且我已经看到了像雪浪一样在夜空涌动的星辰。

赏读

朱鸿是中国当代作家、学者，首届冰心散文奖获得者、第二届老舍散文奖获得者，《夹缝中的历史》是他散文创作的代表作。《夹缝中的历史》对两千余年的中国文化，对那些在夹缝中喘息的中国人，对那些被扭曲、扼杀的人性，进行的一次深刻而痛苦的反省。全书以崭新的视角，从历史、文化、制度等方面，回溯了几个具有典型意义的大时代下，人文精神坚韧的嬗变和各个层面中国人的生存景观。

《诗人多难》是作者针对有唐一代诗人的总体介绍和分析，作者按照时间线路对唐代诗人成长创作故事进行描写，同时将作者思想感情蕴藏其中，通过讲述唐代诗人的故事引导读者思考苦难对于诗人创作的意义。

本文最大的特征在于其独特的行文结构。全文共二十五节，每一节介绍一到两位诗人。作者以诗人的年纪作为时间线标准，并以此将二十五节环环相扣，史实资料与议论抒情并重。同时，在每一位诗人生平故事的讲述中都引用一首诗人的代表性诗作，将诗人故事的重心置于诗作中，寓情于诗，最大程度上引发读者的共鸣。这样独特的讲述方式，将由唐一代的诗人创作史完整的串联起来，并且把自己关于“苦难”的观点和态度镶嵌进去，读来既不生硬，又耐人寻思。

本文另一大特征是在讲述故事的过程中，能结合作者本人的感情，始终以第一人称发表议论，宛如一个深谙历史的老人将过去的故事娓娓道来，实现了议论与抒情最大化的结合。无论是惋惜王勃的遭遇，感叹宋之问的可恨，感慨陈子昂的侠情，同情王维的消沉，赞美李白的浪漫，钦佩杜甫的思想，认同韩愈的忠诚，还是哀叹李贺的不甘等，作者都将淡淡的愁绪和深沉的感情寄寓在故事的叙述中，读后让人忧伤之感顿生，更能达到作者讲述关于“苦难”的历史故事的目的。这样，既不会因历史远离现代人的生活产生疏离之感，也不会因历史故事的陈旧和刻板导致阅读兴趣的失去。尤其最后一节，作者更是离开历史而回归现实，“看见了一支诗人的队伍”在颠沛流离了几千年之后，终于在“苦难”的泥潭里迎来了“在夜空涌动的星辰”，读来更令人感动与不舍。

本文的独特之处还在于作为一篇历史性极强的抒情散文，作者没有让历史故事的叙述流于表面，而是融合了强烈的热情，恰到好处地引入诗人的诗歌与诗人故事相映照，既有符合史实的叙述，又有文学性的感情抒发，让读者在产生眼前一亮的阅读感受的同时，也丰富全文的文学性，使其具有了大众阅读文本应有的普遍性。

作品

相信未来[1]

食　指

当蜘蛛网无情地查封了我的炉台，
当灰烬的余烟叹息着贫困的悲哀，
我依然固执地铺平失望的灰烬，
用美丽的雪花写下：相信未来。

当我的紫葡萄化为深秋的泪水，
当我的鲜花依偎在别人的情怀，
我依然固执地用凝霜的枯藤，
在凄凉的大地上写下：相信未来。

我要用手指那涌向天边的排浪，
我要用手掌那托住太阳的大海，
摇曳着曙光那枝温暖漂亮的笔杆，
用孩子的笔体写下：相信未来。

---

① 选自《食指的诗》（人民文学出版社 2000 年版）。食指，本名郭路生，生于 1948 年，山东鱼台人。著有《相信未来》《海洋三部曲》等。

我之所以坚定地相信未来，
是我相信未来人们的眼睛——
她有拨开历史风尘的睫毛，
她有看透岁月篇章的瞳孔。

不管人们对于我们腐烂的皮肉，
那些迷途的惆怅，失败的苦痛，
是寄予感动的热泪，深切的同情，
还是给以轻蔑的微笑，辛辣的嘲讽。

我坚信人们对于我们的脊骨，
那无数次地探索、迷途、失败和成功，
一定会给予热情、客观、公正的评定，
是的，我焦急地等待着他们的评定。

朋友，坚定地相信未来吧，
相信不屈不挠的努力，
相信战胜死亡的年轻，
相信未来，热爱生命。

赏读

食指是中国当代诗人，被当代诗坛誉为“朦胧诗鼻祖”，新诗潮诗歌第一人。他开创于20世纪60年代并光大延续于20世纪八九十年代的独具性灵的个人化抒情写作，对于当代中国诗歌而言，具有无可替代的开创和引领意义。他的诗曾以手抄本的形式在社会上广为流传，尤其是迅速传诵于一代青年中。

《相信未来》写于1968年，当时正值政治运动的高潮时期，食指曾经有过的热烈、单纯的理想遭到了狂风暴雨的冲刷，内心充满了失落、迷茫和悲哀，但他又不甘于轻易地放弃理想和希望，于是希望与绝望的剧烈冲突，经由他的笔流淌出来。该诗以其深刻的思想主题、优美的诗歌意境、明朗质朴的诗风激励人们在逆境中，坚持自我，乐观生活，矢志不渝地履行自己对明天的承诺。

诗篇在第一节中就通过“蜘蛛网”“炉台”“余烟”“灰烬”等意象，描绘出了那个时代的荒芜与穷困。然而诗人用意却并不在慨叹贫困与艰难，他笔锋一转就“用美丽的雪花写下来：相信未来”，洁白无瑕的“雪花”在此象征着纯洁与高尚，代表了光明与希望，把诗人面对苦难的不屈精神表现了出来。

第二节中，诗人从“紫葡萄”“深秋的露水”“鲜花”写到“别人的情怀”“凝露的枯藤”，由高走低，写出生命由鲜活而黯淡，由热情而失意，由饱满而衰败的转变，全诗的感情在此也跌入落寞的低谷。但紧接着诗人又“在凄凉的大地上写下：相信未来”，从绝望的人生苦难中升起了向上的信念，这份坚定更令人感动。

第三节的两个“我要”，层层推进，表现了诗人的满腔热情。以“曙光”为“笔杆”，更显诗人的大气与执着，“用孩子的笔体写下来：相信未来”，表达出诗人的情感如孩子一般真挚。在那个知识分子精神抑郁看不到未来的时代，《相信未来》在人们心灵上投下了一道独特的希望之光。

接下来的三节诗，诗人陈述了自己“相信未来”的理由，是“未来人们的眼睛”也是“我们的脊骨”，是“历史风尘”和“岁月篇章”都无法遮盖的“坚定”，“不管是……是……还是……”转折意味浓烈的关键词串联起情感饱满的意象，既是说服读者也是说服诗人自己要坚定地“相信未来”，将一个内心经历着激烈交战，屡遭挫折却又矢志不渝的抒情主人公形象塑造得异常感人。

诗的最后一节，诗人挣脱难言的苦涩满怀激情地鼓舞人们“相信不屈不挠的努力/相信战胜死亡的年轻/相信未来，热爱生命”，以无可反驳的气势，无所畏惧的精神，撕裂沉郁的幕布向苦难的现实宣战。

诗作构思巧妙，文风炽热，带有强烈的个人色彩，是诗人传世之作中最为耀眼的一篇。全诗基本上遵从了四行一节，并且以词语发音轻重及句尾韵律丰富了诗歌的节奏感。诗人创作此诗时，不顾当时主流诗歌对明朗乐观情调的单向抒写，在诗中既传达出个人无法把握自我命运的忧伤，也抒发了不甘堕落、反抗绝望的情怀，在双向推进的情绪酝酿中，重现中国传统诗歌的含蓄、暗示与朦胧之美。

作品

东坡突围[①]

余秋雨

1

住在这远离闹市的半山居所里，安静是有了，寂寞也来了，有时还来得很凶猛，特别在深更半夜。只得独个儿在屋子里转着圈，拉下窗帘，隔开窗外壁立的悬崖和翻卷的海潮，眼睛时不时地瞟着床边那乳白色的电话。它竟响了，急忙冲过去，是台北《中国时报》社打的，一位不相识的女记者，说我的《文化苦旅》一书在台湾销售情况很好，因此要作越洋电话采访。问了我许多问题，出身、经历、爱好，无一遗漏。最后一个问题是："在中国文化史上，您最喜欢哪一位文学家？"我回答：苏东坡。她又问："他的作品中，您最喜欢哪几篇？"我回答：在黄州写赤壁的那几篇。记者小姐几乎没有停顿就接口道："您是说《念奴娇．赤壁怀古》和前、后《赤壁》？"我说对，心里立即为苏东坡高兴，他的作品是中国文人的通用电

① 选自《山居笔记》（文汇出版社 2011 年版）。余秋雨，生于 1946 年，浙江余姚人。著有《文化苦旅》《霜冷长河》等。

码，一点就着，哪怕是半山深夜、海峡阻隔、素昧平生。

放下电话，我脑子中立即出现了黄州赤壁。去年夏天刚去过，印象还很深刻。记得去那儿之前，武汉的一些朋友纷纷来劝阻，理由是著名的赤壁之战并不是在那里打的，苏东坡怀古怀错了地方，现在我们再跑去认真凭吊，说得好听一点是将错就错，说得难听一点是错上加错，天那么热，路那么远，何苦呢？

我知道多数历史学家不相信那里是真的打赤壁之战的地方，他们大多说是在嘉鱼县打的。但最近几年，湖北省的几位中青年历史学家持相反意见，认为苏东坡怀古没怀错地方，黄州赤壁正是当时大战的主战场。对于这个争论我一直兴致勃勃地关心着，不管争论前景如何，黄州我还是想去看看的，不是从历史的角度看古战场的遗址，而是从艺术的角度看苏东坡的情怀。大艺术家即便错，也会错出魅力来。好像王尔德说过，在艺术中只有美丑而无所谓对错。

于是我还是去了。

这便是黄州赤壁。赭红色的陡峭石坡直逼着浩荡东去的大江，坡上有险道可以攀登俯瞰，江面有小船可供荡桨仰望，地方不大，但一俯一仰之间就有了气势，有了伟大与渺小的比照，有了视觉空间的变异和倒错，因此也就有了游观和冥思的价值。客观景物只提供一种审美可能，而不同的游人才使这种可能获得不同程度的实现。苏东坡以自己的精神力量给黄州的自然景物注入了意味，而正是这种意味，使无生命的自然形式变成美。因此不妨说，苏东坡不仅是黄州自然美的发现者，而且也是黄州自然美的确定者和构建者。

但是，事情的复杂性在于，自然美也可倒过来对人进行确定和构建。苏东坡成全了黄州，黄州也成全了苏东坡，这实在是一种相辅相成的有趣关系。苏东坡写于黄州的那些杰作，既宣告着黄州进入了一个新的美学等级，也宣告着苏东坡进入了一个新的人生阶段，两方面一起提升，谁也离不开谁。

苏东坡走过的地方很多，其中不少地方远比黄州美丽，为什么一个僻远的黄州还能给他如此巨大的惊喜和震动呢？他为什么能把如此深厚的历史意味和人生意味投注给黄州呢？黄州为什么能够成为他一生中最重要的人生驿站呢？这一切，决定于他来黄州的原因和心态。

他从监狱里走来，他带着一个极小的官职，实际上以一个流放罪犯的身份走来，他带着官场和文坛泼给他的浑身脏水走来，他满心侥幸又满心绝望地走来。他被人押着，远离自己的家眷，没有资格选择黄州之外的任何一个地方，朝着这个当时还很荒凉的小镇走来。

他很疲倦，他很狼狈，出汴梁、过河南、渡淮河、进湖北、抵黄州，萧条的黄州没有给他预备任何住所，他只得在一所寺庙中住下。他擦一把脸，喘一口气，四周一片静寂，连一个朋友也没有，他闭上眼睛摇了摇头。他不知道，此时此刻，他完成了一次永载史册的文化突围。黄州，注定要与这位伤痕累累的突围者进行一场继往开来的壮丽对话。

2

人们有时也许会傻想，像苏东坡这样让中国人共享千年的大文豪，应该是他所处的时代的无上骄傲，他周围的人一定会小心地珍惜他，虔诚地仰望他，总不愿意去找他的麻烦吧？事实恰恰相反，越是超时代的文化名人，往往越不能相容于他所处的具体时代。中国世俗社会的机制非常奇特，它一方面愿意播扬和哄传一位文化名人的声誉，利用他、榨取他、引诱他，另一方面从本质上却把他视为异类，迟早会排拒他、糟践他、毁坏他。起哄式的传扬，转化为起哄式的贬损，两种起哄都起源于自卑而狡黠的觊觎心态，两种起哄都与健康的文化氛围南辕北辙。

苏东坡到黄州来之前正陷于一个被文学史家称为“乌台诗狱”的案件中，这个案件的具体内容是特殊的，但集中反映了文化名人在中国社会的普遍遭遇，很值得说一说。搞清了这个案件中各种人的面目，才能理解苏东坡到黄州来究竟是突破了一个什么样的包围圈。

为了不使读者把注意力耗费在案件的具体内容上，我们不妨先把案件的底交代出来。即便站在朝廷的立场上，这也完全是一个莫须有的可笑事件。一群大大小小的文化官僚硬说苏东坡在很多诗中流露了对政府的不满和不敬，方法是对他诗中的词句和意象作上纲上线的推断和诠释，搞了半天连神宗皇帝也不太相信，在将信将疑之间几乎不得已地判了苏东坡的罪。

在中国古代的皇帝中，宋神宗绝对是不算坏的，在他内心并没有迫害苏东坡的任何企图，他深知苏东坡的才华，他的祖母光献太皇太后甚至竭力要保护苏东坡，而他又是非常尊重祖母意见的，在这种情况下，苏东坡不是非常安全吗？然而，完全不以神宗皇帝和太皇太后的意志为转移，名震九州、官居太守的苏东坡还是下了大狱。这一股强大而邪恶的力量，就很值得研究了。

这件事说来话长。在专制制度下的统治者也常常会摆出一种重视舆论的姿态，有时甚至还设立专门在各级官员中找岔子、寻毛病的所谓谏官，充当朝廷的耳目和喉舌。乍一看这是一件好事，但实际上弊端甚多。这些具有舆论形象的谏官所说的话，别人无法申辩，也不存在调查机制和仲裁机制，一切都要赖仗于他们的私人品质，但对私人品质的考察机制同样也不具备，因而所谓舆论云云常常成为一种歪曲事实、颠倒是非的社会灾难。这就像现代的报纸如果缺乏足够的职业道德又没有相应的法规制约，信马由缰，随意褒贬，受伤害者无处可以说话，不知情者却误以为白纸黑字是舆论所在，这将会给人们带来多大的混乱！苏东坡早就看出这个问题的严重性，认为这种不受任何制约的所谓舆论和批评，足以改变朝廷决策者的心态，又具有很大的政治杀伤力（“言及乘舆，则天子改容，事关廊庙，则宰相罪”），必须予以警惕，但神宗皇帝由于自身地位的不同无法意识到这一点。没想到，正是苏东坡自己尝到了他预言过的苦果，而神宗皇帝为了维护自己尊重舆论的形象，当批评苏东坡的言论几乎不约而同地聚合在一起时，他也不能为苏东坡讲什么话了。

那么，批评苏东坡的言论为什么会不约而同地聚合在一起呢？我想最简要的回答是他弟弟苏辙说的那句话：“东坡何罪？独以名太高。”他太出色、太响亮，能把四周的笔墨比得十分寒碜，能把同代的文人比得有点狼狈，引起一部分人酸溜溜的嫉恨，然后你一拳我一脚地糟践，几乎是不可避免的。在这场可耻的围攻中，一些品格低劣的文人充当了急先锋。

例如舒亶。这人可称之为“检举揭发专业户”，在揭发苏东坡的同时他还揭发了另一个人，那人正是以前推荐他做官的大恩人。这位大恩人给他写了一封信，拿了女婿的课业请他提意见、辅导，这本是朋友间非常正常的小事往来，没想到他竟然忘恩负义地给皇帝写了一封莫名其妙的检举揭发信，说我们两人都是官员，我又在舆论领域，他让我辅导他女婿总不大妥当。皇帝看了他的检举揭发，也就降了那个人的职。这简直是东郭先生和狼的故事。就是这么一个让人恶心的人，与何正臣等人相呼应，写文章告诉皇帝，苏东坡到湖州上任后写给皇帝的感谢信中“有讥切时事之言”。苏东坡的这封感谢信皇帝早已看过，没发现问题，舒亶却苦口婆心地一款一款分析给皇帝听，苏东坡正在反您呢，反得可凶呢，而且已经反到了“流俗翕然，争相传诵，忠义之士，无不愤惋”的程度！“愤”是愤苏东坡，“惋”是惋皇上。有多少忠义之士在“愤惋”呢？他说是“无不”，也就是百分之百，无一遗漏。这种数量统计完全无法验证，却能使注重社会名声的神宗皇帝心头一咯噔。

又如李定。这是一个曾因母丧之后不服孝而引起人们唾骂的高官，对苏东坡的攻击最凶。他归纳了苏东坡的许多罪名，但我仔细鉴别后发现，他特别关注的是苏东坡早年的贫寒出身、现今在文化界的地位和社会名声。这些都不能列入犯罪的范畴，但他似乎压抑不住地对这几点表示出最大的愤慨。说苏东坡“起于草野垢贱之余”，“初无学术，滥得时名”，“所为文辞，虽不中理，亦足以鼓动流俗”，等等。苏东坡的出身引起他的不服且不去说它，硬说苏东坡不学无术、文辞不好，实在使我惊讶不已。但他不这么说也就无法断言苏东坡的社会名声和世俗鼓动力是“滥得”。总而言之，李定的攻击在种种表层动机下显然埋藏着一个最深秘的原素：妒忌。无论如何，诋毁苏东坡的学问和文采毕竟是太愚蠢了，这在当时加不了苏东坡的罪，而在以后却成了千年笑柄。但是妒忌一深就会失控，他只会找自己最痛恨的部位来攻击，已顾不得哪怕是装装样子的可信性和合理性了。

又如王圭。这是一个跋扈和虚伪的老人。他凭着资格和地位自认为文章天下第一，实际上他写诗作文绕来绕去都离不开“金玉锦绣”这些字眼，大家暗暗掩口而笑，他还自我感觉良好。现在，一个后起之秀苏东坡名震文坛，他当然要想尽一切办法来对付。有一次他对皇帝说：“苏东坡对皇上确实有二心。”皇帝问：“何以见得？”他举出苏东坡一首写桧树的诗中有“蛰龙”二字为证，皇帝不解，说：“诗人写桧树，和我有什么关系？”他说：“写到了龙还不是写皇帝吗？”皇帝倒是头脑清醒，反驳道：“未必，人家叫诸葛亮还叫卧龙呢！”这个王圭用心如此低下，文章能好到哪儿去呢？更不必说与苏东坡来较量了。几缕白发有时能够冒充师长、掩饰邪恶，却欺骗不了历史。历史最终也没有因为年龄把他的名字排列在苏东坡的前面。

又如李宜之。这又是另一种特例，做着一个芝麻绿豆小官，在安徽灵璧县听说苏东坡以前为当地一个园林写的一篇园记中有劝人不必热衷于做官的词句，竟也写信给皇帝检举揭发，并分析说这种思想会使人们缺少进取心，也会影响取士。看来这位李宜之除了心术不正之外，智力也大成问题，你看他连诬陷的口子都找得不伦不类。但是，在没有理性法庭的情况下，再愚蠢的指控也能成立，因此对散落全国各地的李宜之们构成了一个鼓励。为什么档次这样低下的人也会挤进来围攻苏东坡？当代苏东坡研究者李一冰先生说得很好："他也来插上一手，无他，一个默默无闻的小官，若能参加一件扳倒名人的大事，足使自己增重。"从某种意义上说，他的这种目的确实也部分地达到了，例如我今天写这篇文章竟然还会写到李宜之这个名字，便完全是因为他参与了对苏东坡的围攻，否则他没有任何理由被哪怕是同一时代的人写在印刷品里。我的一些青年朋友根据他们对当今世俗心理的多方位体察，觉得李宜之这样的人未必是为了留名于历史，而是出于一种可称作"砸窗了"的恶作剧心理。晚上，一群孩子站在一座大楼前指指点点，看谁家的窗子亮就拣一块石子扔过去，谈不上什么目的，只图在几个小朋友中间出点风头而已。我觉得我的青年朋友们把李宜之看得过于现代、也过于城市化了。李宜之的行为主要出于一种政治投机，听说苏东坡有点麻烦，就把麻烦闹得大一点，反正对内不会负道义责任，对外不会负法律责任，乐得投井下石，撑顺风船。这样的人倒是没有胆量像李定、舒亶和王圭那样首先向一位文化名人发难，说不定前两天还在到处吹嘘在什么地方有幸见过苏东坡、硬把苏东坡说成是自己的朋友甚至老师呢。

又如——我真不想写出这个名字，但再一想又没有讳避的理由，还是写出来吧：沈括。这位在中国古代科技史上占有不小地位的著名科学家也因忌妒而陷害过苏东坡，用的手法仍然是检举揭发苏东坡诗中有讥讽政府的倾向。如果他与苏东坡是政敌，那倒也罢了，问题是他们曾是好朋友，他所检举揭发的诗句，正是苏东坡与他分别时手录近作送给他留作纪念的。这实在太不是味道了。历史学家们分析，这大概与皇帝在沈括面前说过苏东坡的好话有关，沈括心中产生了一种默默的对比，不想让苏东坡的文化地位高于自己。另一种可能是他深知王安石与苏东坡政见不同，他投注投到了王安石一边。但王安石毕竟也是一个讲究人品的文化大师，重视过沈括，但最终却得出这是一个不可亲近的小人的结论。当然，在人格人品上的不可亲近，并不影响我们对沈括科学成就的肯定。

围攻者还有一些，我想举出这几个也就差不多了，苏东坡突然陷入困境的原因已经可以大致看清，我们也领略了一组有可能超越时空的"文化群小”的典型。他们中的任何一个人要单独搞倒苏东坡都是很难的，但是在社会上没有一种强大的反诽谤、反诬陷机制的情况下，一个人探头探脑的冒险会很容易地招来一堆凑热闹的人，于是七嘴八舌地组合成一种伪舆论，结果连神宗皇帝也对苏东坡疑惑起来，下旨说查查清楚，而去查的正是李定这些人。

苏东坡开始很不在意。有人偷偷告诉他，他的诗被检举揭发了，他先是一怔，后来还潇洒、幽默地说：“今后我的诗不愁皇帝看不到了。”但事态的发展却越来越不潇洒，一〇七九年七月二十八日，朝廷派人到湖州的州衙来逮捕苏东坡，苏东坡事先得知风声，立即不知所措。文人终究是文人，他完全不知道自己犯了什么罪，从气势汹汹的样子看，估计会处死，他害怕了，躲在后屋里不敢出来，朋友说躲着不是办法，人家已在前面等着了，要躲也躲不过。正要出来他又犹豫了，出来该穿什么服装呢？已经犯了罪，还能穿官服吗？朋友说，什么罪还不知道，还是穿官服吧。苏东坡终于穿着官服出来了，朝廷派来的差官装模作样地半天不说话，故意要演一个压得人气都透不过来的场面出来。苏东坡越来越慌张，说：“我大概把朝廷惹恼了，看来总得死，请允许我回家与家人告别。”差官说“还不至于这样”，便叫两个差人用绳子捆扎了苏东坡，像驱赶鸡犬一样上路了。家人赶来，号啕大哭，湖州城的市民也在路边流泪。

长途押解，犹如一路示众，可惜当时几乎没有什么传播媒介，沿途百姓不认识这就是苏东坡。贫瘠而愚昧的国土上，绳子捆扎着一个世界级的伟大诗人，一步步行进。苏东坡在示众，整个民族在丢人。

全部遭遇还不知道半点起因，苏东坡只怕株连亲朋好友，在途经太湖和长江时都想投水自杀，由于看守严密而未成。当然也很可能成，那么，江湖淹没的将是一大截特别明丽的中华文明。文明的脆弱性就在这里，一步之差就会全盘改易，而把文明的代表者逼到这一步之境地的则是一群小人。一群小人能做成如此大事，只能归功于中国的独特国情。

小人牵着大师，大师牵着历史。小人顺手把绳索重重一抖，于是大师和历史全都成了罪孽的化身。一部中国文化史，有很长时间一直把诸多文化大师捆押在被告席上，而法官和原告大多是一群群挤眉弄眼的小人。

究竟是什么罪？审起来看！

怎么审？打！

一位官员曾关在同一监狱里，与苏东坡的牢房只有一墙之隔，他写诗道：

遥怜北户吴兴守，
诟辱通宵不忍闻。

通宵侮辱、摧残到了其他犯人也听不下去的地步，而侮辱、摧残的对象竟然就是苏东坡！

请允许我在这里把笔停一下。我相信一切文化良知都会在这里战栗。中国几千年间有几个像苏东坡那样可爱、高贵而有魅力的人呢？但可爱、高贵、魅力之类往往既构不成社会号召力也构不成自我卫护力，真正厉害的是邪恶、低贱、粗暴，它们几乎战无不胜、攻无不克、所向无敌。现在，苏东坡被它们抓在手里搓捏着，越是可爱、高贵、有魅力，搓捏得越起劲。温和柔雅如林间清风、深谷白云的大文豪面对这彻底陌生的语言系统和行为系统，不可能作任何像样的辩驳，他一定变得非常笨拙，无法调动起码的言语，无法完成简单的逻辑。他在牢房里的应对，绝对比不过一个普通的盗贼。因此审问者们愤怒了也高兴了，原来这么个大名人竟是草包一个，你平日的滔滔文辞被狗吃掉了？看你这副熊样还能写诗作词？纯粹是抄人家的吧！接着就是轮番扑打，诗人用纯银般的嗓子哀号着，哀号到嘶哑。这本是一个只需要哀号的地方，你写那么美丽的诗就已荒唐透顶了，还不该打。打，打得你淡妆浓抹，打得你乘风归去，打得你密州出猎！

开始，苏东坡还试图拿点儿正常逻辑顶几句嘴，审问者咬定他的诗里有讥讽朝廷的意思，他说："我不敢有此心，不知什么人有此心，造出这种意思来。"一切诬陷者都喜欢把自己打扮成某种"险恶用心"的发现者，苏东坡指出，他们不是发现者而是制造者。应该由他们自己来承担。但是，苏东坡的这一思路招来了更凶猛的侮辱和折磨，当诬陷者和办案人完全合成一体、串成一气时，只能这样。终于，苏东坡经受不住了，经受不住日复一日、通宵达旦的连续逼供，他想闭闭眼，喘口气，唯一的办法就是承认。于是，他以前的诗中有"道旁苦李"，是在说自己不被朝廷重视；诗中有"小人"字，是讽刺当朝大人；特别是苏东坡在杭州做太守时兴冲冲去看钱塘潮，回来写了咏弄潮儿的诗"吴儿生长狎涛渊"，据说竟是在影射皇帝兴修水利！这种大胆联想，连苏东坡这位浪漫诗人都觉得实在不容易跳跃过去，因此在承认时还不容易"一步到位"，审问者有本事耗时间一点点逼过去。

案卷记录上经常出现的句子是："逐次隐讳，不说情实，再勘方招。"苏东坡全招了，同时他也就知道必死无疑了。试想，把皇帝说成"吴儿"，把兴修水利说成玩水，而且在看钱塘潮时竟一心想着写反诗，那还能活？

他一心想着死。他觉得连累了家人，对不起老妻，又特别想念弟弟。他请一位善良的狱卒带了两首诗给苏辙，其中有这样的句子："是处青山可埋骨，他时夜雨独伤神。与君世世为兄弟，又结来生未了因。"埋骨的地点，他希望是杭州西湖。

不是别的，是诗句，把他推上了死路。我不知道那些天他在铁窗里是否抱怨甚至痛恨诗文。没想到，就在这时，隐隐约约地，一种散落四处的文化良知开始汇集起来了，他的诗文竟然在这危难时分产生了正面回应，他的读者们慢慢抬起了头，要说几句对得起自己内心的话了。很多人不敢说，但毕竟还有勇敢者；他的朋友大多躲避，但毕竟还有侠义人。

杭州的父老百姓想起他在当地做官时的种种美好行迹，在他入狱后公开做了解厄道场，求告神明保佑他；狱卒梁成知道他是大文豪，在审问人员离开时尽力照顾生活，连每天晚上的洗脚热水都准备了；他在朝中的朋友范镇、张方平不怕受到牵连，写信给皇帝，说他在文学上"实天下之奇才"，希望宽大；他的政敌王安石的弟弟王安礼也仗义执言，对皇帝说："自古大度之君，不以言语罪人"，如果严厉处罚了苏东坡，"恐后世谓陛下不能容才"。最有趣的是那位我们上文提到过的太皇太后，她病得奄奄一息，神宗皇帝想大赦犯人来为她求寿，她竟说："用不着去赦免天下的凶犯，放了苏东坡一人就够了！"最直截了当的是当朝左相吴充，有次他与皇帝谈起曹操，皇帝对曹操评价不高，吴充立即接口说："曹操猜忌心那么重还容得下祢衡，陛下怎么容不下一个苏东坡呢？"

对这些人，不管是狱卒还是太后，我们都要深深感谢。他们有意无意地在验证着文化的广泛感召力，就连那盆洗脚水也充满了文化的热度。

据王巩《甲申杂记》记载，那个带头诬陷、调查、审问苏东坡的李定，整日得意扬扬，有一天与满朝官员一起在崇政殿的殿门外等候早朝时向大家叙述审问苏东坡的情况，他说："苏东坡真是奇才，一二十年前的诗文，审问起来都记得清清楚楚！"他以为，对这么一个哄传朝野的著名大案，一定会有不少官员感兴趣，但奇怪的是，他说了这番引逗别人提问的话之后，没有一个人搭腔，没有一个人提问，崇政殿外一片静默。他有点慌神，故作感慨状，叹息几声，回应他的仍是一片静默。这静默算不得抗争，也算不得舆论，但着实透着点儿高贵。相比之下，历来许多诬陷者周围常常会出现一些不负责任的热闹，以嘈杂助长了诬陷。

就在这种情势下，皇帝释放了苏东坡，贬谪黄州。黄州对苏东坡的重要性，不言而喻。

3

我非常喜欢读林语堂先生的《苏东坡传》，前后读过多少遍都记不清了，但每次总觉得语堂先生把苏东坡在黄州的境遇和心态写得太理想了。语堂先生酷爱苏东坡的黄州诗文，因此由诗文渲染开去，由酷爱渲染开去，渲染得通体风雅、圣洁。其实，就我所知，苏东坡在黄州还是很凄苦的，优美的诗文，是对凄苦的挣扎和超越。

苏东坡在黄州的生活状态，已被他自己写给李端叔的一封信描述得非常清楚。

信中说：

> 得罪以来，深自闭塞，扁舟草履，放浪山水间，与樵渔杂处，往往为醉人所推骂，辄自喜渐不为人识。平生亲友，无一字见及，有书与之亦不答，自幸庶几免矣。

我初读这段话时十分震动，因为谁都知道苏东坡这个乐呵呵的大名人是有很多很多朋友的。日复一日的应酬，连篇累牍的唱和，几乎成了他生活的基本内容，他一半是为朋友们活着。但是，一旦出事，朋友们不仅不来信，而且也不回信了。他们都知道苏东坡是被冤屈的，现在事情大体已经过去，却仍然不愿意写一两句哪怕是问候起居的安慰话。苏东坡那一封封用美妙绝伦、光照中国书法史的笔墨写成的信，千辛万苦地从黄州带出去，却换不回一丁点儿友谊的信息。我相信这些朋友都不是坏人，但正因为不是坏人，更让我深长地叹息。

总而言之，原来的世界已在身边轰然消失，于是一代名人也就混迹于樵夫渔民间不被人认识。原本这很可能换来轻松，但他又觉得远处仍有无数双眼睛注视着自己，他暂时还感觉不到这个世界对自己的诗文仍有极温暖的回应，只能在寂寞中惶恐。即便这封无关宏旨的信，他也特别注明不要给别人看。日常生活，在家人接来之前，大多是白天睡觉，晚上一个人出去溜达，见到淡淡的土酒也喝一杯，但绝不喝多，怕醉后失言。

他真的害怕了吗？也是也不是。他怕的是麻烦，而绝不怕大义凛然地为道义、为百姓，甚至为朝廷、为皇帝捐躯。他经过“乌台诗案”已经明白，一个人蒙受了诬陷即便是死也死不出一个道理来，你找不到慷慨陈词的目标，你抓不住从容赴死的理由。你想做个义无反顾的英雄，不知怎么一来把你打扮成了小丑；你想做个坚贞不屈的烈士，闹来闹去却成了一个深深忏悔的俘虏。无法洗刷，无处辩解，更不知如何来提出自己的抗议，发表自己的宣言。这确实很接近有的学者提出的“酱缸文化”，一旦跳在里边，怎么也抹不干净。苏东坡怕的是这个，没有哪个高品位的文化人会不怕。但他的内心实在仍有无畏的一面，或者说灾难使他更无畏了。他给李常的信中说：

吾侪虽老且穷，而道理贯心肝，忠义填骨髓，直须谈笑于死生之际。……虽怀坎壈于时，遇事有可遵主泽民者，便忘躯为之，祸福得丧，付与造物。

这么真诚的勇敢，这么洒脱的情怀，出自天真了大半辈子的苏东坡笔下，是完全可以相信的，但是，让他在何处做这篇人生道义的大文章呢？没有地方，没有机会，没有观看者也没有裁决者，只有一个把是非曲直忠奸善恶染成一色的大酱缸。于是，苏东坡刚刚写了上面这几句，支颐一想，又立即加一句：此信看后烧毁。

这是一种真正精神上的孤独无告，对于一个文化人，没有比这更痛苦的了。那阙著名的“卜算子”，用极美的意境道尽了这种精神遭遇：

缺月挂疏桐，漏断人初静。谁见幽人独往来？缥缈孤鸿影。惊起却回头，有恨无人省。捡尽寒枝不肯栖，寂寞沙洲冷。

正是这种难言的孤独，使他彻底洗去了人生的喧闹，去寻找无言的山水，去寻找远逝的古人。在无法对话的地方寻找对话，于是对话也一定会变得异乎寻常。像苏东坡这样的灵魂竟然寂然无声，那么，迟早总会突然冒出一种宏大的奇迹，让这个世界大吃一惊。

然而，现在他即便写诗作文，也不会追求社会轰动了。他在寂寞中反省过去，觉得自己以前最大的毛病是才华外露，缺少自知之明。他想，一段树木靠着瘿瘤取悦于人，一块石头靠着晕纹取悦于人，其实能拿来取悦于人的地方恰恰正是它们的毛病所在，它们的正当用途绝不在这里。我苏东坡三十余年来想博得别人叫好的地方也大多是我的弱项所在，例如从小为考科举学写政论、策论，后来更是津津乐道于考论历史是非、直言陈谏曲直，做了官以为自己真的很懂得这一套了，洋洋自得地炫耀，其实我又何尝懂呢？直到一下子面临死亡才知道，我是在炫耀无知。三十多年来最大的弊病就在这里。现在终于明白了，到黄州的我是觉悟了的我，与以前的苏东坡是两个人。（参见李端叔书）

苏东坡的这种自省，不是一种走向乖巧的心理调整，而是一种极其诚恳的自我剖析，目的是想找回一个真正的自己。他在无情地剥除自己身上每一点异己的成分，哪怕这些成分曾为他带来过官职、荣誉和名声。他渐渐回归于清纯和空灵，在这一过程中，佛教帮了他大忙，使他习惯于淡泊和静定。艰苦的物质生活，又使他不得不亲自垦荒种地，体味着自然和生命的原始意味。

这一切，使苏东坡经历了一次整体意义上的脱胎换骨，也使他的艺术才情获得了一次蒸馏和升华，他，真正地成熟了——与古往今来许多大家一样，成熟于一场灾难之后，成熟于灭寂后的再生，成熟于穷乡僻壤，成熟于几乎没有人在他身边的时刻。幸好，他还不年老，他在黄州期间，是四十四岁至四十八岁，对一个男人来说，正是最重要的年月，今后还大有可为。中国历史上，许多人觉悟在过于苍老的暮年，刚要用成熟所带来的恩惠，脚步却已踉跄蹒跚；与他们相比，苏东坡真是好命。

成熟是一种明亮而不刺眼的光辉，一种圆润而不腻耳的音响，一种不再需要对别人察言观色的从容，一种终于停止向周围申诉求告的大气，一种不理会哄闹的微笑，一种洗刷了偏激的淡漠，一种无须声张的厚实，一种并不陡峭的高度。勃郁的豪情发过了酵，尖利的山风收住了劲，湍急的细流汇成了湖，结果——

引导千古杰作的前奏已经鸣响，一道神秘的天光射向黄州，《念奴娇.赤壁怀古》和前后《赤壁赋》马上就要产生。

赏读

余秋雨是当代文化学者、散文家。其散文创作别具一格，知识丰厚，见解独到，善于在美妙的文字中一步步将读者带入文化意识的河流，引发情致，启迪哲思，具有较高的审美价值和文化价值。

《东坡突围》一文写的是历史上著名的“乌台诗案”，许多人对苏东坡都颇有了解，但对于“乌台诗案”的始末却知之不多，作者从这个大多数人“知之不多”的故事入手，对“乌台诗案”在苏东坡创作生涯中扮演的角色进行了深刻的分析，展现了苏东坡的情怀，得出了“乌台诗案”的苦难成就了苏东坡数以千计大作的结论，并抒发了作者对苏东坡遭遇的同情及对苏东坡的敬佩之情。

本文最大的特色在于以散文的形式，抒情地讲述一个历史故事，在高度还原“乌台诗案”的历史事实背后，寄寓了作者的感情并发表了作者的观点与看法。文章开篇以深山中的作者接到一个突如其来的电话缓解了寂寞为由头，由一段采访引出了作者最喜欢的文人是苏东坡这一事实。随后，作者开始回忆去年在赤壁游玩的场景，以此展开了对“乌台诗案”历史的多角度讲述。

首先是“将案件的底讲出来”，以宋神宗和太后对待当时文人言论的态度为始，引出了苏轼被人诬陷的环节，随后作者用“东坡何罪？独以名太高”，简单明了地概括了东坡被人不约而同地诬陷的原因。并对诬陷东坡的舒亶、李定、李宜之与沈括都做了分析，一针见血地指出他们诬陷东坡的态度和目的。

从描写东坡面对诬陷的反应开始，作者的笔锋就由慷慨转为哀婉悲凉。作者平淡地叙述东坡如何无措地面对诬陷，如何被人铐上枷锁游街，如何在狱卒的审问中受辱，如何在狱中辗转反侧，等等，故事走向平淡而自然，作者以不带任何情绪的文字，讲述着当时最深刻的悲哀：“贫瘠而愚昧的国土上，绳子捆扎着一个世界级的伟大诗人，一步步行进。苏东坡在示众，整个民族在丢人”。

紧接着，作者笔锋一转，又写世道还有公正所在，杭州城的老百姓、善良的狱卒、清醒而克制的宋神宗以及有侠肝义胆的人士，“他们比研究者们更懂得苏东坡的价值，就连那盆洗脚水也充满了文化的热度”。正是由于这些善良而有良知的人，故事才转到了苏轼被贬谪的黄州。作者用苏轼在黄州时写给友人的一封信为始，倾诉他对苏轼所受冤屈的不满与对苏轼人格的崇拜。作者用大量的篇幅论述苏轼的“怕”与“不怕”，最后得出了“苏东坡经历了一次整体意义上的脱胎换骨，也使他的艺术才情获得了一次蒸馏和升华，他，真正地成熟了”的结论。文章最后，作者呼应回忆黄州之旅，用《赤壁赋》的诞生结尾，全文读来酣畅淋漓，意境深远。

在20世纪90年代，余秋雨是影响广泛，但争议也颇多的散文家。他的《文化苦旅》曾引起极大反响，秦牧先生也对他的文体做出过较高的评价。他散文的语言文雅高洁，行文常常直抒胸臆，尤其善于将文史知识与情思、历史踪迹追寻与现实问题思考相交融，这在当代散文创作中是独创一格的。余秋雨的散文对于具有文学阅读兴趣的普通大众而言，具有较高的阅读意义。

话题探究

1. 在周国平的《面对苦难》中，我们了解到了他对苦难真谛的解读；在鲍鹏山的《无路可走》里，我们探寻了屈原爱国故事背后的艰难；在朱鸿的《诗人多难》中，我们读懂了有唐一代诗人的坎坷旅途和家国情怀；在食指的《相信未来》里，我们随他一同展望美好的未来；在余秋雨的《东坡突围》中，我们与他一同挖掘了“乌台诗案”的真相。在你读这五篇文章时，哪一篇文章最让你深切地领会了苦难的意义？并结合自己的学习生活经历谈谈你对苦难的理解。

2. 朱鸿在《诗人多难》里列举了从初唐到晚唐的二十几位诗人是如何面对苦难的，在你所接触的当代作家中，是否也有面临苦难处境的作家呢？他们面对苦难所采取的又是什么态度？

3. 受苦是考验，是磨炼，是咬紧牙关挖掉自己心灵上的污点。——巴金

磨难，对于弱者是走向死亡的坟墓，而对于强者则是生发壮志的泥土。——卢梭

灾难是真理的第一程。——拜伦

每个人对于苦难都有不同的想法，你还能举出其他有关的名人名言吗？

4. 食指的《相信未来》是一首广为人知的短诗，诗中出现了具有不同象征意义的意象，如“蜘蛛网”“炉台”“余烟”“灰烬”“紫葡萄”“鲜花”与“枯藤”等，你还能找出一些有代表性的意象并对它的象征意义做出分析吗？

5. 苦难并不只是生活中遇到的困难和挫折，在更多时候它还会表现为生命意义上的苦痛，你认为“苦难”和“生死”有什么关系？二者有相交汇的地方吗？当苦难上升到生命高度时你会如何面对它？

鹰击长空

◇ 鹰之歌　丽尼

◇ 青春之歌（节选）　杨沫

◇ 红高粱（节选）　莫言

◇ 赞美　穆旦

导读

1925年秋，32岁的毛泽东离开长沙去广州主持农民运动讲习所，途经橘子洲头，写下了家喻户晓的《沁园春？长沙》。彼时的毛泽东正当盛年，面对“鹰击长空，鱼翔浅底”的湘江美景，发出振聋发聩的声音——“恰同学少年，风华正茂，书生意气，挥斥方遒”！从此，这首词就激励着无数有志青年与有识之士发挥自身才能、奋勇拼搏，去改变国家的命运，去实现自己的人生理想。鹰击长空，也因此成了奋斗与拼搏的代名词。

人生漫漫，从出生到死亡，来处无法选择，结局不能更改。那么，漫长的人生如何能过得与众不同？唯有奋斗与拼搏。奋斗与拼搏不一定能改变人生的长度，但却能改变人生的质量。时光无情，匆匆而逝，只有奋斗与拼搏才能帮助我们在时间这偌大的圆盘上，刻下几条深刻的印记，供将来垂垂老矣之时追忆似水年华。

纵观历史，奋斗与拼搏成就的人生各有不同，但同样绚丽灿烂。孙中山先生曾说：“奋斗这一件事是自有人类以来天天不息的。”奋斗与拼搏曾经填满了这位伟人的一生，直至生命的最后一刻他仍留下“革命尚未成功，同志仍需努力”的警言。鲁迅先生东渡日本求学，发现民众实际上是思想病入膏肓之时，毫不犹豫弃医从文，从此他为无数的批判檄文挑灯夜战，始终奋斗在“以笔为枪”的战场。中国女排无数个日夜的拼搏与坚持，时隔十二年，终于于2016年重获奥运金牌，那沉甸甸的金牌再次化作“女排精神”鼓舞激励着每一个中国人。

本单元四篇文章通过讲述不同的拼搏故事，展现出不同人物的绚烂人生。丽尼的《鹰之歌》是对为革命拼搏奋斗，乃至献出生命的革命志士的赞歌。鹰既能在黎明里飞，也能在黑暗里飞，这正是革命者拼搏精神的体现。他们是不畏惧旧世界，敢于向黑暗进击的“鹰”。杨沫的《青春之歌》是一部描写青年学生运动，塑造革命知识分子形象的小说。“小资产阶级知识分子”林道静在探索革命道路上不断奋斗，最终成为一名优秀而坚定的无产阶级战士。她是勇于打碎自己、重塑自己，于艰苦曲折奋斗中，开创出属于自己革命道路的“鹰”。莫言的《红高粱》通过讲述高密东北乡民间抗日故事，塑造了“余占鳌”式的生长在红高粱世界里野性与秩序并存、善与恶相融的“土匪英雄”。他们是在抗战年代为了生存以暴力反抗黑暗现实世界的“鹰”。穆旦的《赞美》以“一个民族已经起来”作为全诗的基调，在中华民族抵御外敌入侵最为危险与艰难的时刻，歌颂了以热血和生命为民族解放而奋斗着的中国英雄，他们是充满坚韧勇敢民族精神的“鹰”。

聚焦当下，实现中华民族的伟大复兴，就是中华民族近代以来最伟大的梦想！当代中国青年无不渴望自己也能化身为天空中的雄鹰，展翅翱翔于天际。是的，我们也要像无数前辈一样有抱负有理想，扬起奋斗的风帆，吹响拼搏的号角，如鹰击长空，让“中国梦”在中华大地上实现。漫漫人生路离不开顽强拼搏与努力奋斗，让我们一起去开辟属于自己的那条新航路吧！

看，那只鹰又起飞了。一双如闪电般的眼睛直视前方，雄健有力的翅膀不住拍打，横扫地面的枯枝败叶，向着远方的碧海蓝天飞去，消失在一片璀璨的光辉中！

作品

鹰之歌[①]

丽　尼

黄昏是美丽的。我忆念着那南方的黄昏。

晚霞如同一片赤红的落叶坠到铺着黄尘的地上，斜阳之下的山冈变成了暗紫，好像是云海之中的礁石。

南方是遥远的；南方的黄昏是美丽的。

有一轮红日沐浴着在大海之彼岸；有欢笑着的海水送着夕归的渔船。

南方，遥远而美丽的！

南方是有着榕树的地方，榕树永远是垂着长须，如同一个老人安静地站立，在夕暮之中作着冗长的低语，而将千百年的过去都埋在幻想里了。

晚天是赤红的。公园如同一个废墟。鹰在赤红的天空之中盘旋，做出短促而悠远的歌唱，嘹唳地，清脆地。

鹰是我所爱的。它有着两个强健的翅膀。

鹰底歌声是嘹唳而清脆的，如同一个巨人的口在远天吹出

① 选自李济生主编的《鹰之歌》（珠海出版社 1997 年版）。丽尼（1909—1968），原名郭安仁，湖北孝感人。著有《白夜》《黄昏之献》等。

了口哨。而当这口哨一响着的时候，我就忘却我的忧愁而感觉兴奋了。

我有过一个忧愁的故事。每一个年轻的人都会有一个忧愁的故事。

南方是有着太阳和热和火焰的地方。而且，那时，我比现在年轻。

那些年头！啊，那是热情的年头！我们之中，像我们这样大的年纪的人，在那样的年代，谁不曾有过热情的如同火焰一般的生活！谁不曾愿意把生命当作一把柴薪，来加强这正在燃烧的火焰！有一团火焰给人们点燃了，那么美丽地发着光辉，吸引着我们，使我们抛弃了一切其他的希望与幻想，而专一地投身到这火焰中来。

然而，希望，它有时比火星还容易熄灭。对于一个年轻人，只需一个刹那，一整个世界就会从光明变成了黑暗。

我们曾经说过："在火焰之中锻炼着自己"；我们曾经感觉过一切旧的渣滓都会被铲除，而由废墟之中会生长出新的生命，而且相信这一切都是不久就会成就的。

然而，当火焰苦闷地窒息于潮湿的柴草，只有浓烟可以见到的时候，一刹那间，一整个世界就变成黑暗了。

我坐在已经成了废墟的公园看着赤红的晚霞，听着嘹唳而清脆的鹰歌，然而我却如同一个没有路走的孩子，凄然地流下眼泪来了。

"一整个世界变成了黑暗，新的希望是一个艰难的生产。"

鹰在天空之中飞翔着了，伸展着两个翅膀，倾侧着，回旋着，做出了短促而悠远的歌声，如同一个信号。我凝望着鹰，想从它的歌声里听出一个珍贵的消息。

"你凝望着鹰么?"她问。

"是的，我望着鹰。"我回答。

她是我的同伴，是我三年来的一个伴侣。

"鹰真好，"她沉思地说了；"你可爱鹰?"

"我爱鹰的。"

"鹰是可爱的。鹰有两个强健的翅膀，会飞，飞得高，飞得远，能在黎明里飞，也能在黑夜里飞。你知道鹰是怎样在黑夜里飞的么？是像这样飞的，你瞧，"说着，她展开了两只修长的手臂，旋舞一般地飞着了，是飞得那么天真，飞得那么热情，使她的脸面也现出了夕阳一般的霞彩。

我欢乐地笑了，而感觉了兴奋。

然而，有一次夜晚，这年轻的鹰飞了出去，就没有再看见她飞了回来，一个月以后，在一个黎明，我在那已经成了废墟的公园之中发现了她的被六个枪弹贯穿了的身体，如同一只被猎人从赤红的天空击落了下来的鹰雏，披散了毛发在那里躺着了。那正是她为我展开了手臂而热情地飞过的一块地方。

我忘却了忧愁，而变得在黑暗里感觉奋兴了。

南方是遥远的，但我忆念着那南方的黄昏。

南方是有着鹰歌唱的地方，那嘹唳而清脆的歌声是会使我忘却忧愁而感觉奋兴的。

一九三四年，十二月。

赏读

丽尼是现代散文作家，《鹰之歌》是他的代表作品。《鹰之歌》写于1934年12月，是作者对自己在泉州教书时代一段难忘的凄美爱情的回忆。这段爱情经历成了作者心中的一个“忧愁的故事”，同时也是作者创作《鹰之歌》的因由。

一方面，作者将他的青年女友，塑造成了在革命热情的时代下，敢于反抗黑暗世界的女性革命者形象。作者对其爱之深沉，矢志不渝，借助鹰的形象，高歌了她对黑暗社会的厌恶，对光明世界的追求，以及不畏牺牲的可贵品格和拳拳的爱国之心。另一方面，在这篇散文中，除了充满火红色的革命火焰与激情之外，年轻的作者将个人的哀曲与时代的伤痛相结合，给《鹰之歌》增添上了诗意与哀痛之情。

《鹰之歌》在黄昏的美丽景色中徐徐拉开了序幕，作者给我们讲述了一个与如雄鹰般的女革命者有关的“忧愁的故事”。在她大无畏地牺牲之后，“我”暂时停止了忧伤，反而对革命充满着热情与向往，纵然国家千疮百孔，作者也不愿远离，愿像鹰一样热血沸腾地奔往南方，因为那里充满着革命的激情与红色的火焰。

从整体构思来看，全文由四个抒情片段构成。在第一个片段中，作者书写遥远而美丽的黄昏背景之下所发生的浪漫而英勇的故事。作者反复书写遥远而美丽的黄昏，目的是衬托鹰的形象，鹰在“忧愁”的情绪中，仍然展翅高飞，不惧艰难，冲向云霄。第二个片段则讲述了一个“忧愁的故事”，作者讲述的重点不在这个故事本身，而是在这个故事的背景，可以看作这是作者情感与情绪的层层铺垫。于是，在废墟与黑暗之中，作者努力寻找光明与希望。第三个片段是本文最经典、最引人入胜的部分，也是全文的核心与关键之处。作者在这部分写出了“我”的女友在与黑暗的斗争中，因追求光明而英勇地选择了牺牲。作者通过对鹰的生动描写，从而赞扬革命者，同时也将自己对鹰的热爱之情融入到对革命的激情之中。第四个片段虽然仅只两句，但却更加强烈地表达出了作者追忆南方的情感。在第一句中，作者有意地将“黄昏”一词用“南方”替换，将“美丽”用“遥远”替换，简单地两个词的替换，却体现出作者将笔墨放在了时间与距离上，从中可以感受到作者饱含对南方深沉而热烈的爱。

由此可以看出，“鹰”的形象深刻地表达了作者对革命的情感和对黑暗世界的反击，是一个不惧牺牲与死亡的不断的战斗者。作者借这一形象，刻画出一个英姿飒爽的女革命者形象，她是永不屈服于黑暗的生命之花，她具有纯洁的情感与高贵的灵魂，激发着人们反抗黑暗现实的决心和勇气，具有强大的精神力量。

本文是一首散文诗，兼具着散文与诗的特色。

首先，具有古典诗歌的韵味，尤其是对意境的营造独具特色。在南方的黄昏之下，美丽的景色尤为动人，赤红色的落叶，斜阳之下的山冈、红日、大海、渔船、榕树、公园及盘旋的鹰。这样的图景，仿佛一幅生机勃勃、绚丽多姿的油画。作者在选取景物的时候，注重形与色的搭配，从而呈现出富有南方意蕴的独特气息，字里行间有一股浓郁的诗味。不难看出，这些景物全部寄托着作者浓烈而深深的爱恋之情。

其次，情感的表达含蓄而有节奏。这首散文诗虽然篇幅不长，但它的内容却十分充实，而且富有哲理，内涵十分丰富，思想非常深刻。作者多用象征与隐喻的手法，将内心对光明与理想的追求注入于鹰的形象之中，鹰与作者的爱恋之人完美重合在一起。在鹰的飞翔中，在与少女美丽的恋爱之中，作者的青春年华依次呈现，本文的含蓄之美也因此得到淋漓尽致的体现。

再次，大量运用比喻和拟人，格调美丽而壮烈。例如：用“赤红的落叶”比喻晚霞的色彩与姿态之美；用“垂着长须”的榕树比拟榕树的年岁之长和给人的安详之感；反复写火焰，无论是身处在火焰般的生活之中，还是在火焰中锻炼自己，表现出的都是作者对光明未来火一般的激情和随时准备为革命牺牲的壮美色彩，渲染出了浓烈的情感。

作品

青春之歌（节选）①

杨　沫

清晨，一列从北平向东开行的平沈通车，正驰行在广阔、碧绿的原野上。茂密的庄稼，明亮的小河，黄色的泥屋，矗立的电杆……全闪电似的在凭倚车窗的乘客眼前闪了过去。乘客们吸足了新鲜空气，看车外看得腻烦了，一个个都慢慢回过头来，有的打着呵欠，有的搜寻着车上的新奇事物。不久人们的视线都集中到一个小小的行李卷上，那上面插着用漂亮的白绸子包起来的南胡、箫、笛，旁边还放着整洁的琵琶、月琴、竹笙，……这是贩卖乐器的吗，旅客们注意起这行李的主人来。不是商人，却是一个十七八岁的女学生，寂寞地守着这些幽雅的玩意儿。这女学生穿着白洋布短旗袍、白线袜、白运动鞋，手里捏着一条素白的手绢，——浑身上下全是白色。她没有同伴，只一个人坐在车厢一角的硬木位子上，动也不动地凝望着车厢外边。她的脸略显苍白，两只大眼睛又黑又亮。这个朴素、孤单的美丽少女，立刻引起了车上旅客们的注意，尤其男

① 节选自长篇小说《青春之歌》（作家出版社 1958 年版）。杨沫（1914—1995），原名杨成业，生于北京，原籍湖南湘阴。著有《苇塘纪事》《东方欲晓》等。

子们开始了交头接耳的议论。可是女学生却像什么人也没看见，什么也不觉得，她长久地沉入在一种麻木状态的冥想中。

她这异常的神态，异常的俊美，以及守着一堆乐器的那种异常的行止，更加引起同车人的惊讶。慢慢地，她就成了人们闲谈的资料。

“这小密斯失恋啦?”一个西服革履的洋学生对他的同伴悄悄地说。

“这堆吹吹拉拉的玩意至少也得值个十块二十块洋钱。”一个胖商人凑近了那个洋学生，挤眉弄眼地瞟着乐器和女学生，“这小妞带点子这个干么呢?卖唱的?……”

洋学生瞧不起商人，看了他一眼，没有搭理他；偷偷瞧瞧缟素的女学生又对同伴议论什么去了。

车到北戴河，女学生一个人提着她那堆乐器——实在的，她的行李，除了乐器，便没有什么了——下了火车。留在车上的旅客们，还用着惊异的惋惜的眼色目送她走出了站台。

小小的北戴河车站是寂寥的。火车到站后那一霎间的骚闹’随着喷腾的火车头上的白烟消失后，又复是寂寞和空旷了。

这女学生提着她的行李，在站台外东张西望了一会，看不见有接她的人，就找了一个脚夫背着行李，向她要去的杨庄走去。

走路的时候，她还是那么沉闷。她跟在脚夫后面低头走着，不言也不语。后来转了一个弯，走到个小岗上，当蔚蓝的天空和碧绿的原野之间突然出现了一望无际的大海时，这女学生迟滞的脚步停下来了。她望着海，那么惊奇，明亮的眼睛露出了欢喜的激动，“呵！呵!”她连着呵呵了两声，脚步像粘在地上似的不动弹了。“第一次看见——多么美呀!”她贪婪地望着微起涟波的平静的大海，忘记了走路。

“先生，快走哇！怎么不走啦?”脚夫没有理会女学生那一套情感的变化，径直走到了山脚下，当他看不见雇主的踪影时，这才仰头向山上的女学生吆喊着。

女学生仍然痴痴地望着崖底下的海水，望着海上的白色孤帆，好像什么也没有听见。

“喂！我说那位姑娘啊，您是怎么回事呵?”脚夫急了，又向山上大声吆喝着，这才惊醒了女学生，她揉揉眼睛茫然地笑了一下，快步跑下了山冈。

他们又一起走起来了。

脚夫是个多嘴的中年人，他不由向这举止有点儿特别的女学生盘问起来："您站在山上看什么哪？"

"看海。多好看！"女学生歪着头，"你住在这儿多好，这地方多美呵！"

"好什么？打不上鱼来吃不上饭。我们可没觉出来美不美……"脚夫笑笑又问道，"我说，您这是干么来啦？怎么一个人？避暑的？"

女学生温厚地向脚夫笑笑，半晌才说："哪配避暑。是找我表哥来的。"

脚夫瞪大了眼睛："您表哥是谁？警察局的吗？"

女学生摇摇头："不是，我表哥是教书的——杨庄的小学教员。"

"嘿！"脚夫急喊了一声，"我们邻村的先生啊，我都认识。不知是哪一位？"

"张文清。"女学生的神色稍稍活跃一些，她天真地问，"你认识他吗？他在村里吗？怎么没有上车站来接我……"

脚夫的嘴巴突然像封条封住了。他不作声了。女学生凝望着他黝黑多皱的脸，等待着他的回答。但是他不出声，又走了好几步远，这脚夫却转了话题：

"我说，您贵姓啊？是从京里下来的吗？"

女学生还带着孩子气，她认真地告诉脚夫："我姓林，叫林道静，是从北平来的。你不认识我表哥吗？"

脚夫又不出声了。半天，他呵呵了两声，不知说的什么，于是女学生也不再出声。这样他们一直走到了杨庄小学校的门前。脚夫拿了脚钱走了，林道静也微微踌躇地走上了学校门外的石台阶。

学校是在村旁一座很大的关帝庙里。林道静把行李放在庙门口，就走进庙里去找人。她走上东殿、西殿、正殿、偏殿各个课堂里全看了一遍，一个人影也没有。"莫非他们到海边散步去啦？"她心里猜想着，只好站在庙门外的台阶上等待起来。

这时天色将晚，村子里家家的屋顶，全冒起袅袅的炊烟。庙外就是一片树林，树林里的蝉，在知了知了地拼命聒噪，林道静忍耐地听了一阵蝉声，焦灼地东张西望了半天，还是一个人影也没有。看着行李，她又不敢挪动。直到天黑了，这才有一个跛脚老头从大路上蹒跚地走来。这老头看见有人站在台阶上，远远地先喊了一声：

"找谁的呀？"

道静好容易盼着来了个人，欢喜得急忙跑下台阶和老头招呼："张文清先生是在这儿教书吗?"

"哦，找张先生的?……"老头喝得迷迷糊糊的，红涨着脸，卷着大舌头，"他，他不在这儿啦。"

道静吃了一惊："他哪儿去啦?——他写信告诉我暑假不离开学校的呀。还有，我表嫂呢?她也在这儿教书……"

"不，……不知道!不知道!……"老头越发醉得厉害了，东倒西歪地跌进学校的大门，砰的一声把两扇庙门关得紧紧的。

这下子可把林道静难坏了!表哥他们上哪儿去啦?她已经写信给他，告诉他要来找他，可是，他却不在这儿啦。现在怎么办?以后又怎么办呢?……她愣愣地站在庙门外的冷清的阶石上，望着面前阴郁的树林，聒耳的蝉声还在无尽休地嘶叫，海水虽然望不见，然而在静寂中，海涛拍打着岩石，却不停地发着单调的声响。林道静用力打了几下门，可是打不开，老头一定早入梦乡了。她心里像火烧，眼里含着泪，一个人在庙门外站着、站着，站了好久。明月升起来了，月光轻纱似的透过树隙，照着这孤单少女美丽的脸庞，她突然伏在庙门前的石碑上低低地哭了。

人在痛苦的时候，是最易回忆往事的。林道静一边哭着，一边陷入到回忆中——她怎么会一个人来到这举目无亲的地方?她为什么会在这寂寥无人的夜里，独自在海边的树林徜徉?她为什么离开了父母、家乡，流浪在这陌生的地方?她为什么，为什么这么悲伤地痛哭呵?……

热河省一个偏僻的山村里，住着一家姓李的人家。这家人家只有祖父和孙女两个。祖父老了，成天病在炕上，孙女秀妮就打柴、种地养活着祖父和自己。秀妮是个又漂亮、又结实、又能干的姑娘。村里的青年小伙子都想娶这个姑娘，可是秀妮长到二十一岁了，却谁也没有嫁。原因是她从十一岁就给人家当童养媳，后来到她十五岁上，她的"丈夫"死了，她才又回到祖父的家里。这婚姻伤透了她的心，而且为了侍养老祖父，她就不想很快结婚。祖父因为年老多病需要孙女的照顾，也不愿意孙女离开他，于是祖孙俩就相依为命地活下来。祖父爱孙女，闺女家有时送来几个粘饼子、腌鸡蛋，他总要留给孙女儿吃，自己只尝一点点。孙女呢，养种的地是地主的，交了租子只剩一把柴火，为了叫老祖父喝上一碗热糊糊，她除了种地之外，一有空就扛着斧头上山去打柴；夜晚灯下给人做针线。村里人都赞美着这个勤劳、纯朴的好姑娘——这真是青年人梦里都想着的好姑娘。可是这么个好姑娘，在她二十一岁的那年冬天，厄运来了：住在北平城里的大地主林伯唐亲自下乡来收租的时候，秀妮忽然被他发现了。他惊羡她的美丽，就要讨她当姨太太。虽然他已经五十多岁了，虽然他已经讨过好几房姨太太，并且还叫大太太徐凤英打跑过好几个从妓院里买来的红妓。但是他既然看上了秀妮，看上她这健康的带点“野味”的姑娘，那他就绝不会放手。为了镇压佃户的反抗，他是从热河督军汤玉麟那儿弄到军警来帮他收租的，孤弱的秀妮祖孙俩，哪能抵抗这强暴的力量！于是秀妮就在这小小山村里的二地主（庄头）家里，成了大地主林伯唐的姨太太。她哭过，她寻死过，她咬过林伯唐的手指头，但是这一切抵抗全无济于事，林伯唐捻着八字胡笑吟吟地还是把她弄到了手。

两个月后，秀妮怀了孕，林伯唐把她带回北平的公馆里来。老祖父就在秀妮离开村子的那天夜里，一个人颤巍巍地拄着拐杖跳到了村旁的白河川里。

秀妮到了北平的林公馆里，聪明、伶俐的姑娘变成了痴痴呆呆的傻子。成天一句话也不说，除了吃饭、做活，就两眼直勾勾地冲着墙发呆。徐凤英看在秀妮有孕的份上，开始对她还不错，因为徐凤英自己生过几个孩子，一个也没活，所以就希望秀妮替林家生个孩子。

秀妮生下孩子后，精神好了一些，她把全部的希望和爱寄托在孩子身上。她多么爱她怀里的白白胖胖的女孩呵！这孩子浅浅的一笑，能使她暂时忘掉了刻骨的伤痛，忘掉了耻辱的生活，给她生活下来的勇气。常常在深夜里，老头子林伯唐到别的姨太太房里去了，秀妮悄悄爬起身，给孩子换尿布、喂奶，亲着美丽的小圆脸蛋，然后一边哽咽着一边喃喃地说：

“妮，长吧！活吧！娘要跟你一块儿活下来。……”

眼泪——许久以来干枯了的眼泪，滴滴地掉在孩子的嫩脸上。

孩子一岁了，呀呀学着话，用小指头搔着妈妈的脸，揪妈妈的头发，妈妈的脸上有了幸福的笑容。……

可是有一天，徐凤英喊来了秀妮，先把孩子接抱在手里，然后脸色大变，对秀妮说：

“孩子是我家老爷的，我要留下她！你这不要脸的穷女人，现在就给我滚！”

秀妮惊呆了。接着大哭着，撞着头，拼命要夺回她的孩子。但是她夺不回来了！林伯唐玩够了她，早躲到一边去了。“妈！妈妈！要……”孩子在徐凤英手里张着小手，哭着要妈。秀妮却被几个如狼似虎的听差推搡着架上了停在大门外的汽车。

秀妮的孩子，林伯唐替她起名叫林道静。开始林伯唐夫妇还很喜欢她，后来当她三岁时，徐凤英自己也养了个儿子之后，小道静的厄运就来了：不断挨打，夜晚和佣人睡在一起；没有事，徐凤英不叫她进屋，她就成天在街上和捡煤渣的小孩一起玩。

一年冬天，有一天徐凤英不知为什么高兴了，把道静叫到屋里，和她说了几句话，看她一边讷讷地回答，一边不住地浑身乱动，她惊奇地揪过她来，问她怎么了。

“痒痒……”孩子只七岁，吓得吸溜着鼻涕要哭的样子。

想不到徐凤英大发慈悲，她替小道静脱下破棉袄一看：只见套在棉袄里面的小褂子上的虱子，密密麻麻地已经滚成了蛋蛋，要拿也拿不清。于是她又恼火又慷慨地一下子把这小褂子填入了正在熊熊燃烧着的洋火炉里，一阵噼噼啪啪的响声，无数的虱子就和褂子一齐消灭了。徐凤英越发高兴了，她扳过小道静冻得紫红的面孔细细端详了一番，然后转过脸对靠在沙发上读着报纸的林伯唐说：

“我这两天看出来，这丫头长的怪不错呢。叫她念书吧，等她长大了，我们总不至于赔本的。”

林伯唐捻着八字胡，冲妻子笑着点点头：

“好！太太从来都是眼力过人的。‘女子无才便是德’已经不大时兴了，叫她念念书也好。”

这么着，小道静被送到学校里去读书。她喜欢读书，人也聪明，可就是有点儿乖僻，一天到晚，一句话也不说，不知道的人还以为她是个哑巴。弟弟仗着母亲的娇惯，常欺侮她、打她，她可从来不哭。有时，她不理他，任他打；有时火气上来了，她就狠狠地揍弟弟几下子。当然这样她会招来更凶的一顿狠打。母亲打她不用板子，不用棍子，却喜欢用手拧、用牙齿咬。一个夜晚，道静已经在“下房”睡着了，弟弟打破了一个母亲心爱的花瓶，他却推在道静身上。于是道静在睡梦中突然被一阵剧烈的疼痛惊醒来，她立时明白了是怎么回事，于是就咬紧牙关，顽强地准备着一切痛苦的袭来。

“狗娘养的！越来越胆大啦。赔，赔我的花瓶！”

她的小腿被拧肿了，胳膊被咬得透出一个个红血印。但是小道静不哭，不求饶，没有一滴眼泪从她倔强的眼睛里流出来。在这个家庭里，她就这样像小狗似的活下来了。家里所有的人里面，只有一个年老的佣人王妈关心她、心疼她，常常偷着照顾她。但是还不能叫徐凤英知道。道静当然也爱王妈，她肚子饿了，身上冷了，总去找王妈；她的眼泪也只当着王妈一个人流。

道静高小毕业考上了北平西郊的南山女子中学之后，母亲对她的态度有了显著的好转。因为这时她已经长成了一个颀长、俊美的少女。她的脸庞是椭圆的、白皙的、晶莹得好像透明的玉石。眉毛很长、很黑，浓秀地渗入了鬓角，而最漂亮的还是她那双忧郁的嫣然动人的眼睛。她从小不爱讲话，不爱笑，孤独，不爱理人。可是徐凤英并不注意这些，她注意的是这女孩子的相貌的变化，和如何使她具有一定的学历，因为这是那个时代的时髦妇女要嫁一个有钱有势的丈夫所必备的条件。

学校开学了，第一天离家去上学，父母亲高兴得亲自送道静到大门口去上车。林伯唐穿着纺绸长衫，摸着胡子站在大门口外的玉石台阶上，沉吟有顷，然后对坐在洋车上就要起程的道静笑吟吟地赞叹说：

“小姐，恭喜你！上了中学，等于中了秀才呢！哈、哈、哈……”

林伯唐不仅是教育家、慈善家，而且是颇有名望的前清举人。他中举之后，还没等进京应考，正赶上康梁变法维新，北京办了个京师大学堂，这位举人老爷就追赶着潮流，带了夫人，做了京师大学堂的“大学士”。到了民国，这位善于追赶潮流的“大学士”，又赶上了办教育吃香的时候，于是他很快成为教育家，借了“办教育”为名，向清朝王爷手里用低价买了大批“跑马占圈”的土地。于是戊戌举人、京师大学堂大学士、悯安慈幼院院长、务本大学校校长等头衔的名片，在煊赫的“上流”社会里飞舞起来了。人们钦佩着“才德兼备”的林伯唐教授，却没有人说他曾怎样残酷地玩弄了可怜的秀妮。

林伯唐熟读过四书五经，也研究过康德和孟德斯鸠，不过最使他醉心的还是科班出身的翰林学士。所以他对女儿啧啧赞叹她上了中学就等于中了秀才。

没等道静开口，母亲接着说话了。她是胖身子，八月里还挥着小绢扇。

她眯缝着眼睛，也站在台阶上欣赏着女儿：“乖乖，好好念书呀！妈会想法子弄钱供给你上中学、上大学，要是留洋回来，那就比中了女状元还享不清的荣华富贵哩！”她说的好端端的，忽然扭头冲着老头子，鼻子哧了一声撒娇似的，“你老东西嘻嘻笑什么？女儿是我生的！我养的！她挣钱发了财，横竖没有你老东西的份！”

徐凤英溅着唾沫星子好像生了气，林伯唐反倒得意地哈哈笑了。他悠然自得地冲着妻子连连点头：“太太，归你！归你！什么全归你。连女婿挣的钱也全归你不好吗？”

十二岁的林道静厌恶地瞅瞅她的所谓父母亲，眼眶里浮着泪珠，一言没发，坐着洋车走了。

赏读

杨沫是中国当代女作家，《青春之歌》是其最负盛名的代表作品。《青春之歌》自1958年问世以来，多次再版，畅销不衰，累计发行500万册，已有10多种文字的译本，并被拍摄成同名影片。经过岁月的洗礼，《青春之歌》仍然是中国当代“十七年文学”中具有高度代表与独特意义的“红色经典”，不仅富有深远的历史意义而且还具有很强的现实意义，从出版至今已影响我国几代读者的青春岁月。

《青春之歌》以1931年的“九·一八”到1935年的“一二·九”学生运动为背景，较为全面地反映了这段历史时期国破家亡、中华民族处于水深火热的社会现实，深刻而又细致地再现了当时在共产党领导下的学生爱国运动，塑造了林道静这一从小资产积极知识分子转变为坚定的无产阶级革命青年的典型形象，歌颂了共产主义战士以及爱国仁人志士艰苦卓绝、前仆后继的奋斗。整部小说充满了对理想的追求和对光明的向往以及为民族而牺牲的大无畏精神。

小说将青年知识分子林道静的革命成长道路作为主线，讲述了林道静从开始走出家庭，到走出余家，最后走向大众的历程，从而升华了小说的主题。大地主阶级的骄奢淫逸与腐朽糜烂的生活，加之包办婚姻的逼迫，使得林道静选择投河自尽。被“文质彬彬”的余永泽救起后，即与其同居，当林道静发现余永泽表里不一、自私狭隘、仇视革命时，便毅然决然地选择了离开，这也是林道静迈出的关键性一步。这一步与离开家庭的性质发生了改变，是对自己小资产阶级知识分子的一次全新突破，进而在迈向无产阶级革命斗士上更进了一步。从余家出走后的林道静，毫不犹豫地选择走向无产阶级，她积极完成共产党交给她的任务。起初，林道静反抗家庭，反抗余永泽，境界是狭小的，当她融入无产阶级后，境界一下变得开阔，她放弃了安逸的生活，选择投身于艰苦的革命斗争，直至成为一名坚定的革命者，这些都是离不开林道静自身的觉醒与努力，更离不开党的培养与引导。

小说善于把人物放在尖锐的斗争之中，通过大量的心理描写，细腻地刻画人物形象。林道静起初的孤身奋斗，无疑是海市蜃楼，一一遭遇失败。受她原生家庭的影响，她即使上学读书，也会在无形中有阶级思想的影响，所以可以看到当时在她身上带有资产阶级不切实际的幻想。从她离开家开始了反抗道路，在走投无路时，她遇到了党。林道静参加革命后非常热情，缺乏冷静与斗争经验，当她初见戴愉时，仅凭一声“同志”便泄露了自己的所有秘密，这说明她单纯幼稚，缺乏斗争策略。卢嘉川、江华、林红等共产党员都给了她悉心地指导和精神的支持，即使在遭遇敌对分子最残酷的严刑逼供时，她也没有吐露半点秘密，林道静已锻炼成了一个视死如归、意志坚定的共产党人。与此同时，小说并没有把林道静塑造成一个不食人间烟火的超人形象，而是塑造成了一个有血有肉的普通人。当友情遭遇背叛，尤其是在好友王晓燕出卖自己的时候，林道静感受到内心的痛苦比肉体的痛苦严重得多。她在这种痛苦中，仍然出色地完成了党交给她的任务。在林道静的爱情生活中，更能看出林道静的成长，林道静与余永泽一见倾心投入爱河后，慢慢地发现余永泽在政治上并不是与自己一路的人，便勇敢地离开了他，独自受着爱情的煎熬和痛苦。之后，林道静遇见了卢嘉川，她用成熟了的爱深爱着卢嘉川。但卢嘉川被捕，她来不及伤心和绝望，她深知只有自己去拯救全民，才能拯救她的爱人。此时此刻，她没有被爱情冲昏头脑，可以看出她对革命抱有坚强的意志和信心。当她和江华结婚后，也同样将革命和解放全人类放在首要位置。小说把林道静这个人物刻画得非常生动感人，她不断克服自身的缺陷和软弱性，一步步地成长起来，这对于今天的青年仍具有很强的现实意义。

作品

红高粱（节选）①

莫　言

我奶奶刚满十六岁时，就由她的父亲做主，嫁给了高密东北乡有名的财主单廷秀的独生子单扁郎。单家开着烧酒锅，以廉价高粱为原料酿造优质白酒，方圆百里都有名。东北乡地势低洼，往往秋水泛滥，高粱高秆防涝。被广泛种植，年年丰产。单家利用廉价原料酿酒谋利，富甲一方。我奶奶能嫁给单扁郎，是我曾外祖父的荣耀。当时，多少人家都渴望着和单家攀亲，尽管疯传着单扁郎早就染上了麻风病。单廷秀是个干干巴巴的小老头，脑后翘着一支枯干的小辫子。他家里金钱满柜，却穿得破衣烂袄，腰里常常扎一条草绳。奶奶嫁到单家，其实也是天意。那天，我奶奶在秋千架旁与一些尖足长辫的大闺女耍笑游戏，那天是清明节，桃红柳绿，细雨霏霏，人面桃花，女儿解放。奶奶那天身高一米六〇，体重六十公斤，上穿碎花洋布褂子，下穿绿色缎裤，脚脖子上扎着深红色的绸带子。由于下小雨，奶奶穿了一双用桐油浸泡过十几遍的绣花油

① 选自《红高粱家族》（人民文学出版社 2007 年版）。莫言，本名管谟业，生于 1955 年，山东高密人。著有《檀香刑》《丰乳肥臀》等。

鞋，一走克郎克郎地响。奶奶脑后垂着一根油光光的大辫子，脖子上挂着一个沉甸甸的银锁——我曾外祖父是个打造银器的小匠人。曾外祖母是个破落地主的女儿，知道小脚对于女人的重要意义。奶奶不到六岁就开始缠脚，日日加紧。一根裹脚布，长一丈余，外曾祖母用它，勒断了奶奶的脚骨，把八个脚趾，折断在脚底，真惨！我的母亲也是小脚，我每次看到她的脚，就心中难过，就恨不得高呼：打倒封建主义！人脚自由万岁！奶奶受尽苦难，终于裹就一双三寸金莲。十六岁那年，奶奶已经出落得丰满秀丽，走起路来双臂挥舞，腰身扭动，好似风中招飐的杨柳。单廷秀那天撅着粪筐子到我外曾祖父村里转圈，从众多的花朵中，一眼看中了我奶奶。三个月后，一乘花轿就把我奶奶抬走了。

奶奶坐在憋闷的花轿里，头晕眼眩。罩头的红布把她的双眼遮住，红布上散着一股强烈的霉馊味。她滑起手，掀起红布——外曾祖母曾千叮咛万嘱咐，不许她自己揭动罩头红布—— 一只沉甸甸的绞丝银镯子滑到小臂上，奶奶看着镯子上的蛇形花纹，心里纷乱如麻。温暖的熏风吹拂着狭窄的土路两侧翠绿的高粱。高粱地里传来鸽子咕咕咕咕的叫声。刚秀出来的银灰色的高粱穗子飞扬着清淡的花粉。迎着她的面的轿帘上，刺绣着龙凤图案，轿帘上的红布因轿子经年出赁，已经黯淡失色，正中间油渍了一大片。夏末秋初，阳光茂盛，轿夫们轻捷的运动使轿子颤颤悠悠，拴轿杆的生牛皮吱吱扭扭地响，轿帘轻轻掀动，把一缕缕的光明和一缕缕比较清凉的风闪进轿里来。奶奶浑身流汗，心跳如鼓，听着轿夫们均匀的脚步声和粗重的喘息声，脑海里交替着出现卵石般的光滑寒冷和辣椒般的粗糙灼热。

自从奶奶被单廷秀看中后，不知有多少人向外曾祖父和外曾祖母道过喜。奶奶虽然也想过上上马金下马银的好日子，但更盼着有一个识字解文、眉清目秀、知冷知热的好丈夫。奶奶在闺中刺绣嫁衣，绣出了我未来的爷爷的一幅幅精美的图画。她曾经盼望着早日成婚，但从女伴的话语中隐隐约约听到单家公子是个麻风病患者，奶奶的心凉了。奶奶向她的父母诉说心中的忧虑。外曾祖父遮遮掩掩不回答，外曾祖母把奶奶的女伴们痛骂一顿，其意大概是说狐狸吃不到葡萄就说葡萄是酸的之类。外曾祖父后来又说单家公子饱读诗书，足不出户，白白净净，一表人才。奶奶恍恍惚惚，不知真假，心想着天下无有狠心的爹娘，也许女伴真是瞎说。奶奶又开始盼望早日完婚。奶奶丰腴的青春年华辐射着强烈的焦虑和淡淡的孤寂，她渴望着躺在一个伟岸的男子怀抱里缓解焦虑消除孤寂。婚期终于到了，奶奶被装进了这乘四人大轿，大喇叭小唢呐在轿前轿后吹得凄凄惨惨，奶奶止不住泪流面颊。轿子起行，忽悠悠似腾云驾雾，偷懒的吹鼓手在出村不远处就停止了吹奏，轿夫们的脚下也快起来。高粱的味道深入人心。高粱地里的奇鸟珍禽高鸣低啭。在一线一线阳光射进昏暗的轿内时，奶奶心中丈夫的形象也渐渐清晰起来。她的心像被针锥扎着，疼痛深刻有力。

“老天爷，保佑我吧！”奶奶心中的祷语把她的芳唇冲动。奶奶的唇上有一层纤弱的茸毛。奶奶鲜嫩茂盛，水分充足。她出口的细语被厚重的轿壁和轿帘吸收得干干净净。她一把撕下那块酸溜溜的罩头布，放在膝上。奶奶按着出嫁的传统，大热的天气，也穿着三表新的棉袄棉裤。花轿里破破烂烂，肮脏污浊。它像具棺材，不知装过了多少个必定成为死尸的新娘。轿壁上衬里的黄缎子脏得流油，五只苍蝇有三只在奶奶头上方嗡嗡地飞翔，有两只伏在轿帘上，用棒状的黑腿擦着明亮的眼睛。奶奶受闷不过，悄悄地伸出笋尖状的脚，把轿帘顶开一条缝，偷偷地往外看。她看到轿夫们肥大的黑色衫绸裤里依稀可辨的优美颀长的腿，和穿着双鼻梁麻鞋的肥大的脚。轿夫的脚踏起一股股噗噗作响的尘土。奶奶猜想着轿夫粗壮的上身，忍不住把脚尖上移，身体前倾。她看到了光滑的紫槐木轿杆和轿夫宽阔的肩膀。道路两边，板块般的高粱坚固凝滞，连成一体，拥拥挤挤，彼此打量，灰绿色的高粱穗子睡眼未开，这一穗与那一穗根本无法区别。高粱永无尽头，仿佛潺潺流动的河流。道路有时十分狭窄，沾满蚜虫分泌物的高粱叶子擦得轿子两侧沙沙地响。

轿夫身上散发出汗酸味，奶奶有点痴迷地呼吸着这男人的气味，她老人家心中肯定漾起一圈圈春情波澜。轿夫抬轿从街上走，迈得都是八字步，号称“踩街”，这一方面是为讨主家欢喜，多得些赏钱；另一方面，是为了显示一种优雅的职业风度。踩街时，步履不齐的不是好汉，手扶轿杆的不是好汉，够格的轿夫都是双手卡腰，步调一致，轿子颠动的节奏要和上吹鼓手们吹出的凄美音乐，让所有的人都能体会到任何幸福后面都隐藏着等量的痛苦。轿子走到平川旷野，轿夫们便撒了野，这一是为了赶路，二是要折腾一下新娘。有的新娘，被轿子颠得大声呕吐，脏物吐满锦衣绣鞋；轿夫们在新娘的呕吐声中，获得一种发泄的快乐。这些年轻力壮的男子，为别人抬去洞房里的牺牲，心里一定不是滋味，所以他们要折腾新娘。

那天抬着我奶奶的四个轿夫中，有一个成了我的爷爷——他就是余占鳌余司令。那时候他二十啷当岁，是东北乡打棺抬轿这行当里的佼佼者——我爷爷辈的好汉们，都有高密东北乡人高粱般鲜明的性格，非我们这些孱弱的后辈能比——当时的规矩，轿夫们在路上开新娘子的玩笑，如同烧酒锅上的伙计们喝烧酒，是天经地义的事，天王老子的新娘他们也敢折腾。

高粱叶子把轿子磨得嚓嚓响，高粱深处，突然传来一阵悠扬的哭声，打破了道路上的单调。哭声与吹鼓手们吹出的曲调十分相似。奶奶想到乐曲，就想到那些凄凉的乐器一定在吹鼓手们手里提着。奶奶用脚撑着轿帘能看到一个轿夫被汗水湿湿的腰，奶奶更多的是看到自己穿着大红绣花鞋的脚，它们尖尖瘦瘦，带着凄艳的表情，从外边投进来的光明罩住了它们，它们像两枚莲花瓣，它们更像两条小金鱼埋伏在澄澈的水底。两滴高粱米粒般晶莹微红的细小泪珠跳出奶奶的睫毛，流过面颊，流到嘴角。奶奶心里又悲又苦，往常描绘好的、与戏台上人物同等模样、峨冠博带、儒雅风流的丈夫形象在泪眼里先模糊后漶灭。奶奶恐怖地看到单家扁郎那张开花绽彩的麻风病人脸，奶奶透心地冰冷。奶奶想这一双娇娇金莲，这一张桃腮杏脸，千般的温存，万种的风流，难道真要由一个麻风病人去消受？如其那样，还不如一死了之。高粱地里悠长的哭声里，夹杂着疙疙瘩瘩的字眼：青天哟——蓝天哟——花花绿绿的天哟——棒槌哟亲哥哟你死了——可就塌了妹妹的天哟——我不得不告诉您，我们高密东北乡女人哭丧跟唱歌一样优美，民国元年，曲阜县孔夫子家的“哭丧户”专程前来学习过哭腔。大喜的日子碰上女人哭亡夫，奶奶感到这是不祥之兆，已经沉重的心情更加沉重。这时，有一个轿夫开口说话：“轿上的小娘子，跟哥哥们说几句话呀！远远的路程，闷得慌。”

奶奶赶紧拿起红布，蒙到头上，顶着轿帘的脚尖也悄悄收回，轿里又是一团漆黑。

“唱个曲儿给哥哥们听，哥哥抬着你哩！”

吹鼓手如梦方醒，在轿后猛地吹响了大喇叭，大喇叭说：

“嗗咚——嗗咚——”

“猛捅——猛捅——”轿前有人模仿着喇叭声说，前前后后响起一阵粗野的笑声。

奶奶身上汗水淋漓。临上轿前，外曾祖母反复叮咛过她，在路上，千万不要跟轿夫们磨牙斗嘴，轿夫、吹鼓手，都是下九流，奸刁古怪，什么样的坏事都干得出来。

轿夫们用力把轿子抖起来，奶奶的屁股坐不安稳，双手抓住座板。

“不吱声？颠！颠不出她的话就颠出她的尿！”

轿子已经像风浪中的小船了，奶奶死劲抓住座板，腹中翻腾着早晨吃下的两个鸡蛋，苍蝇在她耳畔嗡嗡地飞，她的喉咙紧张，蛋腥味冲到口腔，她咬住嘴唇。不能吐，不能吐！奶奶命令着自己，不能吐啊，凤莲，人家说吐在轿里是最大的不吉利，吐了轿一辈子没好运……

轿夫们的话更加粗野了，他们有的骂我外曾祖父是个见钱眼开的小人，有的说鲜花插到牛粪上，有的说单扁郎是个流白脓淌黄水的麻风病人，他们说站在单家院子外，就能闻到一股烂肉臭味，单家的院子里，飞舞着成群结队的绿头苍蝇……

“小娘子，你可不能让单扁郎沾身啊，沾了身你也烂啦！”

大喇叭小唢呐呜呜咽咽地吹着，那股蛋腥味更加强烈，奶奶牙齿紧咬嘴唇，咽喉里像有只拳头在打击，她忍不住了，一张嘴，一股奔突的脏物蹿出来，涂在了轿帘上，五只苍蝇像子弹一样射到呕吐物上。

“吐啦吐啦，颠呀！”轿夫们狂喊着，“颠呀，早晚颠得她开口说话。”

“大哥哥们……饶了我吧……”奶奶在呃嗝中，痛不欲生地说着，说完了，便放声大哭起来。奶奶觉得委屈，奶奶觉得前途险恶，终生难脱苦海。爹呀，娘呀，贪财的爹，狠心的娘，你们把我毁了。

奶奶放声大哭，高粱深径震动。轿夫们不再颠狂，推波助澜、兴风作浪的吹鼓手们也停嘴不吹。只剩下奶奶的呜咽，又和进了一支悲泣的小唢呐，唢呐的哭声比所有的女人哭泣都优美。奶奶在唢呐声中停住哭，像聆听天籁一般，听着这似乎从天国传来的音乐。奶奶粉面凋零，珠泪点点，从悲婉的曲调里，她听到了死的声音，嗅到了死的气息，看到了死神的高粱般深红的嘴唇和玉米般金黄的笑脸。

轿夫们沉默无言，步履沉重。轿里牺牲的哽咽和轿后唢呐的伴奏，使他们心中萍翻桨乱，雨打魂幡儿。走在这高粱小径上的，已不像迎亲的队伍，倒像送葬的仪仗。在奶奶脚前的那个轿夫——我后来的爷爷余占鳌，他的心里，有一种不寻常的预感，像熊熊燃烧的火焰一样，把他未来的道路照亮了。奶奶的哭声，唤起他心底早就蕴藏着的怜爱之情。

轿夫们中途小憩，花轿落地。奶奶哭得昏昏沉沉，不觉把一只小脚露到了轿外。轿夫们看着这玲珑的、美丽无比的小脚，一时都忘魂落魄。余占鳌走过去，弯腰，轻轻地、轻轻地握住奶奶那只小脚，像握着一只羽毛未丰的鸟雏，轻轻地送回轿内。奶奶在轿内，被这温柔感动，她非常想撩开轿帘，看看这个生着一只温暖的年轻大手的轿夫是个什么样的人。

赏读

莫言，2012年诺贝尔文学奖获得者，是第一个获得诺贝尔文学奖的中国籍作家。1981年开始发表作品，1984年因《透明的红萝卜》一举成名，1986年在《人民文学》杂志发表中篇小说《红高粱家族》引起极大轰动，2011年凭借小说《蛙》获得茅盾文学奖。

莫言高举起“高密东北乡”的大旗，在20世纪80年代中期以乡土作品崛起，充满着“怀乡”以及“怨乡”的复杂情感，被归类为“寻根文学”作家。《红高粱》是莫言最具有代表性的作品，具有独特的审美冲击力，在一定程度上为中国80年代的文坛开启了新的篇章，成为我国新时期文学难得的佳作。

《红高粱》以抗日战争及20世纪三四十年代高密东北乡的民间生活为背景，向我们展示了高密东北乡人生命中的辉煌、豪情而又壮丽的图景。在那个特殊的时期，“我”的祖辈们在高密东北乡上演了轰轰烈烈、英勇传奇的故事。“我”的爷爷、奶奶、父亲、姑姑等人物，他们一面顽强地抗击侵略者，发扬着宁愿死也要自由的抗争传统，一面上演着传奇般的爱情故事。小说中充满了作者独特而又飞扬的想象力，在为生存而奋起的暴力欲中，把生命力的顽强通过粗犷豪放的风格体现了出来。

《红高粱》给人第一个深刻的印象就是运用了独特新奇的叙事：整篇小说通过“我”的口吻，分别由“我”和“我父亲”讲述“我这一辈、我的父辈、我的父辈的父辈”三代人的故事。“我”主要讲述高粱地里的爱情故事，“我”的叙述带有当代人的思维和眼光，而小说大部分篇章则由“我”父亲重点讲述墨水河边的伏击战，“我”父亲的回忆无论是思想还是思考方式都带有上一代人的色彩。因为“我”与“父亲”处于不同的时代，有着不同的经历，在观念上也极大地呈现出不同，所以《红高粱》是从多个不同角度展现出“我爷爷”“我奶奶”等先辈们的传奇事迹，使得故事更加完整真实。小说在不同叙述之间转换，自然流畅，将时间与空间、主观与客观交织起来，而且又并行不悖，很好地服务了小说主题，展现出作家非凡的叙事技巧。

小说的语言也别具一格。首先，其语言具有反讽性，并能借助这类语言探知出作者的心理状态和表达意图。例如，对于“我”外曾祖父想通过嫁女儿改变自身的命运，要“我”奶奶在十六岁那一年嫁给百里富家患有麻风病的儿子，“我”奶奶当然不愿意。在此作者用反讽的手法，以带有霉馊味的红盖头来表达“我”奶奶内心的不满与愤怒之情。其次，大量运用色彩词汇，尤其是亮色词汇。具体表现为大红色和大绿色的使用，尤其是在“我”奶奶衣服的穿戴上更是如此，这些亮丽的颜色展现了高密东北乡人的活力与生命力。再次，在展现视觉的时候，也大量运用嗅觉，给读者呈现出精彩纷呈的感官世界。小说中充斥着各种各样的气味，例如，高粱秸子腐烂味、尸臭味、狗屎狗尿味，这些杂七杂八的味道混合在一起，这正是“我”父亲所面临的世界。作者用气味这一角度来切入这黑暗世界的表象，创造出了属于带有他奇特性的感官世界。此外，小说中的语言也体现出作者的怀乡情结。文学语言大多来源于生活，所以小说中出现了大量的方言及口语化的语言，充满了浓浓的生活气息。例如，余占鳌与戴凤莲之间的对话就充斥着大量的粗话、脏话。这类原生态的语言书写，没有任何的艺术加工，不仅对人物形象的塑造起了重要作用，而且也生动展现了当时农村底层民众的生活状态。

小说还塑造了两个格外出彩的人物形象：“我”爷爷余占鳌与“我”奶奶戴凤莲。余占鳌与戴凤莲轰轰烈烈的爱情故事，融入到了抗日中，进而展现出人性的光辉。余占鳌虽然文化不高，但却是一个铁骨铮铮的好男人，他面对日本帝国主义侵略，没有丝毫的退步，出于对祖国的热爱与正义感，他毅然决然地拿起武器与其做斗争。“我”奶奶戴凤莲，她充满着生机与活力，却被迫嫁给麻风病人。我“奶奶”在绝望中接受了在高粱地里与余占鳌充满野性的狂欢，这更是一次生命的张扬，在此，小说不仅仅想表达戴凤莲与余占鳌摧毁了封建伦理道德的最后一道防线，打破传统伦理与教条的束缚，更为重要的是，将高密东北乡那种土生土长、具有原始意味的农民本真的人性与欲望表现了出来。此外，其他的人物形象的塑造也是非常出色，如罗汉大爷、二奶奶、余大牙等，他们即使是配角，在国家生死存亡的时候，也彰显出了不屈不挠的民族精神与爱国情怀。

总之，《红高粱》无论是从思想认识上来说，还是从艺术审美方面看，都是独具特色的。

作品

赞　美①

穆　旦

走不尽的山峦的起伏，河流和草原，
数不尽的密密的村庄，鸡鸣和狗吠，
接连在原是荒凉的亚洲的土地上，
在野草的茫茫中呼啸着干燥的风，
在低压的暗云下唱着单调的东流的水，
在忧郁的森林里有无数埋藏的年代。
它们静静的和我拥抱：
说不尽的故事是说不尽的灾难，
沉默的是爱情，是在天空飞翔的鹰群，
是干枯的眼睛期待着泉涌的热泪，
当不移的灰色的行列在遥远的天际爬行；
我有太多的话语，太悠久的感情，
我要以荒凉的沙漠，坎坷的小路，骡子车，
我要以槽子船，漫山的野花，阴雨的天气，

① 选自《穆旦诗选》（人民文学出版社 1986 年版）。穆旦（1918—1977），原名查良铮，曾用笔名梁真，浙江海宁人。著有《探险队》《旗》等。

我要以一切拥抱你，你，
我到处看见的人民啊，
在耻辱里生活的人民，佝偻的人民，
我要以带血的手和你们一一拥抱，
因为一个民族已经起来。

一个农夫，他粗糙的身躯移动在田野中，
他是一个女人的孩子，许多孩子的父亲，
多少朝代在他的身上升起又降落了
而把希望和失望压在他身上，
而他永远无言地跟在犁后旋转，
翻起同样的泥土溶解过他祖先的，
是同样的受难的形象凝固在路旁。
在大路上多少次愉快的歌声流过去了，
多少次跟来的是临到他的忧患；
在大路上人们演说，叫嚣，欢快，
然而他没有，他只放下了古代的锄头，
再一次相信名词，溶进了大众的爱，
坚定地，他看着自己溶进死亡里，
而这样的路是无限的悠长的，
而他是不能够流泪的，
他没有流泪，因为一个民族已经起来。

在群山的包围里，在蔚蓝的天空下，
在春天和秋天经过他家园的时候，
在幽深的谷里隐着最含蓄的悲哀：
一个老妇期待着孩子，许多孩子期待着
饥饿，而又在饥饿里忍耐，
在路旁仍是那聚集着黑暗的茅屋，
一样的是不可知的恐惧，
一样的是大自然中那侵蚀着生活的泥土，

而他走去了从不回头诅咒。
为了他我要拥抱每一个人，
为了他我失去了拥抱的安慰，
因为他，我们是不能给以幸福的，
痛哭吧，让我们在他的身上痛哭吧，
因为一个民族已经起来。

一样的是这悠久的年代的风，
一样的是从这倾圮的屋檐下散开的无尽的呻吟和寒冷，
它歌唱在一片枯槁的树顶上，
它吹过了荒芜的沼泽，芦苇和虫鸣，
一样的是这飞过的乌鸦的声音，
当我走过，站在路上踟蹰，
我踟蹰着为了多年耻辱的历史仍在这广大的山河中等待，
等待着，我们无言的痛苦是太多了，
然而一个民族已经起来，
然而一个民族已经起来。

——1941 年 12 月

赏读

穆旦是中国现代“九叶诗派”的代表性诗人、翻译家。穆旦的诗歌受英国浪漫派现代诗风的影响较大，后来在浪漫主义中融合了现代主义和现实主义的因素，富于象征寓意和思辨色彩。其艺术风格、诗学传统、思想倾向和文学史意义，被人们深入讨论并给予很高的评价。袁可嘉就认为，穆旦“是这一代的诗人中最有能量的、可能走得最远的人才之一”。在“二十世纪中国诗歌大师”的排行榜上，他甚至被名列榜首。

《赞美》是穆旦的代表诗作，同时也是他诗歌风格的标志之作。诗篇以“赞美”为题，以“一个民族已经起来”作为全诗的抒情基调，在中华民族抵御日本军国主义侵略的最艰苦的年代，唱出了一曲高昂的民族精神的赞歌。

20世纪40年代初是我国抗日战争中最为艰苦的“相持”阶段，国家和民族到了生死存亡的关头，当时的中华民族背负着耻辱、灾难、落后与苦难，同时祖国的同胞们又具有吃苦耐劳、顽强不屈、坚韧不拔的民族性格。诗人正是带着这种复杂的情感，有力地抓住了时代特色，写下了《赞美》一诗，流露出诗人对历史耻辱的悲悯，对民族灾难与命运的忧虑和对中华民族生生不息的生命力的崇拜。

全诗共分四节。第一节将祖国大地上的历史、贫穷、屈辱通过密集的意象群，形象生动而又全面地展现出来。例如，山峦、河流、草、村庄、风、暗云、水、森林等。此外，诗人还通过一系列的修饰语来表达自己内心的真实感受。例如，“荒凉”“茫茫”“干燥”“低压”“单调”“忧郁”等。由物及人，从中可以感受到诗人与中华大地血肉相连。诗人在回望祖国的历史进程中，心中不免思绪万千，对祖国的依恋、爱戴、悲悯、同情等感情交织在了一起，充满了对这片土地深沉的爱。

第二节将眼光从对祖国的历史回望中收回，聚焦到了具体的农夫身上。农夫代表着中国人民的绝大多数，他们祖祖辈辈在这片土地上忍辱负重，含辛茹苦地活着，默默地承受着一切的痛苦和灾难，不断地接受着希望与失望。诗人在这一节运用了很多凝重的词汇，“永远”“同样”“凝固”等，在此表现出人民在苦难面前是缄默的，更是无言的。中国农民所经受的苦难被诗人用艺术的语言高度浓缩，一个个受难者形象跃然而出。在此，应对种种痛苦和折磨，反反复复的希望与失望，农夫身上表现出的淡定、从容和执着，让诗人看到了中华民族的民族性格与民族精神，有了这种民族性格和民族精神，中华民族即使历经种种苦难仍旧会生生不息。

第三节则用忧伤的笔调对苦难的历史进行追问，得到的回答是农夫的忍耐与义无反顾地前行，农夫在抗争中体现出一个崭新时代的来临。诗人对此表现出对祖国苦难历史的悲悯以及对人民忍耐与奋斗的崇敬之情。

第四节再次转换角度，目光掠过历史，诗人再次抒发自己由衷赞美之情，又一次点明了主题。虽然人民是忍辱负重的，但是从无言的痛苦中，感受到了坚实而富有生命力的力量。连续两个“然而一个民族已经起来”，发出的是时代最强音，这句诗压住了整首诗的阵脚，从悲沉中爆发出巨大的力量。

诗人继承了“五四”以来知识分子对现实强烈关注的精神，即使生活在最底层，仍然时刻关注国家、历史的命运。诗的每一节都以“一个民族已经起来”结尾，不仅在结构上呈现出前后呼应的效果，使整首诗形成了一个整体，而且在层层推进中，通过三次坚定的回复，达到一种最终的肯定，至此完成了对不屈服于苦难的中华儿女的最高礼赞。

诗篇规模宏大，激情澎湃，善于选择生活中的细节入诗，在语言上充分发挥了汉语的弹性，用多义词语、繁复句式、反复咏叹来传达复杂的诗情，并借用英语的表达技巧，非常娴熟地将英语语法使用在中文上，因此诗风显得格外厚重与深沉。

话题探究

1. 《鹰之歌》是一篇忆念南方黄昏的抒情散文，一首颂扬革命女友的诗篇。结合本文鹰的形象与其他文学作品中鹰的形象，说说作者对鹰这一意象赋予了什么样的情感？

2. 请结合《青春之歌》中主人公的形象，探究作者塑造人物形象的意图？

3. 国破山河在，城春草木深。——杜甫《春望》

只解沙场为国死，何须马革裹尸还。——徐锡麟《出塞》

商女不知亡国恨，隔江犹唱后庭花。——杜牧《泊秦淮》

苟利国家生死以，岂因祸福避趋之！——林则徐《赴戍登程口占示家人·其二》

你还能列举出其他的爱国诗句吗？

4. 《赞美》在意象的选择上有什么特点？请结合这首诗的特征对这些意象加以赏析。

思想之光

◇ 华南虎　　牛汉

◇ 悬崖边的树　　曾卓

◇ 思想与思想者　　林贤治

导读

现在我们提倡大众创业，万众创新，这非常好！至少说明两点，一是我们认识到了创新的重要性，二是我们现在尚缺少创新。

为什么我们缺少创新？因为我们思想不解放。创新是一种思维方式，创新是思想自由之树上结出的丰美的果实。

自从有了人类，便有了思想，或者说思想与人类共生。人人都享有生命和思想的权利，如同享受阳光、空气和水一样。思想是行动的发动机或火车头。那么思想是如何产生的呢？

“思想是反抗现实，变革现实的，是对于既存秩序的否定，哪里有一种思想是满意现状的呢？除非是统治者——鲁迅常常称作‘权力者’‘权势者’”。(林贤治《思想与思想者》)

对待思想有两种态度，一种是解放思想，一种是禁锢思想。解放思想就是百花齐放，百家争鸣。结果就是人们敢思敢想了，创新就来了。但是历史上更多的时期是禁锢思想，其表现就是言论控制，这也不能想，那也不能说，于是便有了万马齐喑的局面，谈何创新？厉王止谤道路以目，始皇焚书还要坑儒，到了汉武帝则罢黜百家独尊儒术，清代的文字狱更是让人噤若寒蝉，一句“清风不识字，何事乱翻书”不仅把命也丢了还要株连九族！希特勒禁锢思想最有效的也是最简单的更是最彻底的方式便是消灭肉体，“玩失踪”便是他经常做的“游戏”。其次是摧残肉体和尊严，检讨、声讨、批判、游街、打断腿、挑断筋、钉竹签、割舌头、断喉管、断亲情、劳动改造、监狱改造等不一而足，以达到洗脑的目的。把脑子洗得纯洁无瑕，把人才洗成奴才，只会服从，只会颂圣，不会思想，焉能创新？侥幸逃脱希特勒魔掌的思想者来到美国，使美国成为思想大国，创新大国，然后才有科技强国。

对“权力者”或“权势者”来说，思想如虎，因此必须把它关进笼子

里。“你的健壮的腿/直挺挺地向四方伸开/我看见你的每个趾爪/全都是破碎的/凝结着浓浓的鲜血!”……（牛汉《华南虎》）

或者把他“充边”到“平原的尽头”或者“临近深谷的悬崖上”，让他孤独寂寞，让“它的弯曲的身体”“留下了风的形状”（曾卓《悬崖边的树》）……

河流曲折，但终奔向大海；历史迂回，但仍趋向文明；思想之光，烛照黑暗，创新未来！

作品

华南虎①

牛　汉

在桂林
小小的动物园里
我见到一只老虎。

我挤在人群之中，
隔着两道铁栅栏
向笼里的老虎
张望了许久许久，
但一直没有瞧见
老虎斑斓的面孔
和火焰似的眼睛。

笼里的老虎
背对胆怯而绝望的观众，
安详地卧在一个角落，

① 选自《牛汉诗文集》（人民文学出版社 2010 年版）。牛汉（1923—2013），原名史成汉，山西定襄人。著有《悼念一棵枫树》《半棵树》等。

有人用石块砸它
有人向它厉声呵斥
有人还苦苦劝诱
然而，它都一概不理！

又长又粗的尾巴
悠悠地在拂动，
哦，老虎，笼中的老虎，
你是梦见了苍苍莽莽的山林吗？
是屈辱的心灵在抽搐吗？
还是想用尾巴鞭打那些可怜而可笑的观众？

你的健壮的腿
直挺挺地向四方伸开，
我看见你的每个趾爪
全都是破碎的，
凝结着浓浓的鲜血！
你的趾爪
是被人捆绑着
活活地铰掉的吗？
还是由于悲愤
你用同样破碎的牙齿
把它们和着热血咬碎的……

我看见铁笼里
灰灰的水泥墙壁上
有一道一道的血淋淋的沟壑
像闪电那般耀眼刺目！

我终于明白……
我羞愧地离开了动物园，

恍惚之中听见一声
石破天惊的咆哮，
有一个不羁的灵魂
掠过我的头顶
腾空而去，
我看见了火焰似的斑纹
和火焰似的眼睛！

一九七三年六月

赏读

《华南虎》是诗人牛汉的代表作之一，最初发表于《诗刊》1982年第2期。20世纪50年代，以胡风为首的“七月诗派”被划作“反革命集团”，作为“七月诗派”的重要成员，32岁的牛汉于1955年5月被捕，遭到两年的囚禁。“文化大革命”期间，又被下放到湖北咸宁五七干校接受进一步的“思想改造”。

1973年6月，诗人第一次去桂林。老虎似乎很难与桂林山水联系起来，但是，诗人无心流连于桂林的青山秀水，反倒写了一首愤激的“老虎诗”。

诗人回忆说：“当时，我在湖北咸宁文化部干校，绝大部分学员都已回京或分配到别的城市，我是属于少数不能入京的‘分子’之一。不待说，情绪是异常沉重的。……对面是桂林动物园，由于无聊，我们走进园内。炎炎如火的阳光，蒸烤着一个个铁笼，里面大半是蟒、蛇，还有几只猴。在最后一排铁笼里，我们看到了这只华南虎。正如我在诗里写到的那样，它四肢伸开，沉沉地睡着。我看到血淋淋的爪子，破碎的，没有爪尖，最初我还没有悟过来，我记得有人告诉过我，动物园的老虎，牙齿、趾爪都要剪掉或锯掉。这只虎，就用四只破碎的趾爪，愤怒地绝望地把水泥墙壁刨出了一道道深深浅浅的血痕，远远望去像一幅绝命诗似的版画。我立在铁笼外好久好久，我想看看虎的眼睛。人的眼睛是灵魂的窗子；虎的眼睛也应当是灵魂的窗子。但它始终没有转过脸来。这四只虎爪已经足够使我的灵魂感到惭愧。我想，从遥远的长江南岸来桂林，原只是想在大自然无邪的怀抱中解脱一下，现在我居然还作为一个观众，有兴趣来欣赏被囚禁的老虎。我没有老虎那不驯的气魄，不但自惭形秽，而且觉得心灵卑劣，于是，匆匆离开。”

(《梦游人说诗》，华文出版社2001年版)。这只老虎的形象强烈地触动了诗人的情思，回到干校后，他写下了这首诗。

诗歌的前三节是诗歌情感发展的初期。诗人来到动物园，看到被囚禁的华南虎安详地卧在一个角落，又粗又长的尾巴，悠悠地在拂动。人们用石块砸它，厉声呵斥它，苦苦劝诱它，它都一概不理。这里出现了“叽叽喳喳的人群”与“背对观众静卧的华南虎”的对比。在窄小的动物园里，在囚禁华南虎的笼子周边，围观着“叽叽喳喳的人群”，他们懦弱不堪，即便是隔了“两道铁栅栏”，面对华南虎悠悠的背影也会感到“胆怯”。他们无聊空虚，竟会因为未获得猎奇刺激与观赏快感而感到“绝望”；他们还很盲从，失去了独立的人格和自我意识，面对不配合的华南虎，他们不约而同地采取了“砸”“呵斥”“劝诱”等方式对其进行威逼利诱，冷漠而麻木。在这里，“我”与“华南虎”仍是互不相干的，“我”只是冷漠普通的看客，只是想看看有兽中之王美誉的华南虎“斑斓的面孔和火焰似的眼睛”。然而愿望落空了，看到的仅是背对着观众的老虎。

诗歌第四、五、六节写华南虎的不屈抗争对诗人心灵的巨大震撼。这首诗有一个强烈的情感触发点——华南虎的那几只血淋淋的破碎的爪子和墙上带血的抓痕。诗人以华南虎为象征，字里行间蕴含着强烈而深沉的反抗精神。“灰灰的水泥墙壁上/有一道一道的血淋淋的沟壑/像闪电那般耀眼刺目”。虽然华南虎在艰难和困厄中，却英勇无畏，不屈不挠，因为只有抗争才是它活下去的全部精神寄托和现实意义，才是它高贵生命的有力呈现。诗人终于明白：被囚禁于铁笼中的不是一只普通的老虎，而是一个不屈服、不苟活的高尚灵魂。

诗歌最后两节是诗的尾声，诗意的升华。如果说诗人在初见华南虎是冷漠的，那么诗歌最后两节，诗人浓墨重彩地抒发了自己的感受，以“我”的“羞愧”，表达出对不屈生命的礼赞。《华南虎》全诗的情绪，从冷漠、痛苦到高昂、热烈，唱出了一首荡气回肠的英雄赞歌。同时，在这里我们触摸到一名中国知识分子的高贵的精神，感受到他虔诚的反省。

作品

悬崖边的树[①]

曾　卓

不知道是什么奇异的风
将一棵树吹到了那边——
平原的尽头
临近深谷的悬崖上
它倾听远处森林的喧哗
和深谷中小溪的歌唱
它孤独地站在那里
显得寂寞而又倔强
它的弯曲的身体
留下了风的形状
它似乎即将倾跌进深谷里
却又像是要展翅飞翔……

① 选自《曾卓抒情诗选》（中国文联出版公司 1983 年版）。曾卓（1922—2002），原名曾庆冠，笔名柳红、马莱、阿文、方宁等，湖北黄陂人。著有《门》《老水手的歌》《美的寻求者》等。

赏读

曾卓，16 岁加入中国共产党，17 岁正式发表作品。1955 年曾卓受“胡风案”牵连，被捕入狱。此后的二十五年中，他一直戴着“胡风分子”的“帽子”，作为一个囚犯忍受着灵魂和肉体的双重煎熬。牛汉说：“任何一首真正的诗，都是从生活情境中孕育出来的，离开产生诗的特定的生活情境是无法理解诗的。”《悬崖边的树》写于 1970 年，欣赏这首诗作不能离开诗歌创作的特殊时代和诗人的人生境遇。

正如曾卓所说：“写这首诗的时候，我在农村劳动，我从我所在的小队到另一个小队去，经过一座小山的时候，看到了一棵树。那棵树确实是弯弯曲曲的，生长在悬崖边。我很容易地就产生了联想。这是与我特有的心境、特有的遭遇联系起来才能够产生的”。

诗歌开篇，“奇异的风”将“一棵树吹向了那边”，“平原的尽头，临近深谷的悬崖上”。看似信手拈来的两句，将我们带入了那岌岌可危的境况中，我们心海中霎时浮现出一幅苍凉的画卷。它使我们感觉到这并不是单纯的意象呈现，而是诗人情感、心境和存在意识的强烈投射。这棵处境危险的树被“奇异的风”吹到悬崖边缘，却始终倔强地进行着挣扎和奋斗，但身躯却也因而弯曲变形，惨遭摧残。它由于被抛到悬崖的边缘而倍感孤独和寂寞的痛楚，却倔强地在孤独中倾听远方“森林的喧哗”和“小溪的歌唱”。它承受着被遗弃的命运，却从没有放弃过爱和信念。诗人用“孤独、寂寞、倔强”三个词语来形容这棵树，运用了拟人手法，使树也有了人的思想、感情和性格，将不可捉摸的情思转换为诉诸人们的感性的有灵性的艺术形象。

诗的末尾，“它的弯曲的身体/留下了风的形状/它似乎即将倾跌进深谷里/却又像是要展翅飞翔”。“弯曲的身体”“风的形状”勾勒出了饱受摧残的受难者形象；最后那句惊心动魄的“似乎将要倾跌于深谷里，却又像是要展翅飞翔”，则是诗人不屈心灵的真实写照。作者既刻画出了时代风云在树这一意象上留下的印记，更描绘出了自己挫折后的坚强和不屈。

《悬崖边的树》运用简洁凝练的语言，客观含蓄的展现出特定年代社会生活的缩影，诗人曾卓让我们领略到了诗歌的独特魅力，更让我们深刻感悟到了一个真正的勇士内心中澎湃的那腔热血。

作品

思想与思想者[1]

林贤治

人是什么？唯物史观教导我们说，人是从制作工具，以及运用这工具从事劳动的时候开始，转身与猴子揖别的，其实，除了劳动，人还必须会思想，所谓思想，自然离不开独立自主的意识。这是最基本的。倘使仅仅懂得劳动。耕植和采集，充实了肚子，发达了四肢，最后也很难免于陷入牛羊一般的境地，迄今已有半个世纪的传播历史的《世界人权宣言》，赫然写着如下条款：“人人有权享有生命、自由和人身安全。”在这里，生命权和自由权是并列的，不可分割的。不是活着便可以尊为人类，从“温饱”到“小康”，如果人类只是被当作一种结构性物质，而满足于生命的维系，是无法体现存在的本质的。人类是精神的人类。没有哪一种生物，能够像人类一样热爱独立、自由和尊严，所以，在世界上，凡有人类聚居的地方，都有着同样含义的成语在世代流传：“不自由，毋宁死”。

真正的思想，也即自由思想，萌蘖于禁锢、奴役、不自由

① 选自《时代的忧伤》（凤凰出版传媒集团江苏人民出版社 2009 年版）。林贤治，生于 1948 年，广东阳江人。著有《梦想或忧伤》《人间鲁迅》等。

的现实关系，以及对此痛苦的觉省。没有先验的思想。思想是反抗现实，变革现实的，是对于既存秩序的否定，哪里有一种思想是满意现状的呢？除非是统治者——鲁迅常常称作“权力者”，“权势者”。个别时候也称“政治家”——的思想。他在一个著名的演讲中说道：政治家最不喜欢人家反抗他的意见，最不喜欢人家要想，要开口，而从前的社会也的确没有人想过什么，又没有人开过口。且看动物中的猴子，它们自有它们的首领；首领要它们怎样，它们就怎样，在部落里，他们有一个酋长，他们跟着酋长走，酋长的吩咐，就是他们的标准。酋长要他们死，也只好去死，……哪里会有自由思想？纳粹有句座右铭式的话：“思想先行，行动紧跟。”这“思想”就不是自由思想。意识形态化了的思想，是不能称作思想的，因为已然失却自由的含量。思想是个体的，弱势的，异质的，非正统非主流的。

人类拥有自由思想是相当晚近的事情，推算起来，最早也当在“后酋长时代”。在黑暗的中世纪，我们已经可以透过十字架的阴影看见：怀疑与信仰共存，异端与信徒并现。思想锋芒初露，虽然随即为火与剑的方阵所包围，却依然咄咄逼人。僧侣们无法预料，他们以日夜积聚的大量的统一思想的工作，培养出一种普遍的观念；正是这种观念，诱使思想者在更为开阔的地带播撒自由和反抗的种子。及至近世，随着“权利的时代”的到来，可以想见，思想将会变得何等活跃，至于思想者，当然大可以走出地堡，卸掉盔甲或伪装，睥睨气息奄奄的宗教裁判所而自由言说了！

然而，事实上，张捕与逃逸仍在进行，没有哪一天停止过，有时候，言路特别狭窄，甚至完全被阻断！进化论遭到挑战是必然的事情，社会的进步与否，怎么可以根据时间的先后论定呢？权力者始终占据着历史的主动地位，像他们的父辈一样，恒定地听命于“权力意志”；而思想者，却难免为环境左右，不是慷慨激昂便是忧心忡忡——角逐的双方，谁也无暇顾及钟表。

近代历史确乎发生了很大变化。虽然，这种变化，说到底不过是在“原型”那里做出量的增减而已。随着大学的勃兴、科学的昌明，知识分子势力迅速膨大；相应地，权力也变得更为集中，打击的能力大大增强了，阿伦特在名著《极权主义的起源》中，专论希特勒的纳粹政权和斯大林的苏维埃政权，它们都是在本世纪建立起来的。盖世太保、格别乌、窃听器、集中营、特别法庭、秘密审讯和处决等项发明，足够叫中世纪大主教大法官的玩意相形见绌。在权力者和思想者之间，存在着大量貌似中性的平和的知识分子。到底他们干了什么？他们精心设计的机械、技术，各种关于管理的理论，包括宪法，最大限度为谁所利用？这个问题很难量化，故而长期被悬置起来，无人深究。希特勒是一贯标榜“革命”，信奉“社会主义”的，他曾经弄过一个由总统签署的非常法令《人民与国家保护法》，其中规定：“在相反规定的法律限度以外许可限制个人自由，限制表达意见的权利，包括出版自由；限制结社和集会权利，还许可侵犯私人邮件、电报、电话、通信保密权，许可搜查民宅，许可下令没收财产和限制财产权。”类似的法令是否经由法学家的润饰，我们不得而知，但它通过剥夺进行“保护”是明显的，还不能说是完全的赤裸裸。比较起来，斯大林于 1936 年颁布的苏联宪法要庄严得多，然而不出一年，就开始大规模的肃反了！

近代以降，权力者对知识者的打击，主要集中在两个地方：其一是大学，其一是新闻出版界。凡知识分子成堆的地方，就有可能成为思想的产床。作为中国近现代历史的转捩点，五四运动就是来源于一所大学和一本期刊。

赫尔岑的回忆录《往事与随想》，对莫斯科大学的情况，有着详细的记述，这是一所伟大的学校，给世界贡献出了一批富于头脑的人物。为了对付他们，政府安置了特务网，还有政法委员会之类。思想与青春结盟是可怕的。希特勒根本不把成年人放在眼里，贬斥为“迷失的一代”，而致力于毒化和争取青年，他说，德国青年应当“像猎犬一样敏捷，像揉过的皮革一样坚韧，像克虏伯工厂生产的钢一样经受过锻炼”。这些青年什么都具备，就是不具备思想。1933 年 4 月，政府明令规定大学生必须加入大学联合会，还须参加四个月劳动锻炼和两个月集体军训。教师也有统一的组织，主掌管人员进行苛刻的挑选和培训。1933 年至 1934 年，纳粹党在大学进行了一场清洗运动，有六分之一的教师被解聘或被迫辞职。有意思的是，大部分教授竟公开表态支持政府。著名哲学家，80 年代以来在中国学界产生了广泛影响的大师级人物，可耻的海德格尔，在弗顿堡大学发表校长就职演讲时说：“任何教条和思想，将不再是你们生活的法则，元首本人，而且只有他，才是德国现在和未来的现实中的法则。”斯大林对大学的控制一样严密。在苏联高教部的十六个职能司中，属于思想统制方面的大大超过半数。所有学科的教育为政治教育所笼盖、所渗透，因为这是不能不服从于制度的总体的集权性质的。

集权主义者无不重视意识形态，重视宣传。希特勒在政府中首先设立的部，就是国民教育和宣传部。据说，我们今天使用的“宣传”（propaganda）一词，即从中世纪在罗马设立的传播天主教信仰的专门机构演化而来。可见，思想以及对思想的控制，都是中世纪的遗产。图书审查、禁书、焚书，在中世纪已经相当流行了，《禁书目录》委员会，犹如宗教法庭一样声名赫赫。但是，焚书在当时只是零星进行，像纳粹德国这样狂欢节一般的盛况，是从来未曾出现过的。1933 年 5 月 10 日，时值午夜，成千上万名学生高举火炬，游行到柏林洪堡大学对面的广场。广场上，小山般堆满了书籍，他们把火炬扔进书堆，然后像添加柴火一样再不断地把书往火里扔。据统计，大火吞噬的书籍多达二万册。纳粹党领袖之一戈林对大学生说：“你们干得好！在这午夜之际把过去的精神付之一炬，这是一次强有力的、伟大的和有象征意义的行动……”其他的大学城，也相率举行了“焚书日”。鲁迅曾经把国民党法西斯分子称作“希特拉的黄脸干儿”，查查家谱，其实秦始皇爷爷的“焚书坑儒”，倒也不失为伟大的经典之作。只是大不敬的人从来便有，如唐诗写的“坑灰未冷山东乱，刘项原来不读书”，就是嘲笑此举的愚蠢的。在电子出版物相当发达的今天，我们不是有更充分的理由，回头傲视希特勒及其党徒吗？问题是，这些大独裁者，仅仅凭了他们的无知与专横，便可以如此一再挑战人类的尊严！

知识分子算什么东西呢？他们不过是些沙石泥料，既能用来筑造辉煌的圣殿，自然也能用来砌做污秽的粪池。为了便于控制，德国在 1933 年便成立了德国文化总会，下辖文学、音乐、电影，戏剧、广播、美术、新闻等七个协会。总会章程规定“必须由国家领导”，因此名为群众团体，实系官方组织；总会及其下属各协会的决议和指示，对会员是具有法律效力的。倘使你是文艺家或是新闻工作者，不参加组织或被组织开除，都意味着停止演出或发表作品，甚至连一张购买油彩的票证也弄不到。苏联也成立了同样性质的文艺家组织，时间不早不迟，正好在 30 年代初，这也算得是历史的巧合吧，在苏联大清洗期间，一批卓越的作家和诗人失踪了。天生叛逆的札米亚京，幸好提前逃到了国外，不然，即便保持缄默也很难活下来，作家协会对于作家是严厉的。它挥舞无形的大棒驱走了左琴科和阿赫玛托娃，恫吓怯弱的帕斯捷尔纳克，还有固执的索尔仁尼琴，把天才诗人布罗茨基拒之门外，让他做苦工，流浪，劳改……斯大林以党内最高的领导地位成了文艺界和学术界公认的权威，许多学术问题，以及与此相关的人物的命运，都必须通过他做最后的裁决。希特勒和他一样，在德国，也是文化艺术领域的最高仲裁者。他们是敏感的，他们确实有能力从隐蔽的地方发现自由思想的踪迹，虽然许多时候神经过敏，被自己虚构的影像所欺蒙也是常有的事。拉斯科尼夫从巴黎发出一封致斯大林的公开信，谴责道：“您残酷地消灭了一批才华横溢，唯不合您本人脾胃的俄罗斯作家”。巴别尔、皮利尼亚克、科尔佐夫、伽尔询、梅叶尔霍尔德、特列基亚科夫……那么多人，死后多年才由官方恢复了“名誉”，但是他们如何死法，广大同胞迄今一无所知。《大恐怖》一书的作者康奎斯特，于1990年发表关于苏联肃反时期的一项最新统计结果，计数如下：

1. 1936年末，已被关押在监狱或劳改营中的人约五百万；

2. 1937年1月至1938年12月，被捕者约八百万人，其中约一百万人被处决，约两百万人死于劳改营中；

3. 1938年底，在狱中约一百万人，在劳改营中约七百万人。

这些数字，并不包括在农业集体化运动和饥荒中被流放，处决和死去的人，也不包括此后在1939至1953年间被处决、死于劳改营或被囚禁的人数。希特勒说：“恐怖是最好的上帝。我们在俄国人身上就看到这一点。”对于具有自由思想的文化人，纳粹当局同样是成批处理的，开始时好像颇宽容，采取“打招呼”的办法，分期公布被开除国籍、成为不受法律保护者的名单。至1938年底，被迫流亡的人达八十四批，共计五千人。爱因斯坦、亨利希．曼，托马斯．曼、布莱希特、茨威格、霍克海默、阿多诺……最优秀的种子离开了德国的土地，唯有少数留在国内，艰难地捍卫内心的自由。

在最恐怖的日子里，思想和思想者陷身于逃避迫害的途中，却依然顽强地表达着自己。冤家路阔。自由思想存在一天，逃逸就只能是一种形式，在本质上它是进攻的。活在意大利文艺复兴运动中的古希腊精神、观念与艺术，难道真的是历史残留的余晖吗？俄国诗人涅克拉索夫为逃避审查官的审查，曾经一度给自己的诗加了副题，当是译作，于是也就发表出去了。德国雕塑家巴尔拉赫，1927年接受建造大战阵亡战士纪念碑的任务，在巨大而庄重的碑石里，他把战争留下的创伤、悲痛和愤怒深深地镌进去，唯独缺少政府所要求表现的崇高。当然，这种逃避的艺术，最终还是逃不过纳粹的眼睛，1935 年，纪念碑被拆除了。中国的鲁迅，在“党老爷”的刀锋底下写作杂文，变换笔名，使用曲笔和反语，创造了一个平民战士与东方传统和权力社会针锋相对的壕堑战术。他声称，他不做许楮，他得“躲”起来。为了保持思想的完整，文章发表前，他说，他是自行抽掉了一根骨头，完后再由审查官老爷抽去的。那结果，有时候是连他也预想不到的坏，一篇长文只剩下一个头。无论对谁，幸与不幸，到底是有骨头的。思想就是骨头。

面对无止期的迫害和恐怖，具有自由思想的知识分子，是很少有人坚持到最后的。由自己把思想扼杀于思想之中，这时，唯有这时才开始真正的逃逸。只是在这里，思想已不复成为思想，而是意识形态，是权力政治的一部分了。二战过后，爱因斯坦拒绝同德国恢复关系，包括科学机构在内，是有着一个自由思想者的理由的。因为在他看来，“德国知识分子——作为一个集体来看——他们的行为并不见得比暴徒好多少。”思想知识界的这种普遍放弃、逃逸、堕落的行为，带给一个民族的影响是致命的。所以，流亡在美国的托马斯·曼，在 1945 年 5 月纳粹战败，举世狂欢，到处是拥抱和祝福的时候，却沮丧地垂下头颅。他借“一个德国人”说出了他深沉的怆痛：“他思忖，这种普天同庆对于德国到底意味着什么？在经受了这种种磨难之后，她还要度过多少黑暗的岁月，多少无力自省的年代，多少罪有应得的屈辱的日子？当他想到这些，他的心感到了一阵抽搐……”

思想是柔弱的，正如思想者处于无权的地位。如果思想者一旦掌握了权力，或者思想建立了它的霸权话语，固有的自由行程便告中断了。作为思想，它可以被折断，但自始至终是正直的；可以被粉碎，却永久保持着坚硬的质地。只要称得上思想，你便无法置换它，消灭它。正因为思想能够这样以弱质而存在，所以是强的。

但是，在一体化的社会里，思想和思想者毕竟是一个异数，一个变数，其实是极少数，也可以称“一小撮”。尤其在一个专制的国度里，哪怕是开明专制，如果“思想者”可以多得像集市里的商贩，乐呵呵地唱卖他的货色；或者如舞池中的舞者，一意奔逐于主旋律；或者像大街上的巡警一般，威风凛凛，所到之处，秩序井然，那么作为一种精神界的现象，它是可疑的。

赏读

“人人有权享有生命、自由和人身安全”，这句被庄重记录在《世界人权宣言》中的话，也早已铭刻在我们心中。在如今看来，这不过是最寻常不过、合情合理的观念和意识，但倘若倒退回半个世纪乃至更前的时代，简直是不可想象，甚至还可能被认为是亵渎神灵、大逆不道。只有回到平权以前的生活处境，才能深刻体会到这一认识的难能可贵、来之不易。有些作家是以严密的逻辑思辨来阐述尊严和自由的可贵；有些作家则擅长以惨淡的人间故事来戳破扭曲人性的现实，比如鲁迅。《祝福》这一篇小说中对祥林嫂的离世前的刻画真是让人过目难忘、触目惊心。不被当人看的祥林嫂，消尽了活力和神采，“只有那眼珠间或一轮”，还证明她是个活物。婆家可以把她当牲口一般拽进小船，强行拖走，改嫁他人；鲁四老爷代表鲁镇的权威力量，尊崇理学、重视妇道，根本就看不起接连再嫁的祥林嫂，还嫌她这寡妇脏了自家的门楣，败了鲁家的声威；鬼神的禁忌更是让祥林嫂心颤，害怕死后被两任丈夫争夺，要被撕成两半……在这小说里，我们看到丈夫、家族、神灵的权力，有父权、族权、神权，但唯独看不到人权。正因为看到以前的混账逻辑，我们才明白为何我们要坚决捍卫生命权和自由权，彰显人性的尊严！祥林嫂、闰土、孔乙己平常可爱得就像我们身边的人一样，唯其如此才可亲，也更可怕，我们是不是也在不经意间被蒙蔽被麻醉，在思想意识中沉沦？现实给人刺痛一击，人生而自由而无往不在枷锁之中！

《人类简史》一书有一个颇有意思的观点，它认为智人区别于猿猴的能力在于智人有虚构的能力，编造出一系列大家可以认同并可以传播推广的虚构故事，来构成紧密联系，完成更大范围的合作，这一大胆的想法其实也在提醒我们，很多我们认为理所当然、自然而然的观点和意识都不是自然界原本就有的，而是通过文化宣传加诸我们头脑中的。就连生活里“以瘦为美”、各种购物狂欢节、钻石的价值其实都是文化宣传的结果。既然如此，我们在决定投身于哪一种主义和思想之前，应该有自己独立的审视，不要让自己的意识成为别人思想的填埋场。

正如鲁迅在《狂人日记》中所写道，“从来如此，便对吗”？敢于质疑和反抗“从来如此”，这真是一种感动千古的力量，不是盲目反抗，而是敢于怀疑。从本质上讲，每一个觉醒的人都是狂人，每个人都有区别于他人的思想，都是与众不同、棱角分明的“一小撮”，弱小而特别。渺小如蝼蚁，亦可美如神。

话题探究

1. 本部分的主题为“思想之光”，你喜欢哪一篇？为什么？

2.《华南虎》《悬崖边的树》都是“托物言志”的诗歌，读了这两首诗，你能联想到主题类似的诗歌吗？找一找，说说他们的异同，并尝试着写首诗歌。

3. 你怎样理解《思想与思想者》中的“思想是反抗现实，变革现实的，是对于既存秩序的否定，哪里有一种思想是满意现状的呢？”这句话？

4. 帕斯卡尔说：“人类的全部尊严就在于思想”。他还说：“我无法想象没有思想的人，那就成了一块顽石或一头野兽了”。你怎样理解这些话？

时代风流

◇ 少年毛泽东　罗斯·特里尔

◇ 煌煌上庠　卞毓方

◇ 我的父亲吴维山　吴学先

◇ 查尔斯的赌　杨毅

导读

何谓风流？有功绩又有文采的是风流，有才学又不拘礼法的是风流，风采特异又特点突出的也是风流。不同时代有不同的风流：魏晋的风流是狂放不羁、率真洒脱；唐的风流是开放气派、万国来朝；宋的风流是婉约清秀、精致妩媚……即使是同一时代，不同的人物也会呈现出不同的风流状态："天子呼来不上船"是李白的风流；"致君尧舜上，再使风俗淳"是杜甫的风流；"童子解吟长恨曲，胡儿能唱琵琶篇"是白居易的风流……本部分选择的风流人物有政治家毛泽东、教育家蔡元培、军人吴维山，还有体育明星姚明，他们都是我们时代的风流人物。

毛泽东是一代伟人，中外写他的传记不下百种，其中美国哈佛大学政治学与国际事务教授罗斯·特里尔的《毛泽东传》是最被推崇、最畅销的作品之一，在东西方引起了广泛影响。本书关注毛泽东的个人生活、个性和心理，对于人物和情景的分析出神入化，引导读者体味"故事"背后的时代困惑。节选的是毛泽东少年时代的故事。中国有句古话，叫"三岁看老"，一点不假，成年后的毛泽东个性在少年时代已经初露端倪。该传记文字敏锐新颖，风格优美流畅、生动自如，可读性较强。

北京大学"思想自由，兼容并包"的主张是中国其他大学没有的，但这却是国际大学的通例。这显然是和蔡元培的经历分不开的。他是17岁的秀才，23岁的举人，26岁的翰林，40岁德国莱比锡大学的留学生，46岁入法国学习。在他的北京大学，不仅聚集了陈独秀、胡适、鲁迅等一批新派人物，还汇聚了一批辜鸿铭、刘师培、黄侃等旧派学者。对于知识分子，用其所长，这正是蔡元培的无与伦比之处。《煌煌上庠》让我们一睹蔡元培及当年北京大学的风采！

《我的父亲吴维山》是一部家史，也是一部国史，更是一个民族的记忆。吴维山是一名普通的军人，参加过解放战争和抗美援朝。文中许多细节，我在其他描写战争的书中没有读到过:“在朝鲜三年，没喝过热水，都忘了开水是什么滋味了。我们夏天喝河水，冬天吃雪。”;“一天夜晚，爸爸觉得胳膊痒痒，一看，从包扎伤口的纱布里爬出一串白色的蛆。爸爸感到庆幸，因为生蛆就不会化脓，胳膊就保住了。如果化脓，就要截肢。”感谢“伤口生蛆”，这是怎样的无奈啊！读到这里，我泪流不止。正是这样的千千万万的普通士兵铸就了我们军人的风流！

姚明是第一个到NBA（美国男子职业篮球联赛）打球的中国人。当时光是办出国手续就费了九牛二虎之力，这里就不多说了，说多了都是泪。到了NBA火箭队，首场比赛得了零分！全球2亿多球迷观看比赛啊！半个月，6场球，场均得分3.3分！美国TNT（特纳电视网）电视台的NBA评论员查尔斯·巴克利，他对同事史密斯说，“姚明的职业生涯有一场球超过19分我就亲你肯尼·史密斯的屁股!”他在演播室里这么一说，全国所有的电视听众都听见了。姚明听了有什么反应？后来火箭对湖人，姚明一场得了20分，查尔斯·巴克利又是如何表现?《查尔斯的赌》让我们了解姚明的职业精神。

作品

少年毛泽东[①]

罗斯·特里尔

稻田里，一个穿着肥裆蓝裤的男孩坐在竹凳上，乱蓬蓬的黑发在阳光下熠熠发亮。他身体单薄，但个头对于一个还没有到青春期的孩子来说是高的。他的大眼睛充满梦想。这个孩子的任务很简单，就是把那些来寻食的鸟儿吓走。

翠绿的群山环抱着一个田园山冲，土墙草房掩映在山峦绿茵里。一座石桥踞守在谷底，一切都是和谐的，只有坐在竹凳上的那个男孩身边那本翻旧了的书和宁静的大自然以及 20 世纪初这个亚洲乡村的生活有些不和谐。

这位农家孩子姓毛，“毛发”的毛，学名叫泽东，意即“润泽东方”。

一片绿色的山坡旁的小高地上是他家的四间房子，凶暴的父亲毛顺生掌管家庭大权。他身材瘦小，长相精明，留着髭

① 节选自罗斯·特里尔著的《毛泽东传》（中国人民大学出版社 2006 年版），题目为编者所加。罗斯·特里尔，1938 年出生于澳大利亚，毕业于澳大利亚墨尔本大学，获得历史政治科学一级荣誉学位，1970 年获得哈佛大学政治学博士学位。美国哈佛大学政治学与国际事务教授，东亚研究中心研究员，《大西洋月刊》编委，美国政治学协会会员。2008 年被任命为华盛顿伍德罗·威尔逊中心公共政策学者。

须，一副干什么事情都急不可耐的神色。家里的 18 亩农田是他的城堡，他小心谨慎地操持着一切。

泽东就出生在这个结实而宁静的土砖房里。随着他年龄的增长，他与父亲的冲突也在增加。

入夜，空气燥热，只有阵阵的蟋蟀鸣叫打破寂静。没有人说话，也没有人走动，整个山村似乎已完全融入大自然之中。只有毛家的房子里有一个暗淡的黄色亮点，黑暗中一面墙壁依稀可辨。虽然在中国农村这绝对是应该睡觉的时候了，泽东却正在屋子里熬夜。他俯身坐在那里，面前是一本描写绿林好汉的小说《水浒传》。他那汗流满面的脸贴近那一盏火苗只有黄豆粒大小的油灯，并且还用被子半遮着油灯及自己，以免灯光照出去，因为毛顺生不喜欢他的儿子夜里费油点灯。

一个池塘把毛家的房子和村子分了开来。一天，在这个长满荷花的池塘边上发生了这么一幕：一帮穿得整整齐齐的人站在那里，尴尬地沉默着。山谷里的平静随时会被打破，因为毛顺生的火暴脾气已一触即发。人们都看着他面前的满脸通红的泽东。

父子俩刚刚在家里发生了一场争吵。父亲当着满屋子客人的面骂他懒而无用，泽东顶撞了父亲，然后跑出家门。父母都出来追赶他，客人们也都茫然地跟了出来。泽东跑到了池塘边上停下，声称如果父亲再靠近一步，他就要跳下去。

毛顺生压住雷霆之怒，转而同儿子论理而不去揍他。他现在只要泽东对自己的无礼表示道歉并磕头表示以后顺从就行了（在旧中国，磕头是一种烦琐的跪拜礼，磕头者要双膝跪倒，用头触地九次）。泽东在客人面前的反抗举动迫使父亲做出了让步。泽东向父亲道了歉，但只磕了半个头（单膝着地），毛顺生许诺不打他。

毛家的家境比韶山大部分人家要好。在 20 世纪初，即泽东的童年时期，毛顺生发家了，由贫穷变成了富裕。1904 年泽东 10 岁时，他家只有 18 亩农田，3 年以后就增加到 24 亩。毛家每年大约要消费掉 4 500 斤稻米，此外还有约 7 000 斤余粮可卖。毛顺生雇了一名长工并开始精明地做起了粮食和生猪生意来赚钱，他还放高利贷。他攒了一笔本钱后就开始买进其他农户典当的土地。毛顺生的家开始变得像模像样了，有一座牛棚，一个粮仓，一个猪圈，还有一个小小的磨坊。

这座土墙住宅原是泽东的爷爷在 1878 年修造的。毛顺生家境渐渐富足，对住宅进行了扩建和整修，显得比过去气派多了。后来，这里住着两户人家，毛家和邹家。当泽东家的房子换成瓦顶时，邹家的房子仍然是草房。

泽东是无忧无虑地成长起来的。与他同龄的其他孩子享受不到这种优厚的生活。他没挨过饿，衣服不多但从不破破烂烂。他母亲持家井井有条。令他头疼的是父亲。他的渴求在精神方面。

韶山美丽而宁静。在那时从这里步行到任何一个小镇都有几个小时的路。似乎是自然的造化把一切安置得妥妥帖帖。这里有几百户人家，多属毛氏宗族。由于人烟稀少，所以韶山满眼是青山绿树和片片庄稼。脚下是红色的土壤。插满秧苗的水田在阳光下银波粼粼，像一面分成了几千块的巨大镜子。清新的竹林掩映着雾霭笼罩的青山，并排而立的参天松树，像是在忠实地保卫着它们赖以生存的山坡。

农民们通过选择的地名来表达在大自然面前的谦卑。韶山的名字来源于一个传说，传说里古代有位皇帝曾在此休息，并在这里的一座高峰上弹奏过音乐。距韶山最近的两座城镇也依流经附近的湘江而取名，同时湖南省也简称为“湘”。

这里看不到报纸，外界消息都是通过口头传播。任何外面发生的事传到这里都需要一段时间，所以韶山几乎与世隔绝。如果来了北京皇宫的布告，就要召集村民宣读并把它贴在村校的墙上。就像毛家孤零零地立在山坡上而无任何近邻一样，韶山两千多个村民自成一个世界。

韶山，毛泽东少年生活的天地，直到他在 16 岁时永远离开这里之前，他从未到过离家 70 里以外的地方。

湖南是一个富饶而生机勃勃的内陆省份，这里充满了传奇色彩，是历代兵家必争之地。湖南人喜欢告诉你，他们家乡是七山一水二分田。这恰当地道出了湖南之现状的缘由。

除了北部以洞庭湖为界外，其余三面都是以连绵起伏的山脉为界。因此这里的人们有着粗犷的气质，连绵的群山为土匪们提供了天然的庇护所。在湖南这片土地上生活的人们既有精明狡诈的一面，也有勤俭朴实的特点。在毛泽东以后所作的诗词和散文中，大山是高贵、桀骜不驯和无往不胜的象征。

境内众多的湖泊和四条江河为湖南赢得了“鱼米之乡”的美称。泽东从

6 岁起就喜欢游泳，几乎他后来形成的整个世界观，都是和早年中流击水，江河搏浪的磨炼有关的。

洞庭湖平原是中国的一个主要粮仓。俗话说，“两湖熟，天下足”。同时，这块人口众多的平原还有着厚实的政治传统，不管是在商业领域还是在思想领域，省城长沙常常领导着中国的新潮流。

韶山既不处于湖南的崇山峻岭中，也不位于平原上。在毛泽东身上，既有山地人的特性：粗陋朴实、反叛精神、绿林好汉的浪漫主义；也有平原人的禀赋：热爱读书、良好的组织能力、关心世事。如果说湖南人的性格糅合了山里粗犷的与城镇里圆滑的本能的话，那么，毛泽东可以说是地地道道的湖湘子弟。

挂在梁头上一串串鲜艳的红辣椒把毛家房子上那些平平常常的装饰都映得有了光彩。和大多数湖南人一样，毛顺生喜欢吃辣。就是在这里，泽东养成了一生都酷嗜辣食的习惯。

其他地方的中国人不得不提防湖南人的暴烈和固执，但是，他们不否认火性子是和英勇相伴而生的。全国都知道这样的说法：“若道中华国果亡，除非湖南人尽死。”

湖南人好斗、好诅咒人，喜欢表达自己的见解。他们大多都有宽宽的前额、深眼窝、红面颊，他们是中国的普鲁士人。所以毛泽东长大后绝非泛泛之辈。

韶山的宁静只是暂时的，因为山外正发生着急剧的变化。在北京，中国的最后一个王朝正在苟延残喘。中国是极端落后的。尽管有着种种荣耀，但在 1880 年毛顺生开始闯荡世界的时候，偌大的帝国却连一米长的铁路都没有。

中国正在被欧洲列强瓜分。1893 年 12 月毛泽东出生的几个月后，日本也发起了对中国的进攻。1894 年日本战胜中国，这让中国的精英们由焦虑进而惊惶。

与此同时，一些外国的社会思潮，也借武力之威以前所未有的势头涌向中国，冲击着中国人的心灵。就在泽东出生前夕，中国的第一位驻外大使出版了一本记述他的英国见闻的书，书中对西方世界的描绘使儒家精英们大吃一惊。当 3 岁的泽东蹒跚学步时，中国的首批赴日留学生已经起航东渡了。

反对清朝统治的浪潮像暴发的洪水一样迅猛高涨。在毛顺生年轻的时候，太平天国农民起义几乎推翻了清王朝，但后来，清政府在欧洲人的帮助下，于1864年平息了这次起义。在泽东一生的第一个十年里，中国发生了第一次旨在修葺王朝将倾之大厦的大规模政治改革运动。这场运动成了一个哑炮仗，因为此时单纯的改良是不够的了。

泽东还不到1岁的时候，孙中山（1867—1925）写了一份请愿书，标志着他从改良向革命的转变，这份请愿书列出了一揽子消灭旧中国的战斗计划。旧时的精英们谋划抵制变革：有人私下里说火车的发动机是用小孩子做燃料的，有人质疑说燃料理论难道不是对火神的亵渎吗？泽东就出生在这样一个旧中国走向没落的时代。

在和父亲发生冲突以前，泽东是以中国的方式被和善地养大的。他从未挨过一巴掌，穿着开裆裤，不用大人的帮助就能够大小便。他捉蟋蟀、玩骨头节。他咯咯地笑着，高兴地接过大人们给的红鸡蛋，站在一旁看大人们焚香为慈禧太后（1835—1908）祝寿。

他有时会看一眼堂屋内黑色木桌上的青铜佛像，他还以不解的眼光盯着门口两旁写着有关家庭和睦、孝顺虔诚的内容的对联。他开始琢磨中国的象形文字的意思，读字的发音是湖南人的平舌口音，"h"常读成"f"，因此，"湖南"也就成了"弗南"。

和所有的农民一样，毛顺生为第一胎就生了个儿子而感到非常高兴。儿子是个宝，女儿是片瓦。人们认为女儿不能继承家业而且在种田时也不会像儿子那样会成为一把好手。毛顺生只受过两年学校教育，16岁时为避灾荒去当了兵，虽然韶山的大部分孩子都上不起学，但泽东能够被送到学校去还是顺理成章的。因为在毛顺生看来，儿子有了一定程度的文化就可以管理家中的账目、写写契约合同。同时，儒家思想教育能把一个娇生惯养的孩子塑造成一名孝顺的年轻人。

村里有一所叫"南岸"的私塾，这所学堂十分传统，任何外来的东西都不可能在这里出现。像圣经在新教主日学校里人人必读一样，"五经"在学堂里具有至高的地位，被奉为经典。泽东8岁时开始念书。多年以后，毛泽东冷淡地说："我8岁时就厌恶儒学。"

泽东常和他的同学们在上课时偷读禁书，老师一走过来，马上就用经书遮住。这些书大多是描写战争或反叛的，诸如《水浒传》《三国演义》《西游记》等。在韶山，这些书是最能丰富毛泽东的心灵世界的。

虽然这些书不会给清政府的统治造成大的威胁，但是满族统治者仍不时地把它们列为禁书。儒家信徒也不赞成读这些传奇小说，因为这些书将会把有文化的人引向另一个文学天地——泽东的情形正是如此。

13 岁离开私塾时，泽东已经变得对经书里的清规戒律非常憎恶。而他反对这一有关秩序和礼仪的古代道德哲学首先是因为它只要求人们盲从。孩子们被要求鹦鹉学舌般地大声朗读那些晦涩的陈词老调；他们摇头晃脑，宛如念经的和尚。

正如拉丁文课在现在的西方学生的眼中一样，对儒家经典的学习对于中国的孩子们来说肯定是件苦差事。儒学的功用适得其反。它强调忠孝，这反而加深了泽东对管教他的两个成年人的憎恨，这两个人就是他的私塾先生和父亲。

这两个人都打泽东，这使他极为恼火。他虽然还没有形成什么思想，但是已经有了强烈的公平感。他在成为一名叛逆者之前就是任性的，在成为一个革命者之前就是一个充满激情的少年。

他的公平感首先是在他和学校里的人们打交道时表现出来的。他很同情班上一位因家境贫穷而带不起午饭的同学，常常把自己的饭和他分着吃。母亲看到他晚饭吃得那么多感到迷惑不解，当泽东告诉母亲她每天精心准备的午饭的一半被他送给了同学之后，这位善良的母亲从此便每天早晨都让儿子带两份中午饭去上学。

公平感使毛泽东从不示弱。10 岁时他曾和高年级的同学打过一架，这使他母亲很是担忧，因为她终身向善。

进入南岸私塾两年以后，泽东知晓了在课堂上背书的礼节，就是要先站起来走到先生的讲桌前站好，面向旁边，以免正视先生，然后开始背书。但是，有一天上午，当先生叫到他的名字时，他竟在座位上纹丝不动。他开始了对这些繁缛礼节的反抗。

“既然我坐着背书你也听得清楚，那么为什么我要站起来背呢?”泽东大胆地对快被气晕的先生说。

气得脸色煞白的先生命令泽东服从这个老规矩。这个 10 岁的孩子搬着自己的凳子走到先生跟前，然后坐在凳子上，以平静的、挑战的目光望着他。怒不可遏的先生用力拉着泽东想让他站起来。泽东挣脱了，然后跑出了私塾。像《水浒传》中的叛逆者一样，他躲进了山里。

他朝着自己想象中的“城市”方向走去（无论在那时这对他意味着什么）。但走了许久还只是围着韶山打转，从没有走出 10 里路。家里的人四处找他，但是他不敢回去，因为先生肯定会打他，父亲也不会放过他。

三天以后，毛氏家族的一个人发现了他。他才多少有点不情愿地回了家。

若干年后，这位昔日的小学生回忆起当年这一创伤时更多地从政治的方面而不是从痛苦的方面考虑这件事。他对埃德加·斯诺说：“回到家里以后，我惊讶地发现情形有了一些改观。父亲稍微比过去体谅些了，先生的态度也比较温和些了。我的抗议行动的结果，给了我深刻的印象。这是一次胜利的‘罢课’。”

尽管聪明的泽东讨厌儒家经典的内容，但他学得还是很好的。不久之后，在与父亲争吵时，他就能像个小学究似的引经据典地来对付父亲了。在 20 世纪的中国，让孩子饱受四书的熏陶不再是孩子会顺从的保证。

泽东在 13 岁时就辍学了，因为毛顺生不满足于儿子只是在上学前和放学后到田里帮着干农活。父亲曾因算盘打得不行在经商时遭受了损失；泽东学过算术，在这方面可以帮他的忙。从 5 岁时起，泽东就开始干一些像拔草、捡柴、放牛、拾豆子等他力所能及的农活。现在，白天他是一个成年劳动力，晚上，他成了父亲的管账先生。毛顺生在儿子这块“宝”身上的投资开始得到回报了。

因常在一起，父子之间出现了更多的摩擦。泽东和他的父亲斗智，经常用温和而坚定的反抗使父亲这个暴躁的守财奴狼狈不堪。泽东讨厌去为他越来越富的父亲四处要账。一次他帮父亲去卖猪，在回来的路上，他把全部收入都给了一个乞丐。

冬天，父亲常坐在火炉边，或是数落泽东种种错误的行径，或是叼着烟袋生闷气。他曾经输过一桩官司，因为对方在公堂上恰当地引经据典打动了官老爷。泽东现在也能引经据典了，这个孩子孝顺吗？但是儒家经典也要求做父亲的必须慈爱的呀。

一天上午，毛顺生看到泽东在地边的一块墓碑旁看小说，他大发雷霆说：“你是不打算干活了？”毛顺生一边说一边扫了一眼泽东跟前的两只空粪筐。“不！爸爸，我只是歇一小会儿。”毛顺生又责备泽东一上午也没有从猪圈往田里送一筐粪。事实上，泽东已经送了五六筐了。事情就这样不了了之。但是到了傍晚，毛顺生发现他的儿子又在那块墓碑旁看离经叛道的东西。

他责备泽东被“坏书”教坏了，以至于连父亲的警告都不屑一顾了。“不！爸爸，我是听你的话的，你要我做的事我都照做了。”当发现泽东一下午送了至少15担粪时，不高兴的毛顺生吃惊地张大了嘴巴。

泽东说：“活我要照常干，书也要照常读。”

但是泽东也有过失（无疑他少年时的过失要比已经披露的多）。有一次他看书入了迷，结果牛把邻居家的蔬菜吃了。

泽东的母亲文七妹身体健壮，慈眉善目，与她那消瘦精明的丈夫形成鲜明的对照。她宽厚随和，她丈夫则粗暴急躁。从体格、长相上来说，泽东更像他的母亲。他们都有着大大的眼睛，开朗的笑容，举手投足之间显得非常大气慷慨甚至还有些浪漫主义。

文七妹纵容她的长子，泽东也终身挚爱母亲。在对一个孩子成长来说至关紧要的最初几年里，泽东是家中唯一的小孩，他一人独享了母亲的关爱和照顾（他的爷爷对他也是如此，他在泽东14岁时去世）。

文七妹的娘家在韶山南边的一个县，是一个普通的家庭。和韶山的大多数人一样，她也是只字不识。同时，她和许多人一样也是个信佛的人。在上私塾以前和在私塾念书的时候，泽东经常和母亲一起到附近的凤凰山的寺庙里去求神拜佛。

毛顺生从不信佛，这曾使泽东感到伤脑筋。9岁时，泽东曾和母亲讨论过父亲的不信佛以及如何帮助父亲的问题。毛泽东在数年后回忆说：“当时和以后，我们试过很多办法想让他信佛，可是没有成功。他只是咒骂我们。”

可以肯定，父亲把发财看得高于一切。但是后来泽东发现，父亲为了自己的平安对神灵的态度开始有了变化——不是出自内心的。一天，毛顺生外出要账，在回来的路上碰到一只老虎。这只老虎受惊逃掉了，毛顺生死里逃生。后来泽东回忆说：“从此，他比较信佛了，不时地还烧烧香。”

1905年，第三个儿子的出生使毛顺生的脾气有了一点变化。父亲对小泽东13岁的泽覃比对长子更好。但是泽东和父亲的争斗并没有减弱，这使家庭关系日趋紧张。

泽东和母亲联合起来对付父亲。他们背着父亲把稻米送给一位揭不开锅的乡亲。还和家里的长工一起让父亲的吝啬行为不能得逞。最后，他们（在毛顺生亲戚的帮助下）共同说服泽东的父亲，同意让泽东继续学习。

泽东家里的人分成了两派：一派是他父亲（“统治力量”），另一派是他和母亲、二弟泽民以及长工联合在一起（“反对派”）。

但是，“反对派”在策略方面发生了分歧。泽东的倔强和狡猾让温和的母亲感到策略上有些不妥。他有和父亲发生直接的正面冲突的习惯，母亲对此是不赞成的。她反对说：“这不是中国人的做法。”由于受到所读的书的影响；同时，外边发生的事也冲击了素来平静的韶山，泽东对佛教的信仰日趋淡化，这使他母亲感到不安。

在念书时，母亲是泽东的依靠，泽东也对母亲忠心耿耿。尽管他对她的爱没有减弱，但是随着他长成了一个成年的劳力，母亲对他的影响不如以前那样大了，特别是在韶山的最后两三年里。泽东当时是在同“中国人的做法”作战。

一个农民秘密会党哥老会的一些成员到毛家行窃。泽东在多年后回忆说：“我想这是件好事，因为他们偷到了他们没有的东西。”他这种大逆不道的观点不仅遭父亲反对，“我母亲也不赞成”。泽东承认说。

毛顺生有了一个对付他这个既好幻想又很倔强的儿子的办法，这种办法在那个时代是很典型的，他强迫 14 岁的泽东娶一个他给安排的女孩子。可怜的泽东吓呆了。他顺从地忍受着这种僵化而可恶的仪式，这个受惊的小新郎衣着整齐，规规矩矩地向每一位来客磕拜。但是他拒绝与这位比他大 6 岁的新娘圆房，他说他从未碰过她一个指头。

泽东找到了一个更为广阔的精神和社会领域，因此他的思想不再局限在农村这一熟悉的世界之中。私塾给了泽东宝贵的学习能力。他像猫找耗子一样搜寻和阅读在韶山能找到的各种书籍。一本描写帝国主义对中国的威胁的小册子到了他的手里，几十年后，他还能充满激情地回忆起这本书的第一句话：“呜呼！中国其将亡矣！”他在回忆这个小册子对他的影响时说：“我读了以后，对国家的前途感到沮丧。我开始认识到，‘国家兴亡，匹夫有责’。”

一本呼吁改革和技术改良的书——《盛世危言》，给泽东介绍了这样的思想：中学为体，西学为用。这本由具有改良思想的买办写的书让泽东深信：为了中国，他应该走出韶山，去学习更多的知识。

就在他从韶山的私塾辍学前不久，有一天，泽东和他的同学们碰到一群从长沙来的贩卖豆子的商人。他们之所以离开长沙，是因为 1906 年的饥荒使长沙发生了大规模的抢米暴动，愤怒的人们把巡抚赶出了衙门。后来官方新派一名巡抚，又恢复了统治，接着就是一连串的流血事件，很多暴民被斩首示众，其首级挂在旗杆上，以儆效尤。

好几天里，私塾里的人们都沸沸扬扬地谈论着来自山外的这一惊雷般的消息。这件事使泽东终生难忘。泽东的朋友差不多都站在暴动者一边，但是，他们“仅仅是从旁观者的立场看问题”。对参加暴动的人们寄予同情，而没有看到这件事与自己的联系，“他们并不明白这同他们自己的生活有什么关系”。但是泽东看到问题的更深一层：“我却从此把它记在心上，我觉得这些‘暴民’也是些和我家里人一样普通的人，对于他们受到的冤屈，我深感不平。”

韶山也有人造反。哥老会的一些成员——它的势力在整个湖南都很强大——因为地租问题与韶山的一个地主发生了纠纷。恼怒的地主控告他的佃户们并用银圆贿赂官府赢了这场官司。哥老会成员们在一位姓彭的铁匠的率领下举行暴动，巡抚手下的官兵追击他们，迫使他们躲进了附近的浏山。这个地主到处散布说他们在揭竿而起之前曾杀了一名婴儿祭旗。哥老会的成员们很快被围捕了，彭铁匠被斩首。

在泽东看来，《水浒传》里的故事正在他的家乡重演。他听别人把彭铁匠称作“土匪”，在激动人心的小说里，农民起义领袖宋江也被称为土匪。同时，和历史上经常出现的情况一样，群山成了庇护所。泽东和这件事还有另一重渊源，他后来回忆说：“在我们的心目中，彭铁匠是第一个农民英雄。”

不久，毛顺生也成了被造反的对象。

在泽东17岁那年，时值青黄不接，韶山发生了粮荒。一双双饥饿的眼睛都在盯着商人和地主们的粮仓，挨饿的人们喊出了“吃大户”的口号。毛顺生这个“大户”很难幸免于难，在饥饿袭击韶山时，他居然还往长沙贩卖粮食。愤怒的村民拦截了他的货船，把粮食抢个精光。

“我并不同情他。”泽东谈及当时暴跳如雷的父亲时说。他形成了一个根深蒂固的观念：他那令人厌恶的父亲是旧中国不平等社会秩序在当地的捍卫者。这位少年注意到他的父亲越来越富有了。他得出了一个可怕的结论：老头儿是中国自救之路上的一只拦路虎。

泽东对他父亲做出这种骇人评论的全部内涵是：“我学会了恨他。”他已经把自己的少年生活与整个时代联系在一起。

26年后，毛泽东在回顾自己当时之所以没有完全支持暴动者时说："但同时我又觉得村民们的方法是不对的。"可能是看到自己家受到了攻击，他感到震惊，也可能他是在以这件事来验证他后来的经验，就是没有一整套政治策略而只有单纯的反抗是不会成功的。

到1910年时，在进一步求学问题上，泽东与父亲之间的争吵升温了。毛顺生打算让泽东到距韶山70多里的湘潭县城的一家米店当学徒。泽东对父亲的安排并没有强烈反对，他想，县城里也许能提供更好的机会，但他真正想的是到一个教授"外国的"课程的新式学校去读书。他悄悄地、有礼貌地向父亲谈了自己的想法，但是父亲只是哑然失笑，这伤害了泽东。在这之后，他与父亲有一段时间互不讲话。

在母亲娘家那边一些亲戚的帮助下，泽东在湘潭一个失业的法科学生家里自学了半年。尽管他迫于父亲的压力不得不重新回到韶山——或者也许是因为他在湘潭遇到了经济问题。但是这半年的读书和与别人争辩，加之他在湘潭的见闻，使得泽东已不再是父亲所期望的那种宝贝儿子了。

16岁的泽东为自己制定了稳妥可行的计划。他从母亲娘家那边的亲戚们和自己家的朋友们那里东借五块钱西借十块钱为自己的行动做准备。一天，吃晚饭时，他直直地看着父亲说："我要到东山高小读书。"

"你说什么?"毛顺生发火了。他对付这位任性的儿子的最后一张王牌就是钱，"你是不是今早中了彩票一下子发财啦?"

当他得知泽东已为此凑了一些钱时，毛顺生的贪婪面目完全暴露了。这个守财奴大声说道，如果泽东到湘乡读书，必须要弄到一笔钱来支付雇来顶替他的长工的工资。泽东也不想把贪婪的父亲逼得太甚。他又从一位尊重学问、并曾经资助过族人上学的一位亲戚（母亲娘家那边的）那儿借了一些钱。

当重新提起这件事时，泽东对父亲不客气了。他打断了老人自怜的抱怨，简略地问道："雇一名长工一年要多少钱?"可怜的毛顺生说要十二块钱。泽东把一个纸袋放在他粗糙的手上说："这里是十二块钱，我明天早上就去东山。"

黎明时分，泽东起来收拾自己的东西。文七妹担忧地看着在忙活的儿子，几乎不说什么话。除了问问儿子要不要再多带点别的什么东西，她只说了一句话："你要去跟你爸爸道个别么？"泽东回答："不，我不去。"

天亮后不久，泽东就出了韶山。这是一个凉爽的金秋的早晨。肩上还是那根用惯了的扁担，但两头挑的不是粪筐。一头是一个包袱，里面装着一件长袍、两条床单和一顶蚊帐；另一头是装有《水浒传》和《三国演义》的筐子。他对韶山以外的世界几乎一无所知，自此，他再也不会回到这里生活了。

难道在韶山待了16年的泽东已是羽翼丰满的叛逆者了吗？

由于他的道德观念（主要是来自母亲）以及书本给他带来的社会意识，泽东在刻板的学校和专制的家庭的环境里变成了一个向旧习挑战的人。

毛顺生是一个令人讨厌的人。他经常打骂泽东，在别人面前羞辱他，嘲笑他的求知欲；宣称泽东"懒惰"而且"无用"，并用尽心思让泽东为此感到羞愧。

按传统观念，即使父亲是恶棍，儿子也只有服从。泽东对此表示轻蔑。然而，儿子与父亲在其他方面的相似又是惊人的。与当时其他青年叛逆者不同，泽东没有忘记他的家庭，他与家里的人保持着联系，并得到他们的多方帮助。他说他的家里人是"普通的人"，他们和他一样面对着总的不公平。

泽东在家时的作为也没有走极端。他常常向父亲妥协，他接受了痛苦的"婚礼"，他没有丢下农活去参加哥老会，他在韶山的大部分岁月都是信佛的，当他离开韶山时，他仍然忠顺朝廷。

在韶山东边不远的地方有另外一个少年张国焘，他和毛泽东是同时成长起来的，后来也成了中国共产党的上层人物。年轻的张国焘与他那位富有的受过良好教育的父亲相处很好，然而他也成了一名叛逆者。

在泽东的生活中，他的家庭和南岸私塾不是偶然遇到的让人压抑的牢笼，它们只是更为庞大的中国社会森严的等级制度的缩影。

是的，泽东从8岁就开始厌恶儒学。他曾回忆说："我的'大部分同学'都讨厌这些经典。"

这位16岁的青年在历史变迁的特殊时期，成了一位典型的中国式叛逆者。他不是神经病患者，他对于他父亲所代表的社会制度的猛烈抨击要多于对他父亲本人的指责。他走上造反的路是经过权衡的。

就那个时代的中国习俗而言，毛顺生对儿子的要求并不都过分。泽东之所以反抗是因为他感到父亲所代表的权威是可恶的，且正在走向没落。如果中国的家庭和村庄都像这个样子，中国如何才能得救？如果韶山的这种父权家长制是中国的正统规范，那么，妇女将有什么样的命运呢？

泽东作为反叛者的“个人性格”迎合了当时反抗浪潮在整个国家兴起的“时代特征”。他自己也把个人的斗争纳入整个社会斗争之中。他说：“我斗争的第一个资本家是我父亲。”

泽东与父亲之间关系的紧张既有社会的一面，也有心理的一面。父亲对他的压制不能完全归结为社会的“压迫”。泽东的弟弟们没有一个像他那样与父亲不睦，据说，他们俩都因为父亲的同意而受到了很好的教育，这个许可泽东没能得到。

出于内心深深的骄傲，泽东夸大了父亲的自私和专横。

正像他母亲的温和善良一样，父亲的粗暴管教方式——虽然不是他的目的——也深深地影响着毛泽东的一生。虽然从心理上讲，泽东和母亲更为接近，但他并没有多少母亲的性格特征。另外的三个孩子出生分散了母亲的注意力，同时母亲也认为泽东学到了一些奇奇怪怪的念头，此后母子间的关系开始疏远了。

离开韶山时泽东暗暗发誓，他要在父亲的眼里、在实现一个更有价值的目标的过程中证明自己。他要比父亲活得更充实、更好。

毛顺生并不十分了解自己的儿子。泽东瞧不起自己的父亲，他用策略而不是过激的方法来对付父亲，并取得了很大的成功。但是，毛顺生试图以粗暴的方式培养的“美德”确实深深地植入泽东的心灵深处。他不久就向别人说：“怠惰者，生之坟墓。”俨然是他父亲的再现。

母亲对他的影响是更为简单和直接的：信佛的母亲的善良和耐性给他留下了深刻印象。多年以后重回韶山的时候，他还能向随行人员指出哪里曾经有过一座佛殿，并说他的母亲常常在那里烧香，当他病了时母亲还会用香灰给他治病。有一次他和一个警卫闲谈，发现这个年轻人更喜欢他善良的母亲而不喜欢脾气很坏的父亲。毛泽东对他说：“你越是告诉我你们家里的事我就觉得和你越亲近”，“你母亲一定是个信佛的人”。警卫问毛泽东他是怎么知道的。他说：“你说她是个好心人。所有信佛的人都是热心肠。”当然，毛泽东正在想着他自己的母亲。

父母都没有引导泽东接触社会革命的思想，他那一代受过教育的人具有革命意识几乎是自然而然的事情。他以后革命的成功和他成为那一类型的革命领袖，都可溯源于他在韶山的少年时代。新思潮和旧中国的社会状况使泽东成为一位反叛者；在韶山的家庭生活的磨炼则使他比其他人更为坚定不移。

赏读

广义的传记包括全传、别传、小传、自传、略传、评传、回忆录等。几十年来国内外出版的毛泽东传记作品完全可以用汗牛充栋或浩如烟海来形容。时间是最公正的检察官，大浪淘沙，赤金凸显。最具权威的当属中共中央文献研究室编，逄先知、金冲及主编，中央文献出版社出版的《毛泽东传（1949—1976）》；在国内最畅销的是美国哈佛大学政治学与国际事务教授罗斯·特里尔的《毛泽东传》、英国学者迪克·威尔逊的《毛泽东》、英国 BBC 记者及历史学家菲利普·肖特的《毛泽东传》。其中罗斯·特里尔的《毛泽东传》不仅是畅销书，还是常销书。

本文所选的是罗斯·特里尔的《毛泽东传》的第一章《少年时代》（1893—1910）。介绍了韶山的环境及毛泽东的家庭背景，及其少年时代的求学经历。我们看到毛泽东因他父亲骂他懒而无用而顶撞父亲，跑出家门，跑到池塘边要跳下去；看到“8 岁时就讨厌儒学”“上课时偷看《水浒传》《三国演义》《西游记》等禁书”；看到私塾先生让他站起来背书，他竟在座位上纹丝不动，怒不可遏的先生去拉他，他挣脱了，跑出了私塾……

公平感和同情心来自他信佛的母亲。在学校里他把自己的饭分给因贫穷而带不起午饭的同学，母亲知道后便让他每天带两份中午饭去上学。他们母子俩背着父亲把稻米送给一个揭不开锅的乡亲，还和家里的长工一起让父亲的吝啬行为不能得逞……“我斗争的第一个资本家就是我的父亲”。

有一小偷到毛泽东家偷东西，“我想这是件好事，因为他们偷到了他们没有的东西。”他的父母显然不同意他这样的观点。

优秀的传记作品不仅要求材料真实，还要“好看”“耐看”。第一，语言不能呆板。罗斯·特里尔的语言多用描写，少用叙述，文字画面感很强。比如开头第一段他这样描写：“稻田里，一个穿着肥裆蓝裤的男孩坐在竹凳上，乱蓬蓬的黑发在阳光下熠熠发亮。他身体单薄，但个头对于一个还没有到青春期的孩子来说是高的。他的大眼睛充满梦想。这个孩子的任务很简单，就是把那些来寻食的鸟儿吓走。”而不是简单叙述“毛泽东六岁起就做一些家务和农活，比如拔草、放牛、拾粪、砍柴等”。

第二，细节生动。如毛泽东反抗父亲的一段：“他现在只要泽东对自己的无礼表示道歉并磕头表示以后顺从就行了（在旧中国，磕头是一种烦琐的跪拜礼，磕头者要双膝跪倒，用头触地九次）。泽东在客人面前的反抗举动迫使父亲做出了让步。泽东向父亲道了歉，但只磕了半个头（单膝着地），毛顺生许诺不打他。”而不像有的传记“一场风波才和平解决”那样一笔带过。

真实是一种力量，是传记的生命，是读者喜欢的根源。

作品

煌煌上庠[①]

卞毓方

一

这就是蔡元培（孑民）的塑像，坐落在未名湖南岸的春风中；大理石奠基，汉白玉砌座，青铜铸身；说是身，只是自腰而上，端肃凝重的一尊胸像；先生背倚土山，坐北朝南；左临六角钟亭，当初选址的时候，应是考虑到了他黄钟大吕般的人格气韵；前面是一方草坪，柔柔的，嫩嫩的，空气般清新，晨梦般飘逸，铺出一行行的绿诗、绿歌、青波、青浪，即使在冬季；右侧是挺拔健美蓬勃向上的杂木林，那该是风华正茂的莘莘学子，在承领先生的耳提面命。记不清已有多少次了，从去年（1996 年）金秋开始，为了明年北大百年校庆这个挥之不去却之复来的情意结，我打老远老远的城里跑来，一个小时又一个小时地，在这方净土穿梭寻觅，缅怀俯仰。偶尔停下脚步来瞻仰塑像，先生之于我，是永远不变的温柔敦厚，慈祥恺

① 选自《长歌当啸》（东方出版社 2011 年版）。卞毓方，生于 1944 年，江苏阜宁人。著有《文天祥千秋祭》《烟云过眼》等。

悌；诚如罗家伦的赞语："汪汪若万顷之波，一片清光，远接天际……"

今天情形略微有异，也许因为今天是"五四"，恰值北京大学九十九周年校庆，它使我想起了先生当年眼底的烟云，所以，不管如何变了角度端详，总觉得先生的目光微含忧郁，抑或是期待；淡淡的，淡淡的，像是壮士闻鸡，又像是英雄凭栏……

想想也是，蔡元培诞生于1868年1月11日，按农历，属兔，到他1916年12月26日被任命为北京大学校长，满打满算正好五十岁，站在五十岁的高度上倚风长啸，苍茫四顾，自他的双眸中射出的，是一股凛凛的心灵之光，它犀利似剑，泠然有声，凝聚了无穷的历史感悟。先觉者总是超前的，超前者总是孤独的，孤独者总是忧郁的，在忧郁中抉择，在期待中觅路前行，这是古往今来一切大智者生命的基本造型。

二

蔡元培投身教育，始于他三十二岁，也就是1898年。在那之前，他是十七岁的秀才，二十三岁的举人，二十六岁的翰林，仕途可谓一帆风顺。中国文人历来最看重官运，他们生命的冲动大都是围绕着一官半职转，转上去就意味着飞黄腾达，转不上去就只有落魄潦倒；即使落魄潦倒如《儒林外史》中的老童生周进，一丝痴念，也仍旧围着考场呼悠悠地打转。"去到考场放个屁，也替祖宗争口气。"流传在陈独秀家乡安庆一带的这句俗谚，勾勒了一代又一代读书人悲哀的然而又是无可逾越的价值取向。但是，在1898年，中国出了一件大事：戊戌变法，百日维新。变法维新是以知识分子富国强民的善良愿望为基础的，结果，却以顽固派复辟、六君子喋血、康梁狼狈远逃告终。"徒将金戈挽落晖"；变法的失败像一声警钟，敲碎了许多士人的迷梦，也使蔡元培猛然惊醒。就在这一年的秋冬之交，他突然解缆南去，头也不回地驶出了宦海——先是就职绍兴中西学堂，继而改教上海南洋公学；从此天涯轻舟，愈驶愈远。

1916年底，蔡元培旅欧归来，飘然出任北京大学的校长。众所周知，辛亥革命后，蔡元培担任过南北两京政府的教育总长，因此，比较起他之前内阁大员的身份，北大校长自然算不上一个显赫的位置。何况，这所结胎于戊戌维新的大学堂，在清政府和北洋军阀的摧残下，已是一片乌烟瘴气，北大校长的座椅，也就成了一块烧红的烙铁，谁坐了都要烫得跳。举例说，

1912、1913两年，校长就走马灯似的换了五个，依次是：严复、章士钊、马良、何燏时、胡仁源；其中，章士钊根本就没有到位。现在，蔡元培来了。蔡元培对这个新职位显然情有独钟，尽管同党中有很多人反对，包括汪精卫、吴稚晖、马君武，他还是决意就任。蔡元培的抉择得到了孙中山的支持，孙中山理解蔡元培，我们说，有这一票，就足够了。追究蔡元培的生命曲线，他多年来外搜内求、梦寐以寻的，其实也正是像北京大学这样一个舞台。人是离不开舞台的，和他先后挂冠南下的张謇、张元济，如果不是分别抓住实业和出版业，又岂能在民国的地平线上再树起一道瑰丽的风景！蔡元培瞩望于北京大学，就像阿基米德眼中那个能撬动地球的支点，它的价值，不在于多么抢眼，也不在于多么崇闳，而在于顺天承势，得心应手，把一己的才情抱负，淋漓尽致地发挥到最大限度。

三

蔡元培是带着"思想自由，兼容并包"的八字方针进入北大的。不要小看了这八个字的分量，它上承着诸子百家纵横捭阖的春秋战国，外映着欧洲大陆飙发电举的文艺复兴，下启了四十年后的"百花齐放，百家争鸣"。这后一点是我的姑妄之论。我总觉得，毛泽东在1956年提出的上述口号，多少有蔡元培振兴北大的影子；考虑到毛泽东1918年10月到1919年3月，曾在北大图书馆工作，对当日龙腾虎踔、万马奔驰的景观有过直接的感受，这猜测至少也有一点历史的依据吧。言归正传，前面说到，北大在清政府和北洋军阀的摧残下，已成了旧思想旧文化的营垒。蔡元培如今要来拨乱反正，"思想自由"也好，"兼容并包"也罢，当务之急，就是要物色一位新学的领军人物，给北大一阵狂飙，给文化一道闪电，给社会一个震撼。环顾天下，谁能当此大任呢?

蔡元培把目光投向正在上海编辑《新青年》杂志的陈独秀。

陈独秀，安徽安庆人。生于1879年10月9日，小蔡元培整整十二岁，也属兔。若以年龄划分，他是蔡元培的晚辈，若以功名计算，他在科举的台阶上只走到秀才这一级，比蔡元培要低得多，但在民主革命的资历上，却堪与蔡元培媲美。陈独秀在二十刚出头的啷当年纪，就以《国民日日报》《安徽俗话报》为阵地，宣传反帝爱国，启迪民智；三十出头，便出任民国政府安徽都督府秘书长；1915年9月，他在上海创办《新青年》，高举科学与民主的大旗，为新文化运动的兴起擂鼓助威。20世纪早期，陈独秀的大名是带有电闪雷鸣的，那个时期青年人对他的崇拜，远远胜过近来的追逐港台歌星，因为，那不仅仅是一种青春的骚动，更是一种灵魂的苏醒，人性的张扬，生命的呐喊。

云从龙，风从虎，历史上一些重要人物的遇合，常常给人适逢其时的美感。蔡元培这里正要找陈独秀，陈独秀那边厢已在北京等候了。1916年12月22日，蔡元培从上海进京，26日被任命为北京大学校长。其时，陈独秀为了上海亚东图书馆的业务，也到了北京，住在前门外一家旅馆。蔡元培得到消息，就效刘备三顾茅庐的故事，再三再四地前往拜访，礼聘他出任北大文科学长。那时电话没有普及，不能预先通知，为了确保抓住对象，蔡元培每次总是很早就从家里动身。有一回，蔡元培到了旅馆，独秀先生犹自作“卧龙”，酣睡未起。茶房欲上前叫醒，蔡元培不让，兀自掇了一张小凳子，坐在房门外苦等。如此诚心诚意地邀请，陈独秀显然被感动了。但他仍有犹豫：“我来北京，《新青年》怎么办?”陈独秀对《新青年》是相当看好的，他自信，“只要十年、八年的工夫”，这个杂志“一定会发生很大的影响”，他当然要抓住刊物不放。对这一点，蔡元培予以充分理解，爽快地说：“那没有关系，把杂志带到学校里办好了。”一件在近代思想文化史上举足轻重的大事，就这样一锤定音。人们看到，蔡元培把陈独秀和他的《新青年》从上海接到北京大学这个煌煌上庠，等于是把他从草莽状态推到时代舞台的前沿。历史再一次提供了生动的案例：一个人或一个刊物的生命被激活，是如何最终影响了一个时代。

陈独秀一入最高学府，注定了另一位新文化运动的健将也即将循踪而至——他就是胡适。

胡适这时候正在美国留学。他生于1891年12月17日，小陈独秀十二岁，小蔡元培二十四岁，巧得很，也属兔。若以年龄划分，他该是未来北大“兔子党”的第三梯队了（除蔡元培、陈独秀外，朱希祖、刘半农、刘文典等名教授也都属兔）。这也是一只不安分的小兔。他属于庚子赔款的第二批留美生，先后在康奈尔大学、哥伦比亚大学研读农科、文科，主修哲学，兼修英国文学、经济还有政治理论等等，研究来研究去，此君突然越出专业，对故国的“白话文”问题产生强烈的兴趣。胡适认为中国古文是一种“半死或全死”的文字，已经失去了生长前进的力，要创造出新文学，必须采用新鲜活泼的白话语言。1915 年 9 月，他在赠友人梅光迪的诗里写道：

梅生梅生毋自鄙，神州文学久枯馁，百年未有健者起。新潮之来不可止，文学革命其时矣。

吾辈势不容坐视，且复号召二三子，革命军前杖马棰，鞭笞驱除一车鬼，再拜迎入新世纪！

请注意，胡适在这儿率先提出了“文学革命”的口号。但在异域，在华人留学生这个小小的圈子里，引来的几乎都是讥讽。胡适被激怒了，自尊与自傲迫使他奋起反击。1916 年 4 月 12 日，他作了一首《沁园春》自励，并在词的下半阕大声疾呼：“文学革命何疑！且准备搴旗作健儿。要前空千古，下开百世，收他臭腐，还我神奇。为大中华，造新文学，此业吾曹欲让谁？”

说是“文学革命何疑！”，气壮得很，然而，毕竟是书生间的斗狠，沙龙里的清谈，真的拿到社会上去检验，效果怎样，心里还没有底。这年十一月，胡适把他的主张加以小心翼翼地改制，归纳为一篇《文学改良刍议》。其要点是：（一）须言之有物；（二）不摹仿古人；（三）须讲求文法；（四）不作无病之呻吟；（五）务去滥调套语；（六）不用典；（七）不讲对仗；（八）不避俗字俗语。这个调门，比起他的“前空千古，下开百世”的宣言，要低了几个八度。文章写成后，胡适用复写纸抄了两份，一份给了《留美学生季刊》，另一份呢，他壮着胆子，寄给了远在上海的《新青年》。胡适万万没有想到，这篇试探性的“刍议”，正搔着老牌革命家陈独秀的痒处。他一眼就看出了它“今日中国文界之雷音”的革命实质，很快就予以发表。陈独秀的老谋深算，还在于他不容许胡适有丝毫犹豫或退缩，更不容许“反对者有讨论之余地”，随即作了一篇《文学革命论》为之推波助澜。他称赞胡适是文学革命的“急先锋”，说自己“甘冒全国学究之敌”，“以为吾友之声援”，并放言，天下凡有像胡适这般勇于向封建文学宣战的，“予愿拖四十二生的大炮，为之前驱”！

机遇，是百尺楼头的欢呼，胡适一觉醒来，已经是名播九州的新进思想领袖。还得继续感谢陈独秀，此公不仅巨眼识人，更兼有举贤让贤的雅量，他大度地把胡适推荐给蔡元培，欲以代替自己的文科学长地位。蔡元培呢，自然不会轻易放过老资格的陈独秀，但他对胡适也颇为欣赏，是年九月，他聘任这位年仅二十七岁的留美学子为北大文科教授。

北大何幸，沙滩红楼何幸，胡适身后，又迎来了李大钊（守常）。李大钊，河北乐亭人，大胡适两岁。早年留学日本，锐志揽辔澄清，与同在那里留学的陈独秀夙有交往，意气颇为相投。他于 1916 年回国，因主编《晨钟报》而声名鹊起。稍后又协助章士钊编辑《甲寅》日刊，深得章氏的激赏。章士钊、蔡元培、陈独秀，这都是一条道上的志士，彼此相知有素，相得益彰。蔡元培主事北大不久，就聘请章士钊为图书馆主任。章士钊在这个任上没有待多少天便辞职，转向蔡元培推荐李大钊。“以吾萦心于政治之故，虽拥有此好环境，实未能充分利用；”章氏日后回忆说，“以谓约守常来，当远较吾为优，于是有请守常代替吾职之动议。时校长为蔡孑民，学长为陈独秀，两君皆推重守常，当然一说即行。”如此这般，李大钊就于 1917 年 11 月到北大上任了。

十月革命后，李大钊是北大，也是全国第一个接受和传播马克思主义的共产主义知识分子。他以北大图书馆、《新青年》《每周评论》等为阵地，影响和带动了一大批渴骥奔泉般的热血青年。在这里，北大这个舞台是弥足珍贵的。那是“黑暗中之灯塔”（李大钊语）。或者说，那里面已经积聚并仍在积聚更多的热力，只待一声引爆便燃起烛天的火光。如果李大钊没有进北大，很可能仍在革命活动的外围徘徊，而一入沙滩红楼，情形就不同了。还是那位章士钊先生，他的观察十分到位：“守常一入北大，比于临淮治军，旌旗变色，自后凡全国趋向民主之一举一动，从五四说起，几无不唯守常之马首是瞻”。那学府，还是书声琅琅的学府，那气韵，却已是雷霆万钧的气韵。

仿佛历史感到以上三员战将还不足以构成方阵，于是派遣鲁迅出场。鲁迅是蔡元培的老部下，他当初进入教育部，就是蔡引用的。蔡元培当上北大校长，鲁迅免不了要来帮忙。比如，1917 年 8 月，鲁迅就为北大设计了校徽图样，这也是北大历史上的一件盛事。但鲁迅那时已经三十七岁，还没有开笔写小说。他日常在教育部任职，公余研究古碑。自言“客中少有人来，古碑中也遇不到什么问题与主义，而我的生命却居然暗暗地消失了，这也就是我唯一的愿望”。——不，是民族的大悲哀！吃人者自在猖獗，生人者反而沉埋。正好在这时，《新青年》在京城祭起耀眼夺目的光环，胡适因之而一炮打响，李大钊、钱玄同、刘半农也因之而找到了自己的角色地位，鲁迅按捺不住了，他也要凭借《新青年》调整自己的生命状态。这种调整，说到底就是从沉潜走向显扬，从平静走向燃烧。1918 年 1 月，鲁迅和李大钊、胡适、钱玄同、刘半农、沈尹默、高一涵联手，加入了《新青年》的编委阵营。同年五月，他那篇讨伐封建“吃人礼教”的战斗檄文《狂人日记》，就在《新青年》呼啸问世。鲁迅借狂人之口愤怒控诉：

我翻阅历史一查，这历史没有年代，歪歪斜斜的每页上都写着“仁义道德”几个字，我横竖睡不着，仔细看了半夜，才从字缝里看出字来，满本都写着两个字是“吃人”！

鲁迅的笔轻轻一点，历史禁不住为之索索颤抖。

一代文化巨人就这样从幕后走向了前台。紧接着，《孔乙已》自他的笔尖下飞出，《药》自他的笔尖下飞出，《风波》《故乡》等一系列不朽名篇自他的笔尖下飞出；鲁迅在呐喊，《新青年》在呐喊，北大在呐喊。呐喊的世纪，世纪的呐喊。“既然是呐喊，则当然须听将令的了”。在这里，我想起一段公案。1933 年，鲁迅回忆这一段生活，曾说我那时做的小说是“‘遵命文学’。不过我所尊奉的，是那时革命的前驱者的命令，也是我自己愿意尊奉的命令，绝不是皇上的圣旨，也不是金元和真的指挥刀”。鲁迅这里所说的“革命的前驱者”，从前有人告诉我们说是毛泽东，也有人称之为李大钊，前者当属于特定年代的硬伤，后者多少沾点边，但鲁迅的意中人，无疑是陈独秀。

四

写到这儿，请容许我把笔锋稍稍挪开一点主题，谈谈两位当年虽不是主角，但同样引人入胜的人物。

其一，关于梁漱溟。梁漱溟当初只有二十四岁，中学毕业，在司法部担任秘书。蔡元培主掌北大不久，读了他发表在《东方杂志》的《究疑决元论》，是以近世西洋学说阐扬印度佛家理论的，觉得不失为一家之言，便请他来校开讲印度哲学。梁自谦学浅，不敢应承，蔡元培反问：“你说你教不了印度哲学，那么，你知有谁能教呢?”梁说不知道。蔡元培就说：“还是你来吧！你不是爱好哲学的吗？我此番到北大，定要把许多爱好哲学的朋友都聚拢来，共同研究，互相切磋；你怎可不来呢？你不要当是老师来教人，你当是来合作研究，来学习好了！”话说到这份儿上，梁漱溟还有什么好推脱的呢？他又岂能不为蔡元培的胸襟气度所折服？聘请的全过程，如今听起来，就像是一则童话；而且是一则遥远的无法复制的童话。

其二，关于毛泽东。1918 年 8 月，毛泽东、肖瑜、李维汉、罗章龙等一行二十四人由湖南来京，准备赴法勤工俭学。过了一阵，毛泽东决定暂时不走了，就留在北京，并且想在北大找点事干。据肖瑜回忆，他们写信给蔡元培，诉说了自己的愿望，并提出，哪怕是当清洁工也行。蔡元培阅信时，一定是有过短暂的沉思。他本人就曾留欧多年，并且是赴法勤工俭学运动的高层发起者之一，自然能体谅这样一个中途不能成行的热血学子的处境。于是，他裁纸拔笔，给李大钊写了一张便条，说："毛泽东需要在本校求职，使其得以半工半读，请在图书馆内为他安排一职位。"毛泽东就这样进了北大图书馆。当年的详情，现在是难以查考的了。但可以肯定，正是北大，正是李大钊、陈独秀、鲁迅、胡适这一批世纪级人物的风采，开阔了青年毛泽东的视野，勃发了他"指点江山"的豪情，强化了他"到中流击水"的意志。

五

现在再把笔拢回来。除《新青年》编辑同仁外，蔡元培的麾下还聚集了顾孟余、朱希祖、沈士远、沈兼士、刘文典、马裕藻、陈大齐、马寅初、徐宝璜、周作人、周鲠生、陈启修、吴虞、陶孟和、李四光、颜任光、朱家骅、李书华等一大批新锐人物。在我国最先介绍爱因斯坦相对论的物理学家夏元栗，得以继续留任理科学长，与文科的陈独秀呼应，奠定了北大在文理两方面的高屋建瓴之势。南金东箭，济济一堂；北大历史上的一个新纪元，就这样军容浩壮地拉开了序幕。

如果认为，蔡元培的"思想自由，兼容并包"，仅仅局限于新派人物，那就错了。蔡元培对一些确有学问的旧派学者，如辜鸿铭、刘师培、黄侃、黄节、崔适、陈汉章、马叙伦等等，也都诚意延揽，给他们提供发抒的讲台。这一点常常为人诟病，认为不可理喻。其实，这正是蔡元培的无与伦比之处。即以辜鸿铭而言，他诚然有着复辟倒退的一面，但在英国文学方面的造诣，举世鲜有人及，所以蔡元培请他任英国文学系主任，也是用其所长。站远了看，辜鸿铭的人格精神也自有其可圈可点的地方。对于深谙西方文化背景并洞察西方文明弊端的辜鸿铭，他的卓荦之处就在于：当西方对中国大肆进行文明歧视和文化侵略时，他敢于说："不!"当民族虚无主义者们把"全盘西化"的口号叫得沸反盈天时，他敢于说："不!"当国人普遍忽略中西文化的双向交流与沟通，而无视西方传教士和“汉学家”对中国传统文化的隔膜时，他敢于说：“不!”辜鸿铭的这一个侧面当时并不为世人理解，蔡元培能对他高看一眼，确属难能可贵。再以刘师培而言，他是“筹安会”发起人，帮助过袁世凯鼓吹帝制，大反动也。但他是“年少而负盛名”的国学大师，连另一位鼎鼎大名的国学大家章太炎对他也十分推重，让他讲授擅长的经学，又有什么妨碍？何况穷愁病困中的刘师培这时正急需支持，北大倘不能向他伸出援手，也有失于煌煌上庠的格局、气派。

蔡元培提倡“思想自由，兼容并包”，自有其理论渊源。1918 年 11 月，他在《北京大学月刊》发刊词中，曾用《礼记·中庸》“万物并育而不相害；道并行而不相悖”的老话，阐述他的治校方针，指出：“各国大学，哲学之唯心论与唯物论，文学、美术之理想派与写实派，计学之干涉论与放任论，伦理学之动机论与功利论，宇宙论之乐天观与厌世观，常樊然并峙于其中，此思想自由之通则，而大学之所以为大也。”相隔八十年，如今回过头来看，就更见出蔡元培涵融万汇的泱泱大度。大度也是一种高度，一种浅学者浅薄者绝难企及的人生大境界。蔡元培鄙弃罢黜百家、独崇一己的文化专制，提倡学术自由，百家争鸣。当然自有倾向，但含而不露，相信自己稳操胜券，故从容不迫。这是什么精神？这就是上帝的做派！——假设冥冥中真有上帝，我说，上帝一定总在谦恭地笑。

人们很快看到，蔡元培是如何把一个旧营垒下的北京大学，转变为新思想新道德新文化运动的策源地，为五四运动的兴起和中国共产党的诞生，水到渠成地输送上大批思想、人力资源。你也许抗辩：即将发生的这一切，并不完全出于蔡元培的本意！——是的，蔡元培本人受他世界观的局限，并没有完全预见到未来的走向，但这又怎样？在某种意义上，岂不是恰恰印证了“思想自由，兼容并包”的无限量威力。

1997 年秋

赏读

《煌煌上庠》是作家卞毓方的一篇代表性散文。其中“煌煌”义为明亮辉耀的样子，“上庠”指古代的大学。显然，这个题目是对百年北大的一种礼赞。文章介绍的主人公是北大校长蔡元培先生。但作者并未像一般的传记一样，对蔡元培先生的一生面面俱到，而是选择了一个特殊的时间点——北大建校九十九周年之际、一个特殊的时间段——蔡元培就任北大校长之时、一群和主人公相交最紧密的人——陈独秀、胡适、李大钊等，来展现蔡元培人生当中最波澜壮阔的一个章节，从而帮助我们更好理解“思想自由，兼容并包”这句话的真谛。

作为北大东语系的毕业生，作者对老校长蔡元培的感情是多重的。既有学生对师长的敬重，又有后生对前辈的仰望。“偶尔停下脚步来瞻仰塑像，先生之于我，是永远不变的温柔敦厚，慈祥恺悌。”“不管如何变了角度端详，总觉得先生的目光微含忧郁，抑或是期待”。

“先觉者总是超前的，超前者总是孤独的”。但幸运的是，作为那个蛮荒时代的开拓者，蔡元培找到了志同道合之人。恰如卞毓芳在另一篇文章中言及的：“正是巨人的禀性，铸就并强化了他们孤独。深邃的灵魂，使他们得以惺惺相惜，互引为知音，同调”（《凝望那道横眉》）。从某种程度上说，蔡元培成就了这些“知音”，另一面，这些“知音”也成就了蔡元培，成就了北大，甚至成就了那个时代。这些“知音”有陈独秀、胡适、李大钊、鲁迅、梁漱溟、毛泽东等。

“人是离不开舞台的”。北大，无疑是蔡元培的舞台。但作为舞台的“总导演”，他要挑选“演员”，更要为“演员”提供一个施展才华的平台。因而，蔡元培把目光投向正在上海编辑《新青年》杂志的陈独秀，并“爽快”地让他将《新青年》从上海搬到了北大。“一个人或一个刊物的生命被激活”，并最终影响了一个时代。进而，陈独秀选中并向蔡元培推荐了胡适，使这位年仅二十七岁的留美学子成为北大文科教授。再之后，应蔡元培之请，李大钊也到北大图书馆任职，使北大成为传播马克思主义的重要阵地。接下来，鲁迅也在《新青年》这一刊物中找到了自己的位置，他凭着“我以我血荐轩辕”的豪情“从幕后走向了前台”，写下了一篇篇战斗檄文。

显然，对于蔡元培先生来说，“思想自由，兼容并包”并不是一句口号，他不仅力邀诸如陈独秀、胡适、辜鸿铭、刘师培等新旧不同派别的“名人”来北大就职，还请当时只是中学毕业，年仅二十四岁的梁漱溟来校任教，这种聘请的过程俨然成了“遥远的无法复制的童话”。同时，他对于热血学子也非常关心，正因如此，青年毛泽东才可以在北大图书馆任职，这“开阔了青年毛泽东的视野，勃发了他‘指点江山’的豪情”。除此，蔡元培麾下还聚拢了像夏元瑮等一大批理科精英。“把一个旧营垒下的北京大学，转变为新思想新道德新文化运动的策源地，为五四运动的兴起和中国共产党的诞生，水到渠成地输送上大批思想及人力资源”。

清华大学校长梅贻琦说：“所谓大学者，非谓有大楼之谓也，有大师之谓也”。无疑，蔡元培不仅为北大挑选了大师，而且将自由之思想，兼容之精神浇筑到了百年北大这座大厦的底座之中。而且，这种精神一直在北大传承不息，因此，作者卞毓方作为北大的一名毕业生，才会用他动情的笔触为老校长蔡元培写下这些文字。

作品

我的父亲吴维山[①]

吴学先

吴维山是山西人，今年九十大寿。昨天，全家聚会，为父亲过生日。由于每一代结婚生子都晚，至今只有三代同堂。刚刚有了一个好消息，前天得知，妹妹的女儿怀孕了。

父亲参加过解放战争和抗美援朝，1953 年从朝鲜战场上被选派回国，接受苏联援助的新式武器——坦克，成为我军最早的坦克团军官。

一、爸爸讲的故事，都是战友的英雄事迹，他怀念那些战友，他的心里有很多英雄，因而他不寂寞

父亲老了，常常不记得早餐吃了什么。

可是，父亲的记忆力非常好，他对于年轻时的战斗经历，记忆犹新。爸爸沉默寡言，我不知道，他是自幼如此，还是经历了多次政治运动后，变得如此。他很少评论时事，他说的最

① 选自自媒体《雪仙文集》，2018 年 2 月 27 日。（网址：https://mp. weixin. qq. com/s/HCFGTLyO2ZKVnw8tzPg?ADPUBNO = 26698. ）。吴学先，北京师范大学博士。曾任高等教育出版集团编审、主任；香港华润集团研究部研究员；南方科技大学教授、基金会秘书长；英国诺丁汉大学荣誉教授。

多的，是战争，是牺牲，是英雄，是他和战友们的青春年华。

爸爸常说：解放石家庄和解放太原，真惨烈。

石家庄战役打了一个星期。杨得志和罗瑞卿是指挥官。国民党军队修筑了外城壕沟和内城壕沟，还有几千个碉堡。平原作战最难打的就是碉堡。这次战役是解放战争中第一次大规模的进攻战，是我军进攻，敌人防守。双方兵力各十万。

我军采取“分割围歼”的方法，大面积穿插作战。进入城内，战士们都跑丢了，找不到自己的连队，战友一批一批倒下，活着的人，边跑边打，看到相同的军装，就相互配合。战斗打了七八天，几乎不敢睡觉，供给跟不上，喝河水。到后来，相识的战友几乎没有了。碰到解放军，就自动组成新的小分队，继续打。

战后公布，石家庄战役我军死亡六千多人。

爸爸是山西人。他说：太原战役是解放战争中最惨烈的一仗，前后几次打打停停，1948 年 10 开始，打了六个多月。阎锡山和残留日军利用五千多“碉堡”顽强抵抗。

爸爸说：“有一天，我们成立了一个精干的攻城连，其实就是敢死队。太原的城墙很高，城门附近的厚度是 15 米左右。我军先进行炮火打击，之后，上级命令我们连攻上城墙。当时是白天，双方都能看到对方。”一个班架一个云梯，连长刘风华第一个登上城楼，爸爸是通讯员，紧跟着第二个登上城楼，刚上到城墙顶上，爸爸的帽子被子弹打飞了。那一仗，差一点牺牲。战友们先后登上城墙。城墙上有一个暗堡，机枪打得很凶，却看不见敌人。连长大声命令身边的战士：“把那支枪夺过来。”连长身边的是一名炊事员，身后背着一口锅。他离枪眼最近，听到命令就跑了过去，爸爸看着他伸出双手抓住滚烫的枪筒，硬是把枪拉了出来。爸爸说：那个炊事员的双手被烫焦了。爸爸很佩服那个战友，所以至今记得他。爸爸又说：一看就知道，他没有前线作战经验，如果是老战士，都会摘下军帽，垫在手里去抓枪管，枪管当时是滚烫滚烫的。

爸爸率领山西战友最先冲进太原，打开城门。他亲眼看到一批批战友倒在血泊中，后来公布说，攻城后的巷战，我军牺牲三万多人。爸爸和山西籍战友，冲破敌人的围攻，在市区，杀出一条条血路，赢得了最后的胜利。这次攻城成功，太原战役很快就结束了。

那个炊事员荣获一等功。攻城连荣获集体一等功。

这是爸爸第一次荣获军功。后来的战斗中，爸爸又荣获过两个二等功，两个三等功。功勋是用鲜血换来的。

太原刚解放，没来得及休整，1949 年春季，爸爸所在的十九兵团（六十三军）就向西北开拔。

当时的国民党军队不再应战，而是往大山里面跑。马鸿逵、马步芳带着他们的部队，成建制地逃进贺兰山。爸爸他们每天行军上百里，追击国民党部队（爸爸居然记得敌人的名字）。

在大西北剿匪，风餐露宿，蚊虫叮咬，条件极其恶劣。他们发现敌军，就死死咬住，不分昼夜，千里追击。他们翻山过河，徒步走过陕西，宁夏，甘肃，青海。

爸爸习惯了走夜路，习惯了走独木桥。爸爸的听力和视力，好极了，那是夜间行军练出来的。

在贺兰山一带，国民党残余部队被打散了，许多人在大西北落草为匪。后来，我军的政策是：尽量不杀他们。爸爸和战友们能清楚地辨别出兵和民、兵和匪。爸爸说："国民党军队的军人站有站相，说话和行动都能看出来。"遇到散兵，爸爸和战友们基本上不开枪打他们，尽量活捉，然后交给收容部队。

爸爸所在的六十三军一八八师，为了大西北的和平与解放，立下不朽的军功。军长杨得志和师长为他们佩戴军功章。

1949 年开国大典，爸爸的部队驻扎在北京的门头沟。听到毛主席宣告"中华人民共和国成立了"，他们当时激动的心情是无法用语言表达的，泪水止不住地流。他们终于迎来了新中国的诞生。

二、抗美援朝，三年没喝过开水，语言不通，单独行动很危险，总有一颗子弹留给自己

1950 年，他和哥哥吴守山一起，赴朝作战。他们一直打过了三八线。

爸爸说："在朝鲜三年，没喝过热水，都忘了开水是什么滋味了。我们夏天喝河水，冬天吃雪。"听着爸爸平淡的表述，我的眼泪止不住地流。

爸爸说："人有任务，就不会害怕，心里想的就是如何完成任务。"有一

次，爸爸所在的部队被围困在山洞里，与大部队失去联系。山洞里没有水，随身带的炒面无法下咽。爸爸说："祖国送来的炒面，很好吃，可是，没有水，炒面是咽不下去的。"他们的遭遇就像《上甘岭》电影里的故事。连续几天，派出去送信的通信员都牺牲了。爸爸在朝鲜当过侦察连连长，以聪明和机灵著称。一天夜晚，爸爸离开山洞，去送信。一个人，单独行动。他躲开探照灯，躲开巡逻兵，沿着一个大致的方向，翻山越岭。其实，根本无路可走，就是自己蹚开一条路。走了一夜，又走了一天，傍晚，找到了团部。山洞里的部队终于得救了。爸爸说："单独执行任务，非常危险。敌人的语言听不懂，友军的语言也不懂，我们只会简单的英语和朝鲜语，如果遇到敌人，逃不脱时，就要开枪自杀。我们总有一颗子弹藏在身上，那是留给自己的。"

有一次作战，爸爸当时是连长，连长总是战斗在最前线。在挖掩体的过程中，有战友来请示汇报。美军从望远镜里一定发现了他是一位前线指挥官。爸爸自己的掩体挖好后，他跳出掩体，准备查看战地情况，就在这个瞬间，一颗炮弹准确地落在他的掩体里面，他迅速卧倒，纵身跳进旁边的掩体，第二颗炮弹随即落在他卧倒的地方。爸爸知道，美军总是两弹连发。美军用两颗炮弹打他，然而，爸爸没有死。战斗打响后，他指挥前线将士奋勇杀敌，取得了那次战役的胜利。

爸爸说，美军的燃烧弹有巨大杀伤力，炮弹爆炸后，炸开的黑色油腻，沾到战士身上或物体上，即刻燃烧起来。爸爸亲眼看到过，有一位班长，年轻没经验，把军腰带和子弹袋系在军衣外面，燃烧弹的碎片崩到他身上，衣服就烧着了，他慌了，衣服脱不下来，他身上的手榴弹就爆炸了。那个战友就这样牺牲了。爸爸说：我们会把一件外衣穿在军腰带外面，这样随时可以脱下来。

爸爸所在的部队打遍了朝鲜的东西南北。他说，有一次夜行军，战友白景泉被毒蛇咬伤，来不及打麻药，他自己是军医，就用手术刀在咬伤的地方挖掉一块肉，包扎后继续行军。

这个故事，爸爸讲过多次，以至于我从小就怕蛇，不敢走近草丛。

爸爸的哥哥吴守山也在六十三军一八八师，1952 年牺牲在朝鲜。他们不在一个团，战后才知道的。爸爸流着泪为他的哥哥填写"烈士"材料。

在一次战役中，爸爸的左臂被打穿，小腿也受了伤。战友把他抬到战地医院，由于缺医少药，简单地包扎后，就靠自身康复了。一天夜晚，爸爸觉得胳膊痒痒，一看，从纱布里爬出一串白色的蛆。爸爸感到庆幸，因为生蛆就不会化脓，胳膊就保住了。如果化脓，就要截肢。“伤口生蛆”，这发生在爸爸身上，我不能不信。我读过很多关于战争的书籍，没发现这样的记载。我想请朋友们记住，有这样一位老军人，他感谢“伤口生蛆”，这是怎样的无奈啊，写到这里，我泪流不止，我不知道怎样形容战争的残酷性。

爸爸的胳膊恢复到能打枪后，又回到前线。走的时候，他把负伤时穿的军装落在了医院，好心的护士发现了，就按军装衣领内侧白布上写的地址（衣领上有姓名，部队番号，血型，家庭地址，以便受伤后输血，牺牲后通知部队和家人），把军衣寄给了爷爷奶奶。军衣上有子弹洞和血痕，老人们以为这个儿子也牺牲了，伤心泪流，不久，爷爷就去世了。1953 年，就在爸爸从朝鲜回到北京学习坦克驾驶的时候，奶奶也去世了，他们去世时只有 40 多岁。

爸爸一边自责没能给父母尽孝，一边开始了紧张的学习，准备三个月后再次开赴朝鲜。教官是苏联军人，有翻译。他们主要是学习打击敌人和保护自己的方法。爸爸说：“苏联教官告诉我们，作为坦克兵，我们的最后一颗子弹是留给自己的，宁肯牺牲，也不能被俘。”估计世界军人都是这样，最后一颗子弹留给自己。

他们驾驶的坦克，型号为“T34”，可容纳五人，车长一人，炮长一人，装填手三人，这是当时最先进的坦克。

爸爸是车长。

三个月的学习刚刚结束，传来了朝鲜停战的消息。

此后爸爸成为坦克学校的正式学员，学校在北京的长辛店（这里至今依然是坦克部队所在地）。1955 年 8 月毕业，留在六十三军坦克团，番号九三九团。团长杨京，爸爸是作战参谋。团里有 40 辆坦克，隶属于中央直属部队。

1955 年国庆六周年大阅兵，爸爸作为陆军方队的一员，走过天安门广场，接受毛主席以及党和国家领导人的检阅。爸爸作为机械化部队的军人，参加过大阅兵，这是何等的自豪啊！

战争终于结束了，迎来了和平建设的最美时光。1950 年代中叶，那是新中国人心凝聚、蒸蒸日上、令人怀念的激情岁月。

爸爸是山西人，都说山西人交枪不交醋葫芦，我问爸爸：“如果您被捕，交什么?”90岁的父亲认真地说：“都不交!”

三、复杂的家庭背景影响了爸爸的政治前途

朝鲜停战后，爸爸回山西探亲，认识了我的妈妈赵淑英。他们有缘分，爸爸妈妈同一天过生日，阴历正月十三。在我们家，正月十五不重要，正月十三必须团聚。

山西是革命老区，全国解放后，很多军人回老家探亲，顺便找媳妇。当时妈妈读中学，有一天，学校校长给全校女生开会，校长说：“全国解放了，许多军人打了十几年仗，还没成家，希望你们响应党的号召，嫁给解放军叔叔。”学生们听说要“嫁给解放军叔叔”，笑成一锅粥。校长说错话，弄差辈儿了。

妈妈就跟着爸爸到了北京的长辛店，在部队文工团，她演过《花木兰》。

妈妈的出身有点复杂。

她的生父是阎锡山的心腹，上个世纪二十年代，他为阎锡山组建了骑兵团，任团长。据说，后来成为阎锡山的副官。抗日的时候，骑兵团是最有战斗力的队伍，屡建战功，威震山西。日本军队在山西有一只小分队，有点像“武工队”，专门搞刺杀。我的姥爷成为他们的“斩首”对象。日本人搞清了姥爷的行踪，姥爷连同他的几个警卫员，一起被杀害。

当时妈妈还没出生。姥姥挺着大肚子，领着大女儿赵淑兰，去接受“烈属”的抚恤金和证书。阎锡山还给姥姥分了一块地，让她生存下去。

姥姥出生在大户人家，有文化，也漂亮，这是姥爷娶她的原因之一。

姥爷的家族更加显赫，赵家祖上出过宰相。上个世纪九十年代初，我在北京工作的时候，大同老家一位远房舅舅来北京，带来一个明代的家传宝贝（熊亭弼狱中书），我请北师大的启功老师鉴定真伪，启功老师看着，手都抖了，他说道：“是真的，是真的，价值连城，千万不能卖给外国人。”当时一个日本商人出价一百万购买。

姥爷去世后不久，姥姥生下妈妈，守寡多年，抗战胜利后嫁给一位教书先生，生了一个儿子。后姥爷在1948年被国民党杀害，因为他是共产党员。

全国解放以后，姥姥再次改嫁，生了小儿子，不久她就去世了。

爸爸没有见过姥姥，就像妈妈没有见过我的爷爷奶奶。那个年代，灾难重重，寿命都短。

解放战争中，大姨赵淑兰参加革命，成为妇联主任。她带着我母亲也参加了革命，妈妈 13 岁入团。

山西，有说不完的故事。抗日年代，英雄辈出；内战时期，盟军成了敌人，敌人依然强大。爸爸打阎锡山，差一点牺牲；我的大姨和妈妈，她们是阎锡山的烈士的女儿，也反国民党。

多灾多难的山西儿女。

爸爸在大西北剿匪的时候，尽管家里是军属，勤劳的爷爷还是被划为“富农”成分，加上妈妈的生父是国民党军官，这严重地影响了爸爸的前途。

四、北大荒农业机械化的教官，爸爸在基层，奉献了毕生汗水

山西儿女永远爱着山西，爱着山西的老陈醋。爸爸说：“山西人不到万不得已，不会背井离乡。”后来，爸爸到了北大荒，那里几乎没有山西老乡，没有老陈醋。

北大荒是指黑龙江的一片肥沃的土地，曾叫“黑龙江生产建设兵团”，“黑龙江农垦总局”，现在是“北大荒集团”。这里每年收获的粮食，足够京、津、沪、渝四个直辖市和陆、海、空三军，吃一年。

1958 年，北大荒从苏联和匈牙利进口了九百六十辆拖拉机，没人会开。王震回到北京，相中了中央直属部队的坦克团。会驾驶坦克，就会驾驶拖拉机。经中央批准，他从坦克团抽调了一批军官，开赴北大荒。爸爸就是其中的一员。他们成为北大荒农业机械化的骨干，他们培训了数不清的拖拉机驾驶员。

母亲怀着我从北京的长辛店开拔。她是文工团成员，白净，文静，中师毕业，提包里装着布拉吉，还有高跟鞋。随部队从北京开拔北大荒的女士不多，妈妈说，也就十几个。妈妈成为学校的老师，校长。

妈妈常说：“早起三日顶一个工。”北大荒夏季白天很长，七点上班，妈妈不到五点就开始工作了。冬季，取暖是学校的大问题，学生们到校之前，妈妈早就把教室的炉子烧好了，屋子暖暖的。

在北大荒开荒时，分昼夜两班干活，拖拉机则昼夜不停。一天深夜，爸爸为开荒的战友送饭，在荒草没（mo）人的荒原里，爸爸遇到了野狼。野狼是群居的，不能开枪打。爸爸一边跑，一边扔馒头喂狼。野狼追了十几里路，直到见到拖拉机的灯光（狼怕火）。

1958年，爸爸的战友中，有十二个孩子出生在北大荒，很悲惨的是，十一个婴儿先后夭折，只有我自己活了下来。当时的条件实在是太艰苦了。

妈妈生我的时候，难产，野战军医为我接生，几个小时都生不下来，不得已送到地方医院，医生让爸爸签字，问“保大人还是保孩子”。

爸爸坚定地回答：“都保。”最终，我和妈妈都活了下来。在我59岁生日的时候，爸爸回忆起我出生的情景，老泪纵横，可见当年的揪心和刻骨铭心的艰难选择。

我几个月大的时候，妈妈曾抱着我回过山西，住在大同大姨的家里。大姨在大同矿务局工作，姨夫徐存道是大同一中的副校长。姐妹重逢，特别幸福。这对美丽的姐妹花在大同的街上引来多少令人羡慕的眼光。

这是我唯一的一次回老家，留下一组照片。不久爸爸回山西接我们，一家三口，好幸福。照片里，爸爸穿着军装抱着我，妈妈长发及肩，清瘦美丽。

此后，我再也没回过老家。

借口总是“忙”。可是，老人不会一直等着我们。此刻，写着文章，我不得不承认，我对山西的亲人了解太少，我是一个不肖子孙。

开赴北大荒的十万转业官兵，包括七个建制的预备师，四个部队医院；他们当中，有空军飞行员，有坦克手，有气象员，有情报员，有打字员，从朝鲜回来的军事翻译有一千多人，有各名牌大学的毕业生。排级以上军官超过六万人。

在人才汇聚的地方，大家都是战斗员，没有职位高低。爸爸在基层，从没想过自己是战斗英雄，在北大荒，十万军人都是英雄。北大历史系有个王春梅老师，她是从北大荒上学的。她告诉我，她的堂兄跟着林彪的四野，从黑龙江打到了海南岛，全程都是步行的。她哥哥也在北大荒奉献了一生。

五、“文革”受尽委屈，理想从未改变

1966 年，爸爸被打成“走资本主义道路的当权派”；妈妈成为“反动学术权威”和“历史反革命”。红卫兵给爸爸妈妈戴高帽，让他们交代自己的罪行。

爸爸离开了领导岗位。他沉默寡言，承受着委屈。

妈妈离开了心爱的讲台。妈妈心直口快，跟红卫兵公开辩论。妈妈说：“我生身父亲是国民党，可是我没见过他。是共产党抚养我长大的，我 13 岁就参加革命了。”

爸爸妈妈是为“理想”参加革命的。

爸爸妈妈都出生在富裕家庭，都有文化，他们背叛自己的家庭，参加革命，他们的理想是解救苦难的祖国，解救苦难的人民。他们不是为了“生存”而革命的，他们是有“理想”、有“信念”的人。

他们不会背叛自己的“理想”。爸爸自入党以后，一直忠于党，忠于革命事业。

父母被批斗，吃了很多苦。但是，他们对理想从未动摇过。

记得，1966 以及以后的那几年，妈妈下班回来，一边做饭，一边唱“木兰从军”，唱山西梆子。她的声音不高，清凉，婉转，拖着长腔，有时还带着哭腔，那是怎样的悲怆。当时我只有八九岁，那些音调刻在脑海里了，我对山西梆子和山西文化的了解，就这样启蒙了。爸爸沉默着，我猜，此情此景，他们宁肯战斗在杀敌前线。

在北大荒，爸爸一直在基层工作，当过副场长，“文革”时下放，成了排长、连长，平反后任书记，到 1989 年，级别几乎没长过，以团级待遇离休。（似乎是 14 级干部，爸爸对此一直缄口不提。因为，一则，级别低，与军功相比，他不满意；二则，他说，与牺牲的战友相比，不能以级别论英雄。）

爸爸对自己的一生无怨无悔。他常说：“能活下来，就是幸福。”

对北大荒的事情，爸爸说得不多，也许，“文革”的记忆太痛苦。那时，我还小，我也写不出更多的故事。这几天，很多知青得知爸爸 90 大寿，纷纷在微信里留言。1968—1978，黑龙江生产建设兵团有五十四万知青。

北京知青邹家君给爸爸寄来寿桃。

翟京业写了一首小诗，记录北大荒的情景："团山倭肯龙湖边，吴老卸甲赴边关。寒天雪地几十载，麦米黄豆粮如山。播种收割盖家园，田间晒场同挥汗。耄耋言谈英雄事，好待期颐话当年。"

范二仲留言说："我们和老英雄在一起的日子，永远不会忘记。"

李新花留言说："向老一辈英雄致敬。感恩前辈为我们打出了幸福生活。祖国繁荣昌盛有他们不可磨灭的丰功伟绩。祝吴老福如东海，寿比南山。"

1972 年，爸爸虽然还没平反，但可以工作了，他在三十二团十一连当过连长，一百〇六人的十一连微信群，每一位军垦战友都留下了对父亲的生日祝福。

哈尔滨知青徐黎明留言说："得知吴连长 90 大寿，颇有感触。1968 年我们相识，五十年过去了，知青不会忘记您那憨憨的模样。更不会忘记您用布满老茧的双手接待了我们这群未成年的孩子们，忘不了您在俱乐部大礼堂对知青的语重心长。您成功地培养了三个优秀儿女，更是以身作则教育了成百成千的知青。在这个特殊的日子里，请接受一个跟随您多年的战士的崇高的敬礼。祝您生日快乐，身体健康。"

妈妈 65 岁就去世了，刚烈和追求完美，这样的性格注定了，母亲不会长寿。今天，更加怀念聪明的妈妈。还有一个遗憾，我至今不知道亲生姥爷叫什么，也许，妈妈不想让我们记住那个"国民党"，妈妈因他吃尽苦头，尽管姥爷是抗日烈士。后来，我读《阎锡山传》，一直寻找姥爷的故事，书里有好多姓"赵"的人，我寻找抗日时牺牲的那一个，可是，书里记录的牺牲者，很多。赵家在山西是旺族，那些赵姓的人，为了保卫祖国，参军，抗日。他们参加国民党的军队，当时，那是国军，就像我们今天参加解放军一样。参军都是为了保家卫国。

在山西，每个家族里，几乎都有阎锡山的战士，也有八路军的战士。抗日，国共合作，不分敌我。可"文革"时，阎锡山的兵，就惨了。

多灾多难的山西儿女。可歌可泣的山西儿女。不屈不挠的山西儿女。

如今，爸爸 90 岁了，耳不聋，眼不花，还能接电话。年轻时他报考空军的时候，所有项目都合格，后来，医生说他未来会得高血压，他就成了坦克兵。如今，爸爸有高血压。好在我妹妹是医院大夫，每天照顾爸爸，血压控制得很好。

我们姐弟三人，三个配偶；每家一个孩子，三个第三代，如今两个结婚。这就是爸爸的后代。爸爸积德，儿女兴旺。第三代的孩子，都是毕业于名校的硕士、博士。

赏读

这篇文章的特点是：贯穿70余年的宏大历史背景，个人命运与社会变迁紧密相关，个人命运跌宕起伏具有不可复制性，但又有很强的普遍性，体现着那个时代为了理想而走向革命的青年所经历的大致相同的人生道路。

时代背景一：抗日战争时期，国共合作，不分党派。山西阎锡山的队伍与八路军联合抗日。“我的姥爷”，他是阎锡山骑兵团的创建人，被日本“武工队”斩首。姥爷是抗日烈士。

时代背景二：解放战争时期，国共内战。“父亲”参加了解放石家庄和太原的战斗。“炊事员双手夺机枪”的故事很感人。“父亲”大西北剿匪，从铁索桥上过黄河。不杀国民党散兵，这个政策很有人性。

时代背景三：抗美援朝战争，不懂敌人的语言，也不懂友军的语言，总有一颗子弹留给自己。“父亲”三年没喝过热水，伤口生蛆，他的哥哥牺牲，他的父母因思念儿子先后去世。他成为坦克车长。这部分重点描写战争的残酷性，描述了战争给家庭带来的悲剧。

时代背景四：1953年朝鲜战争结束后，新中国欣欣向荣。“父亲”在北京坦克团，参加国庆大阅兵。父亲结婚。母亲是文化人，扮演“花木兰”。这5年是父亲一生中最幸福的时光。

时代背景五：1958年前后，10万军人奔赴北大荒。开发北大荒的意义在于：这里每年生产的粮食够四个直辖市和陆海空三军吃一年。父亲培训了成千上万的拖拉机驾驶员。母亲创建学校，她说：“早起三日顶一个工”。坦克团的战友中12个孩子出生，只有“我”一个人活了下来，可见条件之艰苦。

时代背景六：“文化大革命”时期，大量知青下乡到北大荒。北大荒农垦总局改为黑龙江生产建设兵团，军旅文化受到红卫兵的冲击。“父亲”成了走资派，“母亲”成了反动学术权威。父亲沉默寡言，母亲与红卫兵抗争。“文化大革命”时期，他们的尊严受到严重伤害。

时代背景七："文化大革命"结束，改革开放。父母得以平反，孩子们考上大学。作者喜欢用"书香门第"形容家庭的幸福。第三代更优秀，都是名牌大学的硕士博士。

此文写于"父亲"90大寿的时候，时间跨度很大，长达70余年。作者回忆了父亲革命的一生。父亲先后立过5次战功。

父亲聪明，当过侦察连长，为营救战友独自送信。

父亲勇敢，攻打太原，最先登上城墙。(例子略)

父亲沉默寡言，但语言简朴有力：

例一：我问父亲：都说山西人交枪不交醋葫芦，"如果您被捕，交什么?"90岁的父亲认真地说："都不交"!

例二：医生让父亲签字，问"保大人还是保孩子?"父亲坚定地回答："都保"。

此文空间变换很多：山西，河北，陕西，宁夏，甘肃，青海，北京，朝鲜，北大荒。尤其是从山西到大西北，父亲和战友们是背着武器弹药及行李，徒步千里，昼夜追赶敌人的。

此文还描写了群体英雄，虽然着墨不多，但都很生动。比如"炊事员夺枪"；比如军医被毒蛇咬伤；比如"四野"老兵从黑龙江打到海南岛；北大荒10万军人，他们都是英雄。

文中采用"侧面描写"的手法，用老知青的微信留言赞美父亲。

文中也留下了"遗憾"，比如，"我"不知道姥爷叫什么。

这是一篇很感人的文章，读后令人回味无穷。作者用简洁的语言记录父亲，让人流泪，也让人叹息，但最终，此文传递的是正能量，作者告诉我们：要坚持自己的理想和信念，一辈子不动摇。

作品

查尔斯的赌[①]

杨　毅

“姚真烂”

2002 年 10 月 20 日姚明到达美国休斯敦，正式开始 NBA 生涯。10 月 29 日姚明所在的火箭队飞抵印第安纳波利斯准备次日挑战步行者。这是姚明第一次亮相，他是这次比赛的焦点人物。全美直播，CCTV5 也是现场直播，全球 2 亿多观众观看这场比赛。

姚明没有首发。他坐在场边的小板凳上，时刻准备着出场，手心都是汗。第二节姚明上场，步行者福斯特也上场。姚明刚一拿球，还没有来得及做动作就被福斯特抢走了。

过了一会儿，姚明又拿到了球，刚想做一个转身动作，又

① 节选自杨毅著的《姚明传》（新星出版社 2012 年版），题目及小标题为编者所加，内容有删节。杨毅，生于 1977 年，北京人。现任《体坛周报》副总编、篮球部主任，《篮球先锋报》副总编辑，并担任中央电视台篮球解说顾问。杨毅是唯一一个曾经全部亲自采访中国三大中锋（王治郅、巴特尔、姚明）进入 NBA 的记者，也是第一个陪伴姚明在休斯敦开始 NBA 征程的记者，也是中国最早深入报道 NBA 的一群人，他的风格以独到幽默著称，著有《笑侃 NBA》《姚明传》等。

被步行者队的老后卫斯特里克兰抢走。转眼之间，丢了两个球。

到了第四节姚明再次上场，和小奥尼尔对位。小奥尼尔三次单打姚明三次进球！

姚明首次 NBA 亮相，打了 10 分钟，0 分，2 个篮板，2 个失误。

比赛结束后，姚明低垂着头走出球场，耳边传来阵阵嘘声。姚明的父母、朋友在看台上看着，心里很是难受。结束后去安慰他，他说："没事，你们不用安慰我。不用着急，慢慢就会好了。第一次打成这样很正常，慢慢就会好的。"

大伙很想安慰姚明，没想到倒被姚明安慰。

火箭队大巴在夜色下的印第安纳城里穿行，街上有个摩托车队，是步行者队的球迷，打着队旗，庆祝胜利。他们也知道这是火箭队的大巴，一脚油门就超了过去，这时姚明听到了一声高喊"姚真烂"！

第二天在丹佛对阵掘金队，姚明得 2 分。

姚明在 NBA 开局不利，两场比赛一共得 2 分。第三场球在多伦多对阵猛龙，姚明得 8 分，第四场对西雅图超音速，姚明又是 0 分……

日子过得很快，一转眼，半个月过去了。姚明在 NBA 一共打了六场球，场均得分 3.3 分。对姚明的质疑声甚嚣尘上，最刻薄的是 TNT 电视台的 NBA 评论员查尔斯·巴克利，他对同事史密斯说，"姚明的职业生涯有一场球超过 19 分我就亲你肯尼·史密斯的屁股！"他在演播室里这么一说，全国所有的电视听众都听见了。有一位女记者问姚明对巴克利的话有什么评价，姚明很机敏，反应很快，听完就笑着说："那我就场场得 18 分吧。"大伙儿一听，都笑了，都觉得他说得好，说得妙。场场得 18 分，没让巴克利亲驴屁股，可是，如果每场球都能得 18 分，实力也很可观，也不能被小看了。

可是，姚明虽然嘴上这么说，心里也很不痛快。虽说姚明性格平和，又是刚到美国，人生地不熟，可他毕竟是个二十出头的大小伙子，血气方刚，总这么被人瞧不起，心里怎么可能没有火？姚明心里说，行，你算跟我干上了，这回我就跟他赌上了，非得拿一个 19 分让他看看。

在凤凰城打菲尼克斯太阳队这场球，姚明打得很不错，上场 14 分钟，六投五中，得了 10 分。这是他在 NBA 的第七场球，首次得分上双。他和弗朗西斯、莫布里之间的配合也越来越默契。这场比赛，他有三个球都是接"老大""老猫"的突破分球扣篮。虽然如此，这场球火箭还是输了。比赛最后时刻，太阳队的超级后卫，如今在 CBA 打球的史蒂芬·马布里一对一单挑弗朗西斯，突破抛投命中，绝杀了火箭。

而且，比赛中还发生了这样一幕：太阳队在高位打挡拆，火箭队换防，错位防守。变成了姚明防马布里。马布里一米八八的小个，速度跟狼一样，刷地就突破进去了。姚明横向滑步想去阻挡马布里，非但没跟上，哪想脚下一绊蒜，右脚一绊左脚，“啪”就坐地上了。这一下，整个球馆哄堂大笑。太阳队的替补席上，马里昂、斯塔德迈尔互相搂着乐，都快乐疯了。在 TNT 电视台的演播室里，巴克利自然也是哈哈大笑。虽然得了 10 分，离 19 分还远得很，巴克利心里挺美。

但是，姚明心里明白，知道自己比赛的感觉怎么样，知道自己正在逐渐适应 NBA，19 分，不远了。

打完太阳，11 月 17 日，火箭从凤凰城来到了洛杉矶，客场对阵卫冕冠军洛杉矶湖人队，火箭对湖人，姚明对奥尼尔。奥尼尔当时正在鼎盛时期，是 NBA 历史上最具统治力的中锋之一，连续三届 NBA 总决赛的 MVP；而姚明是今年的状元秀，被《体育画报》称作“下一个大家伙”。奥尼尔是当今最棒的大家伙，姚明是下一个大家伙，他二人碰上，按说是绝对的大看点，可是这场比赛奥尼尔歇了，不打了，据说因为大脚趾受伤做手术，也不知道是真是假，反正那时候的奥尼尔每年基本都休赛 15 场左右，理由当然也是各种各样的。姚明当然也知道奥尼尔这场球不打，可这里毕竟是奥尼尔的地盘，卫冕冠军的主场，作为一个新秀，姚明心里多多少少有点儿兴奋。进场热身，到处找那个大家伙，找了半天，奥尼尔果然没来。再抬头看看，球馆上空挂了十几面总冠军的旗帜，姚明心说，今天奥尼尔既然不打，我可要显显身手。在前一天的球队内部对抗中，姚明就打得非常好。训练中，他被分在替补一队，面对球队主力中锋卡托强悍的防守，姚明连连得分，率领火箭替补队赢了火箭主力队。而今天的赛前热身，姚明的投篮手感也很好，连投连中。比赛即将开始，姚明坐在替补席上，看着双方的主将在场上跳球。这时候，他忽然转过头来，对他的好朋友纳克巴说：“今天我手感特别好，我预感今天晚上可能要出事。”

状元反击

每一名出色的新秀都会有一个爆发之夜。通过这一夜，这名新秀将会积累起至为关键的自信心。而对姚明来说，在斯台普斯中心对阵湖人队的这一晚，就是一个属于他的爆发之夜。

这场球已经是2002年年底的事了，虽然事隔10年，可是现在说起来，还是很激动。相信很多中国球迷都记得这场比赛。而我记得更清楚，因为当时我就在现场，就坐在湖人队的篮筐底下。

奥尼尔伤停，湖人队首发中锋叫萨马基·沃克，身高只有二米〇八，比姚明差远了。说句篮球圈里的俗话，姚明那是骑着脖子打你。

第一节结束之前，姚明上场了。一上场，姚明就连连得分。先是一个空切，接弗朗西斯的突破分球，扣篮得分；随后抢到一个前场篮板球，补扣成功；接着单挑萨马基·沃克，一记转身后仰跳投。打完前三节，姚明五投五中，无一失手。汤姆贾诺维奇在边上看着高兴，训练的水平完全在比赛场上展现出来了。

到了第四节，汤姆贾诺维奇决定把首发中锋卡托放在板凳席，而把姚明留在了场上，让他打满第四节。双方比分极其胶着。最后时刻，最重要的两个球都与姚明有关。一个是反击，姚明下快攻，队友球传过来，姚明接球要上篮，湖人队后面有人拉了姚明一把，却没拉住。姚明球搁进去，同时裁判哨响，球进，加罚，姚明加罚命中，打成2+1。进入到比赛最后一分钟，泰勒单打在篮下把球妙传给姚明，姚明一记重扣，同时造成萨马基·沃克的犯规，再次打成2+1。这一球最终锁定了胜局。

本场比赛，姚明一共上场24分钟，九投九中，罚球两罚两中，一共拿下20分，6个篮板。20分，比19分多了一分，但这不是最重要的，最重要的是火箭队赢了。尽管湖人队的科比·布莱恩特杀得昏天黑地，一人狂砍46分，但火箭仍以93:89客场力取湖人。在过去的两个赛季，也就是00—01赛季和01—02赛季里，火箭队面对湖人队八战全败。而这一夜，姚明加盟火箭之后与湖人队首次交手便击败了卫冕冠军。

终场哨响，姚明挥着拳头，咧着大嘴，庆祝胜利。退场往更衣室走的时候，老大弗朗西斯从后面噌地蹿上来，小猴子似的挂在姚明的脖子上。老大也为姚明高兴。

进更衣室，换衣服，洗澡，洗完出门去停车场，上大巴。姚明边走边哼哼，心里高兴。正走着，突然间边上闪出来一个大汉。这位比姚明矮了10厘米，但是却有两个姚明那么壮实，身穿灰色西装，头戴灰礼帽，大圆脑袋，圆眼睛，手里拄一根黑色的手杖，冲着姚明笑。

姚明定睛一瞧，这大汉不是旁人，正是“大鲨鱼”奥尼尔。

姚明毫无心理准备，刚才还美呢，一下碰上奥尼尔，愣住了，不知道说什么好了。奥尼尔却笑了：“姚，今天晚上你可打得不错。”姚明听懂了，说了声：“谢谢”，奥尼尔说：“可是，如果我要在，你能得20分？明年1月，咱们休斯敦见。到时候咱俩好好较量较量。”这话是带着笑说的，似笑非笑，皮笑肉不笑。

姚明很紧张，也不知道说什么好，简单敷衍过去，就上了大巴。坐在座位上往边上一看，奥尼尔在外面拄着手杖，把礼帽摘了下来，冲姚明致意，挥了挥手。好像是在说再见，更多的是在示威。那意思，你小子今天痛快了，你等着，咱们下场球见。

但姚明可不管这套，反正是痛快了，明年的事，到时候再说吧。

第二天早上，《休斯敦纪事报》的标题叫《巨人的脚步》，体育版的头条叫《姚，破茧而出》。最近几场姚明越打越好，那是到了要喷发的时候了。

当然，这时候大伙儿最想的，还是4天之后，星期四的晚上的TNT电视台的NBA直播，专等着巴克利出来。这档节目是周播，每周四晚上转播两场NBA，前前后后有包装，巴克利、肯尼·史密斯坐在一起说球，聊天。

那时候，所有的中国球迷都把巴克利当成了反面典型，这老家伙嘴太损了，这下倒霉了吧，让你看不起我们姚明。但实际上，电视台为什么爱请巴克利，就是因为他这一张“大嘴”，爱说，敢说，有娱乐性。虽然他说话有时候爱走极端，但正因为他这个极端，才能引起观众的争论、观众的关注。他这一番话，为TNT电视台创造了超高的收视率，人人都憋着看TNT，看巴克利怎么收场。这也是一种炒作的手段。职业体育需要炒作，炒作才能有关注度、才能有影响力。

那天电视直播，在演播室里，巴克利来了。几个人一起聊聊过去一周NBA发生的事件，再聊聊今晚将要转播的比赛。聊了一会儿，大伙儿都看着巴克利，面含笑意。巴克利也明白，于是就开始装。“肯尼，要不你起来让我亲一口？”这话他是不可能主动说出来的，他一直在那儿分析比赛，就是憋着不提姚明的事。

这时候，肯尼·史密斯插口了：“查尔斯，等等，先问你一件事。你来说说，这个姚明打得怎么样啊？”巴克利一听，还继续装：“姚啊，我早就说过，我希望这小孩打好啊，打好了我高兴啊。”

肯尼·史密斯鼻子都气歪了：“少废话，你看见没有，九中九，星期日晚上打湖人那场，20分。你没看吗？”巴克利接着装：“九中九怎么了，我也能九中九，要不咱俩出去找个筐，我给你九中九看看。”肯尼·史密斯真急了，啪地一拍桌子：“你开玩笑呢？别来这套，所有人都记着呢，咱们可打了赌了，姚明只要得到19分，你就得亲我屁股。姚明现在得了20分，你赶紧来吧。”

巴克利抵死不从，双手一直抓着沙发背。平时演播室里就三个人，厄尔尼·约翰森、肯尼·史密斯、巴克利，但那天人多，都是TNT电视台故意安排的。有人就过来假装要抓巴克利，巴克利就是不肯起来。

肯尼·史密斯乐了：“早知道你个老小子下不去嘴啊。”这时候，就听蹄声响起，一名工作人员从后台牵上了一头小毛驴来。史密斯说：“看见没有，这是我从亚特兰大农场花500美金租来的。你不是不亲我吗，没关系，亲它吧。”原来，在美式英语的俚语里，屁股叫“Ass”。Ass这个词除了屁股的意思之外，还有驴的意思。

你巴克利不是不亲屁股吗，来，我把这驴牵来了，你就亲它。

查尔斯践诺前言

姚明拿下20分，巴克利要亲驴屁股。演播室里，驴头调转，屁股正冲着巴克利。这小驴也挺老实，站着就不动了。肯尼·史密斯还在小毛驴的脖子上挂了一个牌子，牌子上写着：“KENNY”（肯尼）。边上一帮人起哄，全国观众都在看着，巴克利纵然一百个不情愿，也不能当众食言。何况他也是常设赌局的人，想当年跟迈克尔·乔丹赌高尔夫，赌几百万美元也是常事，输了从不赖账。只见他脸色尴尬，慢慢地向驴子靠近。眼见得那小驴子没回头，便在驴的臀部轻轻亲了一小口。

大伙儿笑得都直不起腰来，有的趴沙发上，有的滚地上。不光是这个TNT台，全美国看球的也全HIGH了，这事太有意思了。多少年后再想想这事，还是想起来就可乐。

这次TNT的炒作非常成功，收视率和关注度超高。而此次事件里的胜利者，除了TNT电视台之外，就是姚明。这么一来，姚明称得上是全美无人不知、无人不晓的人物了，成了一个真正的明星。巴克利亲驴屁股这天是美国时间2002年11月21日，星期四，值得纪念的一天。将来到这一天也许可以过个纪念日——“巴克利亲驴屁股×周年”。

就在这一天晚上，巴克利在演播室里亲驴屁股的同时，休斯敦火箭队有一场比赛，客场挑战达拉斯小牛。而在打小牛和打湖人之间，火箭队还有一场球，是主场赢了克利夫兰骑士。在那场比赛中，姚明上场 18 分钟，五投四中，得了 9 分，6 个篮板，算是比较稳定的贡献。

看看姚明连续四场比赛的表现：打开拓者得 7 分，打太阳得 10 分，打湖人得 20 分，打骑士得 9 分。虽然数据并不耀眼，但是表现趋于稳定，不再像赛季之初那样总得 0 分了。这说明姚明已经基本适应 NBA 的比赛节奏，适应了这种比赛强度和速度。

火箭打小牛这场球也很受人关注，因为小牛队和火箭队一样，也有一位替补中锋，叫肖恩·布拉德利。这位中锋身高两米二九，是 NBA 第一高度，而姚明两米二六，是 NBA 第二高度。那么，当姚明碰上布拉德利，就是 NBA 第一高度和第二高度之间的交锋，虽然不是联盟最好的两个中锋，却是联盟最高的两个中锋。而这位肖恩·布拉德利，是 NBA 高个中锋中的一个失败典型。在大学的时候，他打得还算不错，但一到 NBA 就不行了，因为身子太瘦，没有对抗能力，适应不了 NBA 的强度，人送外号“大竹竿”。所以，在姚明参加选秀的时候，有些评论就说，如果姚明将来发展不好，就是第二个布拉德利，因为姚明当时也够瘦的。因而姚明跟布拉德利交锋，有看点，引人关注。

小牛队现在的主场已经搬到了美航中心。比赛之前，姚明和布拉德利在中圈里合了张影，背靠背的合影。布拉德利抿着嘴，紧绷着脸，没有一点儿笑的模样。姚明的表情则截然相反，对着镜头，笑容满面。这和之前是一个很大的变化，这代表姚明的心里有底了，他已经基本适应了 NBA 的节奏，能够在比赛中体会到一些乐趣了。但姚明高兴的更重要原因是，他看见了布拉德利。姚明之前打比赛，碰到的对手一个个都是五大三粗，金刚太岁一般，虽然都比姚明矮，但基本都比姚明壮。姚明和他们对抗很吃力，只能躲着打，绕着打，靠后仰，靠跳投。今天见到布拉德利，那可真是“大竹竿”啊，胳膊细腿也细，比自己还瘦了一圈，虽然比自己高，但力量肯定不如自己。所以，姚明笑得很开心。

两人都是替补，打到第一节后半段，汤姆贾诺维奇用手一指，姚明上场了。小牛队的教练老尼尔森有个外号，叫“疯狂的科学家”，是个很有娱乐性的人，这时候一看姚明上场了，也真是配合，知道大伙都想看姚明对布拉德利，马上就派布拉德利上场。

两米二六对两米二九，对上位了。姚明前几场比赛除了扣篮，基本就靠翻身跳投得分，因为身高臂长，对手封盖不着。今天打布拉德利，头一球也是一个翻身跳投，不料布拉德利身更高臂更长，一下就把姚明给帽了。这一下，现场山呼海啸。正对篮筐有个大胡子球迷站起来了，冲着姚明大喊："看见没有，这就是七尺七寸！"什么意思呢，七尺七寸就是两米二九，比姚明的七尺六寸高一寸，一寸长一寸强，比你高一寸，就能帽你。

到了第二次进攻，姚明再次要球，弗朗西斯又把球给姚明了。通过第一回合，姚明对布拉德利的体重和力量有了非常直观的判断，这次，姚明不跳投了，拿球往里运了两步，翻身就是一个重扣，不但球砸进去了，还把布拉德利砸了一个大跟头，躺地上了。姚明扣完这球，看着布拉德利，嘴角露出了一抹笑容。

当时姚明的体重和力量是多少呢？姚明刚进 NBA 的时候，体重是 128 公斤，因为 NBA 的训练强度非常大，又稍微减了点儿，所以当时体重大概是 125 公斤。而当时他的卧推力量只有 100 公斤出头。卧推力量对篮球运动员，尤其是中锋，非常重要，因为在篮下抢位的时候要推开对方，主要就靠这个卧推力量。

那么，这个体重和力量的数值是什么概念呢？

到后期，姚明的体重基本维持在 140 公斤到 145 公斤。这基本上才是一个 NBA 中锋的合格体重，125 公斤左右明显就偏轻。而他的卧推力量只有 100 公斤，这在 NBA 根本就站不住脚，不用说 NBA，就是在欧洲联赛都没饭吃。100 公斤的卧推在欧洲基本相当于后卫的力量，要是大小前锋，就得推 130 公斤，中锋基本都在 150 公斤以上。而那些 NBA 的中锋很多都能推 500 磅①左右，比如奥尼尔、本·华莱士，都能推 500 磅。500 磅是 200 多公斤，相当于姚明的两倍还多。所以在初期，姚明基本就是高举高打，根本不能对抗。

可是话说回来，今天的姚明总算遇到一个力量更差的了。布拉德利虽然两米二九，但是体重也就 110 公斤，姚明看见他，眼都红了，心想："嘿嘿，今天晚上，我可要发飙了。"

---

① 1 磅≈0.45 千克

赏读

这篇文章节选自体育记者杨毅于2012年出版的《姚明传》，传记出版前一年，也就是2011年，中国篮球传奇人物姚明宣布退役。因此这本书可以说是对姚明职业生涯的一个回顾总结。全书采用传统评书的模式，以时间为主要线索，用八十一回的篇目戏剧性地讲述了姚明从出生到在NBA成就梦想，再到无奈伤退的传奇经历。

姚明是中国家喻户晓的篮球明星，这个曾经在2008年北京奥运会担任中国代表团旗手的“小巨人”，因其在NBA的精彩表现以及沉稳坚韧的性格，受到大家的喜爱。而要为这样一个明星作传，并且还要写得精彩，并非是一件简单的事情。

一是因为姚明的赛事有太多精彩的时刻，若仅仅把传记写成赛事回顾难免会让球迷审美疲劳；二是传记是面向全体读者而非仅仅是球迷，如何展现姚明球技超群以外的更多魅力，是能否吸引更多人阅读的关键。作者杨毅的写作方法值得我们借鉴。以这篇文章为例，他在回顾重要比赛的过程中巧妙地插入了一些戏剧性的小故事或小插曲，以此来呈现姚明成长的心路历程，比如文章中写到的姚明与奥尼尔的初次见面，姚明在更衣室与队友的互动，甚至是姚明在大赛面前内心紧张焦灼的细致描写等，通过正面与侧面结合的方法让姚明显得更加生动而立体。此外，作者在写作中还展现了很强的读者意识，对于某些篮球知识的分析，善于用深入浅出的对比引申，让读者了然于心，比如文章中有一段分析姚明“卧推力量”的内容就是典型。

这篇文章是在原书四个回目基础上适当删减整合而成的，题目由编者根据内容拟定。纵然如此，我们还是可以感受到一气呵成的阅读快感，主要原因有以下几点。

结构上，全文脉络清晰，围绕着传主姚明，从初试身手惨败，接连遭受侮辱，再到洛杉矶绝地反击，查尔斯践诺前言，最后姚明渐入佳境，看似事件繁多，明暗线却并不难理清，其中明线是姚明的几场重要赛事，而暗线则是姚明努力适应NBA凤凰涅槃的心路历程。

情节上，作者善于运用对比以及细节描写制造情节冲突，铺设悬念伏笔，从而营造波澜。比如在文章开篇写到火箭队输给步行者队比赛后，作者是这样叙述的：

火箭队大巴在夜色下的印第安纳城里穿行，街上有个摩托车队，是步行者队的球迷，打着队旗，庆祝胜利。他们也知道这是火箭队的大巴，一脚油门就超了过去，这时姚明听到了一声高喊“姚真烂”!

又如在火箭对阵太阳队的比赛中，姚明出现了一个失误，作者马上将镜头对准了太阳队替补席以及设置赌局的巴克利，他这样写道：

太阳队的替补席上，马里昂、斯塔德迈尔互相搂着乐，都快乐疯了。在TNT电视台的演播室里，巴克利自然也是哈哈大笑。虽然得了10分，离19分还远得很，巴克利心里挺美。

再如在洛杉矶面对强大的湖人队，姚明即将迎来自己NBA职业生涯关键一战，作者这样描写：

这时候，他忽然转过头来，对他的好朋友纳克巴说：“今天我手感特别好，我预感今天晚上可能要出事”。

全文中还出现了很多次类似的叙述，而这些都是作者匠心所在。作者通过聚焦事件的特殊细节，强化叙述的镜头感，不断在对比中凸显矛盾，营造紧张氛围的同时，也让我们对传主的故事更加有代入感，从而吸引我们不断地读下去。

最后是主题。这篇文章乃至全篇传记，所阐述的关于自信、坚持、逆袭等充满正能量的主题，都是大众所喜闻乐见的。我们一边感受着“小巨人”用汗水浇灌梦想的精彩过程，一边探寻着成功的路径。对于任何一个读者来说，这些关于梦想和奋斗的主题都是永远新鲜的话题，或许这是因为，从文本中，我们不仅读懂了偶像，还读出了自己。

话题探究

1. 如果学校里举行以“我最欣赏的一个人”为题的读书演讲比赛，你会选择哪一位作为你演讲的对象？为什么？

2. 一个人青少年时代的性格是否必然会影响他成人后的行为？请以《毛泽东传》（节选）为例和朋友分享你的看法。

3. 吴维山参加过解放战争、抗美援朝，开垦过北大荒，是一位青史无名的军人。你觉得他是一位“时代风流”人物吗？

4. 蔡元培留给北大的“财富”是什么？你认为今天这种“财富”还有价值吗？

5. 《煌煌上庠》和《查尔斯的赌》语言风格迥异，请分析原因。